RENCONTRES
625

Série *Science politique*
10

# Les Usages politiques de l'insulte

Ce volume paraît sous la responsabilité éditoriale
de Sylvie Strudel et Philippe Portier

Ouvrage publié avec le soutien du Centre de recherches administratives, politiques et sociales (CERAPS, CNRS) de l'université de Lille et de Science Po Lille

# Les Usages politiques de l'insulte

Sous la direction de Cédric Passard

PARIS
CLASSIQUES GARNIER
2024

Cédric Passard est maître de conférences en science politique à Sciences Po Lille, chercheur au Centre d'études et de recherches administratives, politiques et sociales (CERAPS). Il co-dirige la revue *Mots. Les Langages du politique*. Il est l'auteur de *L'âge d'or du pamphlet* (Paris, 2015) et a dirigé *De quoi se moque-t-on ? Satire et liberté d'expression* (Paris, 2021) et *Les idées politiques comme faits sociaux* (Paris, 2024).



ISBN 978-2-406-17023-5 (livre broché)
ISBN 978-2-406-17024-2 (livre relié)
ISSN 2103-5636

# INTRODUCTION

## Le théâtre politique de l'insulte

> Quoi, frère, tu frémis parce qu'on te déchire !
> Tu ne connais donc pas la force du sourire !
> Quand tu te vois honni, hué, sifflé, raillé,
> Par des faquins à l'âme obscure, au nom souillé,
> Qui firent cent métiers et jouèrent cent rôles,
> Tu prends trop de souci des choses que ces drôles
> Disent de toi. Ton front s'assombrit ; tu t'émeus
> Des sottises d'un tas de cuistres venimeux.
> Regarde-moi. — Je suis seul, debout, sur la scène,
> On m'insulte, je ris de leur rage malsaine
> Et je vais ! Car mon cœur dans cet âpre chemin
> Sent aujourd'hui l'honneur et la gloire demain.
>
> Victor HUGO, « Se laisser calomnier », 1851.

L'insulte n'a de cesse de s'inviter dans l'actualité politique. Ainsi, au cours des mois qui ont accompagné la rédaction de cet ouvrage, de nombreux épisodes la mettant en scène ont été particulièrement médiatisés, dans le seul cadre français. En visite à Marseille, en novembre 2021, Éric Zemmour adresse un doigt d'honneur accompagné de la formule « et bien profond » (sic) à une passante qui le conspuait. Trois jours plus tard, le jour de l'officialisation de sa candidature à l'élection présidentielle, le même Éric Zemmour aurait lâché, selon plusieurs témoins, un

« connard » retentissant, manifestement à l'encontre du présentateur du journal télévisé de TF1 qui venait de l'interviewer.

À la même époque, à l'occasion de la journée de lutte contre les violences faites aux femmes, Valérie Pécresse dénonce, dans un tweet accompagné d'une vidéo, les insultes et menaces qu'elle reçoit sur les réseaux socionumériques : « Pute. Salope. Sale chienne. L'omerta, c'est fini. Nous ne nous tairons plus ! » écrit-elle.

En janvier 2022, Jean-Luc Mélenchon est condamné par le Tribunal correctionnel de Paris pour des insultes envers des journalistes de Radio France : « Les journalistes de France info sont des menteurs, sont des tricheurs (…) Ils ont l'air de ce qu'ils sont, c'est-à-dire d'abrutis. Pourrissez-les partout où vous pouvez » avait-il déclaré dans une vidéo publiée sur Facebook.

Ce même mois, dans une interview accordée au *Parisien*, Emmanuel Macron, détournant une formule de Georges Pompidou, explique qu'il « a très envie d'emmerder » les non-vaccinés. Mais le président de la République est aussi lui-même régulièrement la cible d'insultes, comme lors d'un déplacement en Alsace pendant la campagne présidentielle lorsqu'un citoyen lui lance : « Je n'ai jamais vu un président de la Ve République aussi nul que vous » ou encore, en plein été, lorsqu'un artiste l'invective à plusieurs reprises, en chantant, lors d'un festival au Touquet où il était invité : « Macron enculé ! Fuck Macron ! Dégage Macron ! ».

En novembre, à l'Assemblée nationale, pendant une question au gouvernement sur les migrants, le député Carlos Martens Bilongo (d'origine congolaise et angolaise) est interrompu par un autre, membre du Rassemblement national, qui s'exclame : « Qu'il(s) retourne(nt) en Afrique[1] ! ». Quelques jours plus tard, c'est sur un plateau de télévision de CNews, qu'un animateur injurie un député de La France Insoumise, Louis Boyard, qui vient d'accuser le propriétaire de la chaîne, Vincent Bolloré, d'« appauvrir l'Afrique » : « Toi, t'es qu'une merde » lui rétorque le présentateur après l'avoir notamment traité d'« abruti », de « bouffon » ou encore de « toquard ».

Début 2023, les débats sur la réforme des retraites sont l'occasion de nouvelles polémiques autour de l'usage d'attitudes ou de paroles jugées violentes. Suite à un tweet le représentant avec un ballon au pied à l'effigie du ministre du Travail, le député de La France Insoumise, Thomas Portes, a

1 L'oralité ne me permet pas vraiment de trancher entre le singulier (l'insulte s'adresserait au député) ou le pluriel (l'invective viserait alors les migrants).

été sanctionné par le bureau de l'Assemblée nationale d'une « censure avec exclusion temporaire » (pendant quinze jours). Quelques jours plus tard, les propos d'Aurélien Saintoul traitant le ministre du travail d'« imposteur » et d'« assassin » ont été particulièrement critiqués, jusqu'au sein de la NUPES, au point que le député LFI a dû présenter ses excuses. « L'Assemblée nationale doit être le lieu du débat, pas celui des injures » a alors déclaré la Première ministre Élisabeth Borne dans un tweet. Quelques semaines plus tard, en mars, c'est pourtant le ministre de la Justice, Éric Dupond-Moretti, qui fait polémique en adressant, au sein de l'hémicycle du Palais Bourbon, des doigts d'honneur au président du groupe LR.

Sans même être exhaustives, ces différentes séquences, bien qu'elles aient souvent été rapidement oubliées ensuite, témoignent de l'omniprésence de l'insulte[2] dans la vie politique et de son caractère hétérogène, que ce soit par ses formes (parole ou geste par exemple), par ses auteurs et ses cibles (selon qu'elle émane et/ou qu'elle vise les acteurs politiques), par sa nature (elle peut être « taillée sur mesure » ou catégorielle : sexiste, raciste…), par ses supports (réels ou virtuels) et vecteurs (chanson, interview orale ou écrite, vidéo, commentaire en ligne, image etc.) ou encore par ses modalités concrètes de survenue, selon qu'elle est réalisée en public ou « en coulisses », en face à face ou de manière indirecte.

À l'instar de Bertrand Badie qui interroge, dans ce volume, la possible « parenté secrète entre l'insulte et la conception première des relations internationales » comme l'évoque la fameuse métaphore hobbesienne qui compare celles-ci à un combat de gladiateurs, on pourrait se demander plus généralement s'il n'y a pas une affinité profonde entre la lutte politique et l'insulte. En tout cas, l'étymologie même du terme, qui renvoie à l'idée d'attaque ou d'assaut[3], semble bien s'associer à une vision schmittienne de la politique fondée sur la dialectique de l'ami et de

2 Nous entendons le terme au sens large, comme synonyme d'injure, même si des spécialistes comme Dominique Lagorgette proposent de distinguer les deux termes en utilisant « insulte » pour les assauts verbaux et « injure » pour les autres types d'attaque (gestes ou comportements).

3 Issu de l'anglais « *insult* » signifiant « soulèvement, sédition » (première apparition en 1380), lui-même dérivé du latin « *insultus* », qui renvoie à l'action d'assaillir, le vocable « insulte » désigne historiquement une attaque (au sens propre), y compris armée. Par extension, le terme en est venu à caractériser également les agressions verbales et, progressivement, il est passé « d'une action physique, clairement visible, à visée destructrice sur un objet extérieur à un acte de parole interactionnel qui peut relever uniquement du domaine privé et ne laisse aucune trace matérielle ou physique visible » (Fracchiolla B. & Rosier L., « Insulte », *Publictionnaire. Dictionnaire encyclopédique et critique des publics* [en ligne], 2019).

l'ennemi[4]. L'insulte est en effet censée agir sur sa cible en la blessant, en l'affaiblissant, voire en la détruisant symboliquement. Mais elle est aussi une mise en scène du locuteur, qui se donne lui-même en spectacle en projetant ainsi sa violence sur autrui ; traduisant « une protestation et une jouissance que s'accorde le sujet, plaisir [...] qui ne va pas sans une certaine méchanceté », elle est en ce sens le « symptôme d'une hypertrophie du moi[5] ». L'insulte suppose donc « une certaine théâtralité, la parole violente donnant à voir une émotion débordante[6] » et visant à créer l'événement.

Quoique consubstantielle à la vie politique et source de commentaires récurrents de la part des journalistes notamment, l'insulte a pourtant curieusement assez peu retenu l'attention des politistes, du moins dans l'espace francophone. Si des travaux de science politique la rencontrent parfois[7], elle n'est la plupart du temps convoquée qu'à titre illustratif et n'est guère prise comme un objet de recherche à part entière. Les rares études existantes se concentrent principalement sur l'arène parlementaire pour interroger les processus de (dé-)pacification des mœurs politiques[8].

Comment expliquer ce relatif désintérêt de la science politique pour cette pratique langagière ? Une première raison tient sans doute au discrédit social et politique qui frappe ce genre de paroles (ou d'attitudes) jugées grossières et déplacées. Plus largement, on peut supposer que l'insulte constitue un « objet politique non identifié[9] » pour la science politique : tout en ressortant d'une pratique politique non conventionnelle, elle se déploie sur un mode symbolique qui peut apparaître comme une forme

4 Schmitt C., *La notion de politique. Théorie du partisan*, Paris, Champs-Flammarion, 1991 ; voir aussi les analyses de Chantal Mouffe et sa conception d'une « démocratie agonistique » (*Le paradoxe démocratique*, Paris, ENSBA, 2018).

5 Larochelle M.-H., « Invective », *in* Faggion L. et Regina C. (dir.), *Dictionnaire de la méchanceté*, Paris, Max Milo, 2013, p. 170.

6 *Ibid.*, p. 169.

7 Comme dans l'enquête récente de Julien Fretel et Michel Offerlé lorsqu'ils examinent le courrier envoyé au président de la République : Fretel J. et Offerlé M., *Écrire au président. Enquête sur le guichet de l'Élysée*, Paris, La Découverte, coll. « Sciences humaines », 2021, p. 57-61.

8 Dans son étude pionnière, Thomas Bouchet (*Noms d'oiseaux. L'insulte en politique de la Restauration à nos jours*, Paris, Stock, 2010) fait ainsi le choix de s'y restreindre. Sur cette question, voir aussi Baudot P.-Y. & Rozenberg O., « Introduction. Lasses d'Élias : des assemblées dé-pacifiées ? », *Parlement[s], Revue d'histoire politique*, 2010/2 n° 14, p. 6-17 et, des mêmes auteurs, « Désordres parlementaires », *Genèses*, 2011/2, n° 83, p. 2-5.

9 Martin D.-C., *Sur la piste des OPNI*, Paris, Kartala, 2003.

trop individuelle, trop marginale et folklorique et finalement moins protestataire que les répertoires d'action collective classiquement étudiés (comme la manifestation, la pétition etc.). À cet égard, une autre explication peut tenir au fait que la science politique ne semble pas forcément bien outillée méthodologiquement pour appréhender ce genre d'objet qui s'éloigne de ses terrains de recherche habituels. De fait, force est de constater que par souci d'objectivisme et peut-être aussi par l'effet d'approches dominantes qui tendent à considérer que les mots et les discours ont peu de poids en eux-mêmes au-delà des positions, propriétés et ressources des acteurs, les dimensions langagières du politique restent trop largement occultées, surtout lorsqu'on quitte les sentiers battus des programmes, des motions de congrès ou des essais des personnalités politiques… Or, l'insulte, dans la mesure où elle apparaît marquée par l'impulsivité, la spontanéité, l'instantanéité, peut sembler d'autant plus difficile à saisir que sa perception, loin de s'imposer de manière incontestable, est largement affaire d'appréciation et constitue elle-même un fort enjeu.

Pour ces raisons, les travaux sur l'insulte émanent plutôt des spécialistes des sciences du langage[10], ce qui peut aussi sans doute expliquer en creux pourquoi elle a été moins étudiée par la science politique. Si l'insulte est souvent ramenée dans les définitions communes des dictionnaires au « dessein prémédité d'offenser » de son auteur (*Dictionnaire de l'Académie française* de 1878), ces études ont révélé qu'elle n'existait pas dans l'absolu, mais que, tout mot – voire toute expression même non verbale (un dessin et *a fortiori* une caricature[11],

10 Voir notamment Angenot M., *La parole pamphlétaire. Typologie des discours modernes*, Paris, Payot, 1982 ; Larguèche É., *L'effet injure. De la pragmatique à la psychanalyse*, Paris, PUF, 1983 ; Rosier L., *Petit traité de l'insulte*, Charleroi, Labor 2006 ; Moïse C., Auger N., Fracchiolla B. et Schultz-Romain C. (dir.), *La violence verbale*, 2 tomes, Paris, L'Harmattan, 2008 ; Desmond É. & Paveau M-A., *Outrages, insultes, blasphèmes et injures : violences du langages et police du discours*, Paris, L'Harmattan, 2008 ; Lagorgette D. et Larrivée P. (dir.), « Les insultes : approches sémantiques et pragmatiques », *Langue Française*, nº 144, 2004 ; Oger C., « La conflictualité en discours : le recours à l'injure dans les arènes publiques », *Argumentation et Analyse du Discours*, nº 8, 2012.

11 Comme le note Bertrand Tillier, « les mécanismes langagiers et expressifs [de la caricature] procèdent de la critique comme *injure*, c'est-à-dire comme expression de colère, de mépris et d'exaspération (du citoyen-caricaturiste à l'égard du responsable politique par exemple » (Tillier B., *La Républicature. La caricature politique en France. 1870-1914*, Paris, CNRS Éditions, 1997, p. 75). Sur les enjeux politiques et éthiques, et les controverses entourant la pratique de la satire et de la caricature, nous nous permettons de renvoyer à C. Passard et D. Ramond (dir). *De quoi se moque-t-on ? Satire et liberté d'expression*, CNRS Éditions, 2021.

un geste[12], une tenue, un sourire[13], un regard, un crachat, un son ou un silence[14] etc.) – pouvait devenir une insulte suivant le contexte et ses modes de réception, indépendamment même de l'intention de l'énonciateur. Ce que confirment les études menées, dans une perspective historique cette fois, par Thomas Bouchet et l'équipe de l'université de Bourgogne qui avaient entrepris dans les années 2000 un programme de recherche sur l'insulte en politique[15]. Il en ressort, par exemple, que les qualificatifs de « lâche », de « menteur » ou de « traître », devenus aujourd'hui des insultes parmi d'autres, ont pu être considérés par le passé, sous la Troisième République notamment, comme les plus offensants en lien avec les représentations sociales de l'honneur qui dominaient à l'époque[16]. Inversement, les injures racistes et animalières[17], désormais inacceptables dans l'espace politique français[18], étaient alors largement banalisées. Ainsi, « les mots proférés sont indissociables de règles du jeu politique et social, de traditions, d'habitudes, d'imaginaires collectifs qui se structurent différemment selon les systèmes de valeurs, les modèles familiaux, économiques, éthiques[19] ». En outre, comme l'entérine le droit, l'insulte change de

---

12 Voir notamment Fisher S., « L'insulte : la parole et le geste », *Langue française*, vol. 144, n° 4, 2004, p. 49-58 ; Amadori S., « La "quenelle". Valeurs symboliques et rhétoriques d'une insulte gestuelle », *Mots. Les langages du politique*, 2016/1 (n° 110), p. 83-98.

13 Nous avons ainsi étudié comme le prétendu rire (ou sourire) de Jules Ferry à la Chambre des députés le 30 mars 1885 au sujet de la politique coloniale de la France au Tonkin, vu comme une injure aux morts, génère à l'époque un véritable scandale. Si la moue de Ferry a fait l'objet d'interprétations contradictoires, les commentaires violents s'accumulent et s'emballent pour blâmer le « large rire » de Ferry qui métaphorise l'abjection ultime. Voir Passard C., « "On ne rit pas au Tonkin !". La chute du cabinet Ferry en 1885 » *in* Bacot P. & Déloye Y. (dir.), *Lapsus, erreurs et malentendus*, Paris, L'Harmattan, coll. « Langue & Parole », 2023.

14 Comme l'observe Claire Oger (« Dialectique de la parole et du silence », *Communication*, vol. 25, n° 1, p. 11-45).

15 Bouchet T., Leggett M., Vigreux J. et Verdo G. (dir), *L'insulte (en) politique*, Dijon, Éditions Universitaires de Dijon, 2005 ; Bouchet T., *op. cit.*, 2010.

16 C'est le cas aussi du qualificatif de « rural » par exemple, voir T. Bouchet, *Ibid.*, p. 88-105 ; Gaboriaux C., « Quand rural signifiait "réactionnaire". Le détournement politique du vocabulaire rustique autour de 1871 », *Mots. Les langages du politique*, n° 92, 2010.

17 Voir Libis J., « Vipères lubriques et rats visqueux. La symbolique animalière dans le vocabulaire de l'injure politique », *Imaginaire & Inconscient*, 2014/1 (n° 33), p. 59-74.

18 Dans sa contribution, Bertrand Badie montre la persistance, aujourd'hui encore, d'une forme de « zoologie verbale » injurieuse que ce soit au niveau des relations internationales ou dans certains contextes nationaux.

19 Bouchet T., Leggett M., Vigreux J. et Verdo G. (dir), *op. cit.*, 2005, p. 272.

statut selon qu'elle est ou non énoncée publiquement, selon qu'elle présente un caractère raciste ou sexiste, selon qu'elle s'accompagne ou non de menaces ou de violences physiques, selon qu'elle vise des institutions ou des personnes juridiquement protégées comme cela a pu être le cas du chef de l'État par exemple, à travers le délit d'offense étudié par Olivier Beaud[20].

Si l'ensemble de ces travaux apporte des éléments très précieux pour cerner les pratiques et usages politiques de l'insulte, l'ambition de cet ouvrage collectif est de les compléter en analysant ces pratiques et usages au-delà de leurs seuls enjeux discursifs et de ces aspects historiques[21]. Il entend ainsi montrer comment interroger l'insulte pour qu'elle nous dise quelque chose sur la politique, son fonctionnement et ses mises en mots. Loin d'être un phénomène anecdotique ou simplement pittoresque, l'insulte met en jeu des questions politiques cruciales qu'abordent les contributions réunies dans ce volume.

## CE QUE LA POLITIQUE FAIT À L'INSULTE

La première question qui mérite d'être posée porte évidemment sur la définition et le repérage de l'insulte politique. Comment une parole ou un acte en vient-il à être considéré comme une insulte et comment, à partir de quand celle-ci acquiert-elle un sens politique ? Toute la difficulté est en effet de circonscrire ce que recouvre l'insulte (en) politique[22].

20 Beaud O., *La République injuriée. Histoire des offenses au chef de l'État*, Paris, PUF, 2019.

21 Cet ouvrage fait suite à des journées d'études organisées à Sciences Po Lille le 21 et 22 octobre 2020 sur « les usages sociaux et politiques de l'insulte » en partenariat avec l'Université de Lille, le Ceraps et le Clersé. Il reprend une partie des contributions qui y ont été présentées, tout en l'enrichissant par d'autres. Je remercie toutes les personnes ayant participé à leur organisation, en particulier David Descamps et Agathe Foudi. Merci aussi à John Vandenhaute pour son aide éditoriale. Un second ouvrage, dirigé par Cromer S., Descamps D., Foudi A. et Passard C., porte plus généralement sur *Les usages sociaux de l'insulte*, Rennes, PUR, 2024, coll. « Le sens social ».

22 Dans son étude sur les insultes entre paysans du Lot, au XIXe siècle, l'historien François Ploux propose une distinction intéressante entre insulte en politique et insulte politique en se demandant dans quelle mesure le recours à l'insulte traduit ou pas une certaine politisation de ces paysans, une certaine aptitude à concevoir le jeu politique au-delà d'un affrontement entre personnalités singulières ; l'échange d'insultes peut en effet en

Une première solution consiste à l'appréhender à partir de critères objectifs tels que le droit. En effet, celui-ci sanctionne l'*injure* qui est définie dans la loi sur la liberté de la presse du 29 juillet 1881 comme « toute expression outrageante, termes de mépris, invective qui ne renferme l'imputation d'aucun fait ». Mais le droit réserve un traitement spécifique aux atteintes à l'autorité de l'État (atteintes à la fonction, aux corps constitués et non à la personne) qui sont punies sous le terme d'*outrage* par lequel le Code pénal désigne « les paroles, gestes ou menaces, les écrits ou images de toute nature non rendus publics ou l'envoi d'objets quelconques adressés à une personne chargée d'une mission de service public, dans l'exercice ou à l'occasion de l'exercice de sa mission, et de nature à porter atteinte à sa dignité ou au respect dû à la fonction dont elle est investie » (article 433-5). L'outrage peut aussi s'appliquer au drapeau ou à l'hymne national[23], ce qui lui confère ainsi d'emblée une dimension politique[24], comme cela était également le cas avec le délit d'offense au président de la République qui faisait partie, dans la loi de 1881, des « délits contre la chose publique » tandis que l'injure, comme la diffamation, relevait des « délits contre les personnes ». Ce délit d'offense, sur lequel revient Olivier Beaud dans son chapitre en examinant les procès menés contre l'extrême droite sous la présidence de de Gaulle, a été supprimé par la loi du 5 août 2013 (suite à une condamnation de la France par la Cour européenne des droits de l'homme[25]). Si elles ne sont pas soumises au droit commun, les assemblées parlementaires édictent aussi leurs propres règles qui conduisent à prohiber et à punir l'insulte. Dorothée Reignier examine ainsi comment,

---

rester à un niveau infrapolitique, sans être le vecteur d'un discours ou d'une conscience politique articulé, ce que montrent aussi certaines contributions de l'ouvrage comme celle sur les jeunes des cités étudiés par Éric Marlière. Voir F. Ploux, « Insultes au village (Haut-Quercy, XIX$^{e}$ siècle) *in* Bouchet T., Leggett M., Vigreux J. et Verdo G. (dir), *op. cit.*, 2005, p. 40-51.

23 Paveau M.-A., « "J'irai cracher sur ta France". Discours d'outrage aux emblèmes et symboles de l'État », *in* Desmons É. & Paveau M.-A. (dir.), *op. cit.*, 2008, p. 109-135.

24 Nous n'abordons pas ici la notion religieuse de blasphème (outrage à la religion) mais celui-ci a été et reste criminalisée dans de nombreuses sociétés et est au cœur de conflits contemporains (voir notamment à ce sujet l'entretien de Jeanne Favret-Saada par Arnaud Esquerre, « Le retour de l'accusation de blasphème est une révolution dans notre vie publique », *AOC*, 12 novembre 2019).

25 Néanmoins, le président de la République reste protégé non seulement au même titre que tout citoyen mais aussi que toute personne dépositaire de l'autorité publique. Ainsi plusieurs personnes ont fait récemment l'objet de poursuites pour injure au président.

au sein de l'Assemblée nationale en France, les règlements laissent une large marge d'appréciation en la matière, notamment au président de l'Assemblée qui est en mesure d'apprécier l'insulte et la nature de la peine disciplinaire. Les insultes ne sont donc pas systématiquement punies ni stigmatisées, les dénonciations et les sanctions s'intégrant elles-mêmes dans des rapports de force et des luttes partisanes. Concernant le Parlement européen, Olivier Costa et Olivier Rozenberg soulignent d'ailleurs « l'impossible civilité parlementaire », autrement dit la difficulté de réguler complétement les excès verbaux du fait de l'idéal délibératif de l'institution qui pose le principe de la liberté de parole ; l'insulte peut y apparaître en ce sens largement « structurelle ».

De fait, si appréhender les insultes politiques à travers le prisme juridique permet de poser des questions fondamentales sur ses modes de régulation et de sanction notamment, cela occulte, par définition, celles qui échappent au droit alors qu'elles peuvent constituer une composante relativement commune du jeu politique et relever de l'ordinaire du politique, comme le révèlent aussi bien, dans des contextes évidemment très différents, Bertrand Badie qui souligne la banalisation de l'insulte dans le cadre des relations internationales qu'Éric Marlière dans son chapitre consacré à l'usage de l'insulte politique par une certaine jeunesse des quartiers populaires urbains. Aussi, dans une approche qui reste plutôt objectiviste, d'autres contributeurs de l'ouvrage considèrent comme insultes politiques les invectives manifestes lancées par ou contre des acteurs politiques en prenant pour corpus des insultes qu'ils ont eux-mêmes repérées ; c'est ce que font, dans ce volume, outre Éric Marlière précédemment cité, Élodie Berthet dans son étude sur les attaques *ad hominem* sur twitter entre les différents candidats à l'élection présidentielle de 2017, Denis Saint-Amand en s'intéressant aux écrits sauvages des Gilets Jaunes ou encore Samia Khichane en examinant les injures sur les réseaux socionumériques dans le cadre du mouvement Hirak. Ces contributions permettent de saisir surtout le sens voire la « fonction » de l'insulte en se focalisant sur ceux qui la produisent (avec une intention explicitement outrageante) mais s'intéressent moins, car ce n'est pas leur objet, à la façon dont elle est perçue ou accueillie.

À cet égard, une seconde approche, plus constructiviste, consiste à analyser plutôt la manière dont un propos ou une attitude en vient à être étiqueté, approprié, reçu comme une insulte politique. En matière politique *a fortiori*, l'insulte ne saurait se laisser circonscrire au simple périmètre lexical des « gros mots[26] » même s'ils en sont une matière privilégiée. En effet, comme cela a déjà été souligné, l'insulte ne se définit pas dans l'absolu : toute invective n'est pas forcément ressentie comme une insulte par celui ou celle qui la reçoit et, inversement, tout mot (voire toute attitude) est susceptible d'être pris, suivant le contexte et la manière dont il est exprimé[27] et reçu, comme une insulte. Dans le présent ouvrage, Bertrand Badie souligne ainsi, par exemple, comment un ensemble de préjugés et de stéréotypes concernant l'islam peut conduire à un « répertoire de formules qui ne sont pas forcément pensées comme des insultes, mais inévitablement reçues comme telles au sein du monde musulman incriminé ». De manière assez analogue, Olivier Costa et Olivier Rozenberg développent l'idée d'« insulte interculturelle » qui peut renvoyer à des formes de « malentendu » lié à des différences de culture ou des écarts dans la tolérance à certains propos et à la définition même du dicible selon les différents pays par exemple. Comme l'écrivait déjà Sénèque (*De la colère*), « l'injure est moins dans la manière dont elle est faite que dans celle dont elle est reçue ».

De fait, comme d'autres écarts de langage (lapsus, gaffe...), « le verdict est en la matière largement performatif, il fait exister comme telle la faute qu'il dénonce[28] ». L'interprétation de l'insulte est donc un enjeu entre des définitions de la réalité et de la situation qui ne sont pas forcément convergentes et qui peuvent même entrer en conflit, elle est au cœur de luttes de classements sociaux. Or, des énoncés potentiellement discréditants (« stalinien[29] », « facho », « collabo », « extrême droite », « populiste », « islamo-gauchiste », « islamophobe »...) sont généralement présentés par ceux qui les émettent comme simplement constatatifs alors qu'ils peuvent apparaître et être reçus aussi comme des injures (même s'ils sont toujours susceptibles d'être revendiqués[30]). Étudiant les invectives au sein

---

26 Guiraud P., *Les gros mots*, PUF, coll. « Que sais-je ? », 1975 ; Rouayrenc C., *Les gros mots*, Paris, PUF, coll. « Que sais-je ? », 1998.

27 En matière de propos injurieux, la phonation est cruciale comme le souligne Laurence Rosier (*op. cit.*, 2006, p. 49).

28 Le Bart C. et Teillet P., « Erreur, lapsus, gaffes, fautes... Le discours politique comme genre », *in* Ringoot R. et Robert-Demontrond P. (dir.), *L'analyse de discours*, Rennes, Apogée, 2004.

29 Voir, à ce sujet, J.-G. Lanuque, « Les trotskystes et les insultes. Esquisse de typologie et d'interprétation », *in* Bouchet T., Leggett M., Vigreux J. et Verdo G. (dir), *op. cit.*, 2005, p. 169-176.

30 Comme le rappelle B. Fuligni « sans-culotte », « communard », « suffragette » ... ont d'abord été des injures (Fuligni B. (dir.), *Petit dictionnaire des injures politiques*, Paris,

du mouvement ouvrier entre 1880 et 1914, Marc Angenot avait ainsi déjà observé une forme d'insulte singulière et docte, celle de « l'étiquetage de l'adversaire idéologique au moyen de néologismes dénonciateurs en -isme[31] », ce qu'il nomme des « concepts-injures ». La longue liste de ces « ismes » (guesdisme, possibilisme, broussisme, allemanisme mais aussi cadettisme, ministérialisme, révisionnisme, aventurisme, révolutionnarisme, jésuitisme, parasitisme etc.), outre qu'elle témoigne de la grande capacité d'inventivité dans la production d'anathèmes, était symptomatique, selon Angenot, d'une « culture de parti » visant à exclure et excommunier les fractions rivales jugées « déviationnistes », non conformes à l'orthodoxie marxiste. Ces accusations acharnées allaient ainsi de pair avec la fabrique d'ennemis politiques : « dans cette culture de parti, on n'a pas d'adversaires avec qui il faille discuter mais, dans son propre "camp", des ennemis à abattre[32] ». Ce genre d'injures n'est cependant pas spécifique aux socialistes ou marxistes[33] mais apparaît plus généralement caractéristique d'une dynamique proprement politique de l'insulte[34]. Comme le remarque Béatrice Fracchiolla, « la majeure partie des insultes en politique n'en sont pas au sens commun, mais le deviennent à partir du moment où elles sont désignées, interprétées

---

L'Éditeur, 2011, p. 14). C'est aussi le cas de « démocrate » comme le rappelle Francis Dupuis-Déri, *Démocratie. Histoire politique d'un mot*, Montréal, Lux/Humanités, 2013.

31 Angenot M., « Les socialistes français au temps de la deuxième internationale. Petite typologie des insultes militantes », *in* Larochelle M.-H. (dir.), *Invectives et violences verbales dans le discours littéraire*, Laval, Presses de l'Université de Laval, 2007, p. 203.

32 Angenot M., *Ibid.*, p. 209. Voir aussi Edelman M., *Pièces et règles du jeu politique*, Paris, Seuil, 1991. Murray Edelman a bien montré en effet comment la construction de l'ennemi politique repose largement sur un travail discursif qui consiste à prêter à l'ennemi un ensemble de traits conduisant à sa diabolisation.

33 Même si comme le remarque J.-G. Lanuque en notant la fréquence de l'insulte politique au sein des mouvements trotskystes (*op. cit.*, 2005), elle peut être favorisée par certaines cultures politiques. Dans ces mouvements révolutionnaires, elle apparaît ainsi comme « l'expression de la lutte des classes ». Voir aussi Wolikow S., « L'insulte dans le mouvement communiste jusqu'en 1940 », *in* Bouchet T., Leggett M., Vigreux J. et Verdo G. (dir), *op. cit.*, 2005.

34 Proche de l'analyse de P. Bourdieu qui avait déjà observé que l'étiquetage était « l'équivalent "savant" de l'insulte » (*Choses dites*, Paris, Minuit 1987, p. 169), Annie Collovald a mis en évidence la fonction dépréciative de certaines catégories d'analyse politique, aux usages très élastiques et porteuses, selon elle, d'un certain « racisme de classe », comme celles de « poujadisme » ou de « populisme » : voir Collovald A., « Histoire d'un mot de passe : le poujadisme. Contribution à une analyse des "ismes" », *Genèses*, n° 3, 1991 et « Le populisme comme stigmatisation », *in* Fondation Copernic (éd.), *Manuel indocile de sciences sociales. Pour des savoirs résistants*, Paris, La Découverte, 2019, p. 429-433.

comme telles par des tiers – journalistes, mais aussi par des personnes du même camp politique, qui vont dénoncer les propos proférés par un tel ou une telle à l'égard de l'un ou l'une de leurs alliés ». D'où des polémiques récurrentes sur les statuts d'insulteur ou d'insulté : « la violence, c'est les autres[35] ».

Certains chapitres analysent ainsi le processus de publicisation et de politisation de certaines insultes. Pierre Leroux s'intéresse à trois formules de présidents de la République qui sont rapidement devenues « virales » et sont apparues comme fortement insultantes bien qu'elles n'aient pas été toutes prononcées publiquement ni dans des moments « forts » de la vie politique. Alice Baudy éclaire les différentes appropriations militantes, parlementaires, judiciaires de l'insulte aux harkis et sa construction comme un objet de politique publique. D'autres chapitres portent davantage leur attention à la réception et aux réactions face à des propos qui peuvent paraître insultants. Dans leur texte, Thomas Ehrhard et Marion Jacquet-Vaillant interrogent ainsi les modalités de réception différenciées chez les parlementaires de la formule péjorative d'« ancien monde politique » et montrent le poids de différentes variables pour saisir sa charge insultante. À partir du cas des militants de Génération identitaire, Marion Jacquet-Vaillant examine ce qu'ils conçoivent et reçoivent ou pas comme une insulte (extrême droite, fasciste, nazi, raciste…) et comment ils réagissent en conséquence.

## L'INSULTE : GAFFE OU COUP POLITIQUE, ARME DES FAIBLES OU RETOUR DU REFOULÉ DES DOMINANTS ?

Un deuxième axe de questionnement transversal concerne les logiques du recours à l'insulte dans le champ politique. L'insulte constitue-t-elle nécessairement une forme de transgression des règles du jeu politique ou peut-elle remplir une fonction tactique ? À quelles conditions peut-on

35 Desmarchelier D., « Les mots de la violence, la violence des mots dans le discours politique français contemporain », *in* Bonnafous S. *et al.* (dir.), *Argumentation et discours politique*, Rennes, PUR, 2003, p. 225-234.

alors en faire usage et sous quelles modalités ? Quelles sont les propriétés sociales et/ou idéologiques des acteurs qui recourent à l'insulte ?

Les études menées en histoire ou en socio-histoire du politique permettent de formuler certaines hypothèses en la matière. En effet, elles ont montré que sous la Troisième République notamment, l'échange de noms d'oiseaux est particulièrement répandu et est pratiqué à la manière d'une escrime langagière qui se règle souvent à coups d'épées – ou de pistolets – réels (le dernier duel eut lieu en 1967 entre Gaston Defferre et René Ribière[36]). Les acteurs politiques de l'époque n'hésitent pas alors à manier l'insulte comme une arme au point d'apparaitre comme des véritables professionnels dans le domaine[37]. Dans cette configuration historique marquée par la domestication des anciennes formes émeutières d'action et l'apprentissage des règles d'un jeu électoral pacifié, ces injures accompagnent la nouvelle donne démocratique où la bataille des mots endosse un caractère déterminant dans le combat politique, peut garantir ou compromettre des carrières politiques. Mener une carrière politique suppose alors, à défaut de toujours savoir ou pouvoir insulter, d'être en mesure tout du moins de résister ou de répliquer aux saillies de ses opposants. Les injures sont loin d'être pour autant complètement acceptées dans la mesure où elles contrastent avec la retenue et le calme que les républicains modérés entendent alors imposer à leurs discours et aux manifestations d'émotions, car ils les conçoivent comme des gages d'une « éthique du respect civique et du débat démocratique[38] ». Les règles du champ politique qui se sont mises progressivement en place ont ainsi imposé à ses membres le respect d'un certain nombre de codes formels, de normes de bienséance et, en particulier, d'un « ordre du discours » (entendu au sens de Michel Foucault[39] comme un ensemble de procédures de contrôle et de restriction des énoncés qui définissent ce qui est dicible dans cet espace).

Dans ce cadre, et dès lors, du moins qu'elle est publique, l'injure, d'ailleurs réprimée (comme la diffamation[40]) par la loi sur la presse de

36 Ollivier A.-L., « Le spectacle de la transgression : les duels de parlementaires en France après 1945 », *Parlement[s], Revue d'histoire politique*, vol. 23, nº 1, 2016, p. 115-134.

37 Voir Passard C., *L'âge d'or du pamphlet. 1868-1898*, Paris, CNRS Éditions, 2015.

38 Déloye Y., « Le charisme contrôlé », *Communications*, nº 69, 2000, p 165.

39 Foucault M., *L'ordre du discours. Leçon inaugurale au Collège de France prononcée le 2 décembre 1970*, Paris, Gallimard, coll. « NRF », 1971.

40 Trombert-Grivel A., *D'un délit d'opinion l'autre. Sociologie historique de l'institutionnalisation de la diffamation politique (1819-1944)*, doctorat de science politique (dir. O. Ihl), Université Paris 1, 2007.

1881, constitue un manquement aux normes du bien-dire politique. Si lorsqu'elle est jugée peu grave, elle demeure alors relativement tolérée, s'intégrant dans des joutes verbales ritualisées, comme on l'observe même dans l'enceinte feutrée du Parlement, certaines insultes sont beaucoup moins bien admises et appellent sanction ou réparation. C'est le cas de l'offense au chef de l'État qui est encore punie, aux débuts de la V^e^ République, comme le montre Olivier Beaud, par des peines – certes légères – d'emprisonnement.

Si ces insultes peuvent être produites sous l'effet de la colère, de l'émotion non maîtrisée, elles peuvent être aussi le résultat d'un calcul politique, représenter une ressource compensatoire, permettant à des acteurs, dépossédés de moyens plus légitimes, de se rendre ne serait-ce qu'audibles dans le champ politique. L'insulte apparaît ainsi classiquement comme l'arme des *outsiders* politiques, comme l'illustrent différentes contributions du volume. Quand elle n'est pas une simple bévue ou un réflexe épidermique, elle peut en effet remplir une visée tactique et s'insérer dans une véritable stratégie de scandalisation. Historiquement, de nombreuses entreprises partisanes – boulangistes, communistes, poujadistes, … – ont ainsi joué de leur statut d'*outsiders* en revendiquant leur franc-parler comme l'expression d'une parole de la rue, d'un dire vrai, d'un langage direct et sans fioritures, ce qu'illustre bien le chapitre d'Olivier Beaud à travers l'offense au chef de l'État par l'extrême droite. Ici, le recours à l'insulte peut traduire à la fois cette logique de positionnement[41] mais aussi une ligne idéologique extrémiste voire révolutionnaire dans le cas du groupuscule néo-fasciste *Jeune Nation*. Jean-Marie Le Pen, inculpé en 1963 (mais relaxé) pour ce motif, restera d'ailleurs fidèle à cette tradition pamphlétaire de l'extrême droite : ses « dérapages », plus ou moins contrôlés, ont d'ailleurs contribué à lui donner une plus grande visibilité dans le champ politique, à le mettre au cœur des débats, tout en lui permettant de se saisir des réactions d'indignation pour fustiger le « politiquement correct » et la langue de bois technocratisée des élites politiques et mettre en scène un certain

41 Logique de positionnement qui est en réalité toujours plus complexe en ce sens qu'elle ne se joue pas qu'à un niveau interpartisan mais aussi intrapartisan et qu'elle est dépendante des ressources des acteurs. Pour une analyse fine en la matière, voir Birenbaum G., « Le Front national à l'Assemblée (1986-1988). Respect et subversion de la règle du jeu parlementaire », *Politix*, vol. 5, n° 20, 1992.

imaginaire viril[42]. Cette instrumentalisation de l'insulte par des forces politiques situées aux extrêmes ou en marge du jeu politique se retrouve encore aujourd'hui, au même sein des assemblées parlementaires, comme le montrent les contributions de Dorothée Reigner sur l'Assemblée nationale en France d'une part et Olivier Costa et Olivier Rozenberg sur le Parlement européen d'autre part. Mais ces insultes sont politiquement réprouvées et parfois même juridiquement sanctionnées.

Comme le résume Béatrice Fracchiolla, les conditions actuelles du jeu politique tendent ainsi à disqualifier les insultes les plus directes (*ad personam*) et conduisent à ne permettre que des insultes « masquées » qui passent par des formulations indirectes comme l'argument *ad hominem* ou des formules ironiques qui peuvent cependant être perçues comme insultantes par leurs cibles. Aussi, l'insulte directe ne peut-elle être que « l'arme des faibles » ou fait figure, pour les acteurs politiques établis, de « fausse note » voire de véritable transgression. Ce que confirme notamment l'étude d'Élodie Berthet sur la campagne présidentielle de 2017 : à partir d'un décompte précis des attaques *ad hominem* contenues dans les tweets des candidats à l'élection présidentielle, elle observe non seulement que celles-ci sont peu fréquentes dans l'ensemble mais surtout qu'elles sont plus répandues chez les « petits » candidats. C'est finalement chez les internautes qui font des commentaires en ligne que l'insulte est la plus débridée[43], « franche et vulgaire ».

Ce type d'insultes se retrouve dans les mouvements sociaux où elles peuvent faire office, pour les citoyens, de forme de revanche symbolique, comme l'illustrent en particulier le chapitre de Denis Saint-Amand sur les Gilets-Jaunes et celui de Samia Khichane sur le mouvement Hirak. La violence verbale apparaît comme une tactique langagière traditionnelle des actions protestataires : moyen d'attirer l'attention du public et des médias à travers la provocation, de construire une identité militante en

42 Bonnafous S., « L'arme de la dérision chez J.-M. Le Pen », *Hermès, La Revue*, 2001/1 (nº 29), p. 53-63.

43 Cela rejoint l'analyse de Ruth Amossy qui remarque que « l'insulte, qui apparaît comme coupable parce qu'elle transgresse les règles de la politesse et fait perdre la face à l'autre, est autorisée dans certains cadres comme celui du forum de discussion. Elle est par contre interdite dans un débat télévisé où son agressivité apparaîtrait comme intolérable, et dommageable pour la confrontation. Cette agressivité ne peut alors prendre que des formes moins brutales dont font partie, entre autres, les arguments *ad hominem* » (*Apologie de la polémique*, Paris, PUF, 2014, p. 202).

mobilisant un groupe face à un ennemi commun, elle représente aussi un instrument visant à « constituer un espace public alternatif permettant de contester la légitimité des autorités et de la culture officielle et de modifier le débat public autour de questions politiques et sociales[44] ». C'est pourquoi l'insulte peut devenir une « arme de dominés » (Samia Khichane) et s'apparenter à un « art de la résistance[45] ». Cela rejoint l'analyse d'Éric Marlière qui analyse l'insulte des jeunes des quartiers populaires envers le personnel politique comme une forme de « réparation symbolique » qui « permet dans une certaine mesure de renverser les codes du pouvoir et de subvertir l'ordre social pour beaucoup de jeunes en situation précaire et incertaine dans une société pourtant démocratique ». Ces insultes ne s'accompagnent pas moins d'une certaine forme de créativité[46] qui révèle la dimension esthétique sinon « poétique » (Denis Saint-Amand) mais aussi ludique voire jubilatoire de pratiques langagières qui se conjuguent souvent avec l'humour, la satire ou la dérision. Il ne faut sans doute pas négliger d'ailleurs ce plaisir même de l'insulte qu'on peut relier, suivant l'analyse de Sigmund Freud dans son célèbre ouvrage sur *Le mot d'esprit et sa relation*, à l'allégement de certaines inhibitions psychologiques, à la « la levée des répressions et des refoulements[47] ». Il y a ainsi probablement un effet en lui-même libérateur dans l'insulte. Quoi qu'il en soit, ces insultes « d'en bas », émanant de citoyens peu politisés ou davantage mobilisés, seraient, selon les auteurs de ces chapitres, la réaction aux insultes « d'en haut », d'un

44 Orkibi E., « Violence verbale et mouvements sociaux : une approche rhétorique », *in* Fracchiolla B., Moïse C., Romain C. et Auger N. (dir.), *Violences verbales. Analyses, enjeux et perspectives*, Rennes, PUR, 2013, p. 63.

45 Scott J.-C., *La domination et les arts de la résistance. Fragments du discours subalterne*, Paris, Éditions Amsterdam, 2008.

46 Bien relevée par David Lepoutre (*Cœur de banlieue. Codes, rites et langages*, Paris, Odile Jacob, 1997) dans son étude des joutes verbales des jeunes des cités populaires et à la suite des travaux fondateurs de William Labov (*Le parler ordinaire. La langue dans les ghettos noirs des États-Unis*, Paris, Minuit, 1993 [1972]).

47 Freud S., *Le mot d'esprit et ses rapports avec l'inconscient*, Paris, Gallimard, 1930 [1905], p. 122. Freud écrit encore : « Si fréquent est l'obstacle créé à l'injure ou à la riposte outrageante par des causes extrinsèques que l'esprit tendancieux affecte une prédilection toute spéciale pour l'attaque ou la critique des gens haut placés et des gens qui prétendent au pouvoir. L'esprit permet alors de s'insurger contre une telle autorité et par là de se libérer de son poids. Là réside aussi l'attrait de la caricature, qui nous fait rire même quand elle est peu réussie, par cette seule raison que nous lui savons gré de s'insurger contre l'autorité » (p. 94).

pouvoir qui les méprise. Denis Saint-Amand montre ainsi comment les slogans des Gilets Jaunes (« Ceux qui ne sont rien sont partout », « OK Manu, on traverse »...) font écho à des déclarations jugées injurieuses du président de la République, « renvoyant l'insulte à son émetteur ou la détournant pour se la réapproprier ».

En analysant les formules considérées comme insultantes des trois derniers présidents de la République (« casse-toi, pauvre con », « les sans dents », « ceux qui ne sont rien ») et qui ont fait l'objet d'une forte médiatisation, Pierre Leroux révèle qu'elles sont « apparues aux yeux des commentateurs moins comme des écarts individuels comme auraient pu l'être une gaffe ou un lapsus [...] que comme des transgressions politiques majeures au regard de la fonction des locuteurs » dans la mesure où elles ont été interprétées comme la manifestation d'un « retour du refoulé » des dominants traduisant et trahissant leur « moi présidentiel authentique », leur hybris mais aussi leur « mépris du Peuple ». Si, comme le souligne Pierre Leroux, ces formules témoignent, pour les commentateurs, d'une « insuffisante maitrise du rôle » présidentiel et ne répondent pas, à l'évidence, à une stratégie de communication pensée, on peut toutefois se demander si elles ne tendent pas à prouver que l'insulte ne serait plus aujourd'hui le propre d'*outsiders* politiques. Sous l'effet de la médiatisation accrue et de l'individualisation du champ politique qui mettent en avant la singularité plus que l'exemplarité ou la représentativité, et qui valorisent une certaine exhibition des sentiments plus que la retenue émotionnelle[48], les acteurs politiques, même établis, sont davantage portés à assumer des écarts, notamment de langage, par rapport au rôle institutionnel et donc à jouer la subversion des règles d'un jeu politique jugé trop policé. En tout état de cause, la circulation et la médiatisation de ces formules ou de ces « petites phrases[49] » soulignent le poids des réseaux socionumériques qui ont reconfiguré les frontières entre public et privé ; des insultes qui restaient parfois en « off » autrefois se retrouvent aujourd'hui rendues publiques et largement diffusées. Si Victor Hugo notait dans ses carnets personnels des mots tranchants qu'il

48 Voir Le Bart C., *L'ego-politique. Essai sur l'individualisation du champ politique*, Paris, Armand Colin, 2013, p. 113-117 et du même auteur, *Les émotions du pouvoir. Larmes, rires, colères des politiques*, Paris, Armand Colin, 2018.

49 Voir Boyer H. et Gaboriaux C., « Splendeurs et misères des *petites phrases* », *Mots. Les langages du politique* [En ligne], 117, n° 2018.

ne prononcera jamais à la tribune[50], les réseaux socionumériques sont propices au déclenchement de polémiques[51] : on se « clashe[52] » désormais plus facilement à coups de tweets.

## CE QUE L'INSULTE FAIT À LA POLITIQUE

Un troisième ordre de questionnement porte sur les conséquences des usages politique de l'insulte. Quel impact les insultes ont-elles sur le jeu politique et ses protagonistes ? Contribuent-elles à faire bouger les lignes ?

Dans un aphorisme célèbre qu'on lui prête, Sigmund Freud aurait affirmé que « le premier homme à jeter une insulte plutôt qu'une pierre est le fondateur de la civilisation ». De fait, l'insulte est sans doute le « dernier bastion de la politesse[53] » car même si elle blesse, elle constitue « encore un mode d'interaction, [restant dans le] domaine du dire, du dialogue et [laissant] donc la porte ouverte à une dernière tentative de négociation socialement acceptable avant de passer à l'acte qui attaque[54] ». Doit-on alors considérer que les insultes ne constituent qu'un exutoire, une sorte de catharsis ? Ce serait ignorer qu'elles présentent aussi une force perlocutoire (elles peuvent blesser, humilier voire tuer ou amener à tuer) et conduire à une « montée en tension[55] ». En dénigrant voire en déshumanisant l'Autre[56], en « ensauvageant » le jeu politique, favorisent-elles donc la violence physique ? Cet enjeu est régulièrement soulevé dans l'espace public, y compris par les acteurs politiques eux-mêmes

50 Fuligni B. (dir.), *op. cit.*, 2011, p. 18.

51 Voir par exemple Mercier A., « Twitter, espace politique, espace polémique. L'exemple des tweet-campagnes municipales en France (janvier-mars 2014) », *Les Cahiers du numérique*, 2015/4 (Vol. 11), p. 145-168 et Badouard R., « Internet et la brutalisation du débat public », *La Vie des Idées*, 6 novembre 2018 ; Bertrand D., Dézé A. et Missika J.-L., « Banalisation de la violence politique et nouveau régime médiatique », *La Grande Conversation*, 13 mars 2023.

52 Salmon C., *L'ère du clash*, Paris, Fayard, 2019.

53 Lagorgette D., « Insultes et conflit : de la provocation à la résolution – et retour ? », *Cahiers des Études doctorales de Paris*, vol. 10, n° 5, 2006, p. 39.

54 *Ibid.*, p. 39.

55 Rosier L., *op. cit.*, 2006, p. 17.

56 Klemperer V., *LTI, la langue du troisième Reich*, Paris, Albin Michel, 1996 (1947) ; Faye J.-P., *Le langage meurtrier*, Paris, Hermann, 1996.

afin de justifier ou de dénoncer la virulence langagière[57]. Comment le soulignent Vincent Azoulay et Patrick Boucheron, il convient pourtant d'éviter ici tout déterminisme car la réponse à cette question classique de l'articulation entre violences verbales (ou intellectuelles) et violences physiques est tout sauf théorique, purement anthropologique, mais elle est dépendante de conditions historiques, sociales et politiques concrètes. S'il apparaît que « les violences intellectuelles constituent toujours une étape déterminante dans le passage à l'acte violent », elles « ne se laissent pas enfermer dans une signification unique : tantôt premier temps d'une action violente, tantôt "théâtralisation" d'une action qui demeurera indéfiniment suspendue, tout est affaire de contexte[58] ». Cela peut en partie expliquer la diversité des analyses des auteurs de cet ouvrage suivant le cas étudié. Ainsi, Olivier Beaud rappelle qu'aux débuts de la Vᵉ République, l'opposition d'extrême droite revendique une action révolutionnaire, se situant en dehors du cadre parlementaire et assumant un objectif de conquête du pouvoir par des moyens extra-légaux ; ici, comme il le remarque, la violence verbale « accompagne ou prépare la violence physique ». À l'inverse, Éric Marlière analyse les insultes proférées par les jeunes des quartiers populaires envers la classe politique comme l'expression d'un sentiment d'injustice et d'une colère qui serait le produit des « violences symboliques, institutionnelles et parfois physiques » qu'ils subissent mais qui éviterait de « passer par des révoltes urbaines et par des formes de manifestations infrapolitiques qualifiées d'incivilités ou de provocation par les institutions ». De manière assez analogue, Denis Saint-Amand, même s'il n'occulte pas l'existence d'agressions verbales voire physiques à caractère homophobe, raciste ou antisémite commises par des Gilets jaunes, voit dans certains usages de l'invective des écrits contestataires des Gilets jaunes (notamment lorsqu'ils prennent pour cibles les institutions, les forces de l'ordre ou le président de la République) une

57 Pour ne citer que deux exemples récents, le coordinateur de la France Insoumise Manuel Bompard explique, sur BFM TV, à propos de certaines formes de contestation sociale tournant en dérision les « puissants », que « la violence symbolique joue un rôle de catharsis dans la société » (21 mai 2023). Quelques jours plus tard, Olivier Véran, porte-parole du gouvernement déclare, à l'inverse, lors d'une interview sur Europe 1 : « Il y a une forme de continuum entre la violence dans la parole politique, la violence sociale, la violence constatée dans la société. On est chacun d'entre nous victime, qu'on s'en rende compte ou non » (26 mai 2023).

58 Azoulay V. et Boucheron P. (dir.), *Le mot qui tue. Les violences intellectuelles de l'Antiquité à nos jours*, Paris, Champs Vallon, 2009, p. 27.

dimension d'abord « récréative », une forme d'« irrévérence potache ». Samia Khichane observe également qu'à travers les injures qu'elle étudie, « les acteurs du mouvement Hirak expriment leur colère ou leur haine de manière ludique, sous une forme acceptable, grâce à la dérision et au détournement que leur position sociale autorise ».

Qu'elles provoquent ou non à l'action violente, les insultes ne sont pas pour autant sans effet politique. D'abord, elles présentent une dimension performative qui conduit à catégoriser voire à stigmatiser l'Autre en lui assignant des propriétés négatives. Alice Baudy rappelle, par exemple, comment le terme « harki » a ainsi pris une connotation injurieuse en étant associé « aux figures de la traîtrise, de la collaboration avec l'ennemi, du vaincu, du perdant de l'Histoire ou plus rarement, du subordonné ». Dans le cadre des relations internationales, Bertrand Badie montre bien comment l'insulte peut participer de la construction de l'Autre comme un ennemi, et non comme un simple rival, de sa diabolisation et surtout de son infériorisation. L'insulte soutient ainsi des représentations symboliques et structure potentiellement des clivages politiques (entre des groupes ou au sein même des groupes[59]) en suscitant des ralliements ou des rejets, des identifications ou des contre-identifications. C'est ce qu'illustre notamment le chapitre de Thomas Ehrhard et Marion Jacquet-Vaillant : l'expression disqualifiante d'« ancien monde », utilisée par Emmanuel Macron et ses partisans, conduit à affirmer une certaine vision des divisions politiques et à polariser le champ politique en valorisant les nouveaux entrants et en dévalorisant, inversement, ses membres plus établis regroupés en un seul bloc. Stratégie qui se retrouve aussi, comme le montre notamment Élodie Berthet en examinant les tweets de la campagne présidentielle de 2017, chez certains adversaires d'Emmanuel Macron notamment chez Marine Le Pen qui tente de le présenter comme le candidat « du système », usant-là des procédés traditionnels de son parti qui raillait, dans d'autres contextes, la « caste », la « bande des quatre » ou encore « l'UMPS ».

59 Ainsi, au sein des partis communistes, l'insulte est selon les époques orientée en priorité soit contre la droite soit contre les concurrents au sein du mouvement ouvrier et cela au sein même du parti. L'assimilation des opposants internes aux ennemis de classe, notamment à l'époque de Staline, est en effet un moyen d'assurer l'unanimisme du parti en contrecarrant tout ce qui pour la ligne du parti constitue une menace « droitière » ou « gauchiste ». Ces insultes endogènes, légitimées d'un point de vue doctrinaire, rappellent ainsi le droit chemin et font, plus largement, partie « du processus de discrédit qui légitime ensuite la liquidation physique » (S. Wolikow, *op. cit.*, 2005, p. 257).

Outil de dénigrement de l'adversaire, l'insulte est un moyen de souder un groupe contre ce dernier mais elle est aussi, au moins implicitement, un moyen de se construire, en miroir, une certaine image de soi flatteuse ou de définir son propre système de valeurs. Elle peut donc consolider, si ce n'est façonner par la négative, des identités politiques[60].

En outre, si l'usage des insultes est généralement disqualifié ou, du moins, dénoncé, nous avons aussi vu qu'il pouvait s'inscrire, malgré tout, dans des stratégies politiques, notamment de la part d'*outsiders*, d'entrants ou de dominés dans le champ qui peuvent espérer en tirer profit pour se rendre simplement visibles, exister sur la scène politique dans une logique parfois volontairement provocatrice[61]. Il permet en effet d'incarner la posture de l'indiscipliné, du révolté, d'endosser un « *ethos* de rupture[62] » : l'illégitimité sémantique est paradoxalement brandie comme un moyen de légitimation. Toutefois, les effets escomptés sont loin d'être toujours avérés et ce type de stratégie scandaleuse peut se révéler même contre-productif. Étudiant la campagne présidentielle de Donald Trump en 2016, Oscar Winberg[63] a remis en cause l'idée commune selon laquelle la rhétorique du leader républicain fondée sur la raillerie et l'insulte non seulement envers ses rivaux mais aussi envers les institutions, les célébrités ou des citoyens, aurait constitué pour lui une ressource politique et défend ainsi la thèse que Trump aurait été davantage élu malgré ses écarts de langage que grâce à eux. Selon les sondages d'opinion, une majorité écrasante d'électeurs ont été heurtés par les moqueries de Donald Trump à l'égard du handicap physique d'un journaliste, par ses propos insultants envers les parents d'un soldat américain tombé au combat ou par ses paroles sexistes. Oscar Winberg

60 Voir, par exemple, J.-G. Lanuque, *op. cit.*, 2005 ; Orkibi E., « L'insulte comme argument et outil de cadrage dans le mouvement "anti-Sarko" », *Argumentation et Analyse du Discours*, n° 8, 2012.

61 Ce qu'observait Roland Barthes en ouverture de son *Degré zéro de l'écriture* (Paris, Le Seuil, coll. « Points », 1972, p 9) : « Hébert ne commençait jamais un numéro du Père Duchêne sans y mettre quelques "foutre" et quelques "bougre". Ces grossièretés ne signifiaient rien, mais elles signalaient. Quoi ? Toute une situation révolutionnaire. Voilà donc l'exemple d'une écriture dont la fonction n'est plus seulement de communiquer ou d'exprimer, mais d'imposer un au-delà du langage qui est à la fois l'Histoire et le parti qu'on y prend ».

62 Krieg-Planque A., « L'*ethos* de rupture en politique : "Un ouvrier, c'est là pour fermer sa gueule !", Philippe Poutou », *Argumentation et Analyse du Discours* [En ligne], n° 23, 2019.

63 Winberg O., « Insult Politics : Donald Trump, Right-Wing Populism, and Incendiary Language », *European journal of American studies* [Online], 12-2, 2017.

montre aussi que lorsque les adversaires de Trump ont adopté le ton insultant de ce dernier pour le combattre sur son propre terrain, cela leur a été plutôt nuisible. De fait, comme le souligne Béatrice Fracchiolla dans l'ouvrage, l'usage des insultes, *a fortiori* lorsqu'elles sont directes ou brutales, est toujours politiquement risqué, d'autant qu'elles peuvent être retournées contre leur auteur et permettre à ceux qui en sont la cible de se présenter comme des victimes. Paradoxalement, l'insulte peut donc être parfois détournée à l'avantage même de ceux qu'elle vise[64]. La contribution de Marion Jacquet-Vaillant montre bien ainsi comment les militants de Génération identitaire parviennent à neutraliser et même contrecarrer les insultes qu'ils reçoivent soit qu'ils les ignorent purement et simplement, soit qu'ils contre-attaquent en discréditant l'offenseur voire en l'attaquant en justice, soit qu'ils s'approprient l'insulte en retournant et revendiquant le stigmate. Comme elle le précise, l'insulte a ici des effets ambivalents : « stigmatiser l'engagement, placer les militants dans un "*out-group*" déviant mais aussi renforcer le sentiment d'appartenance à ce groupe et donc souder la communauté. Elle est à la fois une dépréciation de l'engagement *et* un ciment de la communauté militante. De même qu'"insulter ensemble" suscite une cohésion du groupe, "être insultés ensemble" soude donc le groupe ».

Au-delà des effets sur les acteurs du jeu politique, l'insulte agit aussi comme un révélateur des logiques de fonctionnement du champ politique. En effet, si elle est en principe sanctionnée par le droit et les « règles normatives » du jeu politique qui « indiquent comment faire ce qui est bien et admis par tous » et visent à maintenir l'ordre, elle peut cependant s'intégrer dans ses « règles pragmatiques » qui « soulignent ce qu'il faut faire pour être efficace, que cela soit bien ou mal[65] ». Frederick G. Bailey prenait un exemple éclairant en la matière : lors d'un débat opposant deux chefs pachtounes, l'un injurie l'autre, provoquant confusion et désordre dans la réunion car il s'agit là d'une infraction brutale de la morale et des procédures établies. Pourtant, comme l'explique Bailey, l'insulteur agissait en toute connaissance de cause, il avait conscience qu'il violait le code normatif en vigueur, mais il n'en était pas moins orienté par une règle pragmatique : en insultant son contradicteur, il

64 Citons par exemple le slogan « sono un coglione » né en Italie en 2006 après que Silvio Berlusconi a traité de « couillons » ceux qui ne votaient pas pour lui.

65 Bailey F.-G., *Les règles du jeu politique. Étude anthropologique*, Paris, PUF, 1971, p. 40.

mettait fin à une discussion dans laquelle il se trouvait en mauvaise posture. Ainsi, son insulte « le sauvait d'une perte de crédit politique puisqu'il se serait retrouvé du côté perdant. Il estima donc que le discrédit normatif consécutif à son infraction des bonnes manières dans une réunion valait le coup[66] ». Dès lors qu'elle n'est pas anomique, l'insulte peut ainsi participer d'un « relâchement contrôlé du contrôle[67] » et, finalement, d'un fonctionnement relativement normal du jeu politique, tout en mimant la transgression et le désordre[68].

Si l'insulte rend donc visible ce type de « règles pragmatiques », elle conduit cependant à mettre le jeu politique à l'épreuve, à tester ses seuils de tolérance. À travers cette épreuve, des manières de faire la politique sont, en effet, discutées et ainsi susceptibles d'être banalisées, ou, au contraire, réprouvées voire abandonnées. Cette épreuve est donc susceptible de provoquer aussi bien des dynamiques de réassurance, en activant des dispositifs d'indignation ou de censure, des rappels à la règle normative, que des processus de changement en repoussant les lignes de l'acceptable, en fondant de nouveaux registres de normes, de valeurs et de conduites[69]. Si l'on adopte une perspective diachronique, se pose alors la délicate question de la civilisation des mœurs politiques. Face à des discours *a priori* contradictoires qui observent voire dénoncent l'essor du « politiquement correct » ou, à l'inverse, la « brutalisation » du jeu politique, doit-on conclure à un processus de pacification ou bien à un relâchement civilisationnel, à un mouvement de dépacification de la parole politique ? Ou encore à des mouvements cycliques ? Surtout comment l'objectiver ? Comparant les sessions d'assemblée au Palais-Bourdon sur 150 ans (1850-2000), Thomas Bouchet et Eric Vigreux[70] avaient montré une certaine permanence des formes de conflictualité verbale sur le long terme, tout en notant que le statut général de la violence ayant changé, il était probable que celle-ci soit survalorisée de nos jours. Autrement dit, la société serait peut-être

66 *Ibid.*, p. 120.

67 Wouters C., « Formalization and Informalization : Changing Tension Balances in Civilizing Processes », *Theory, Culture & Society*, vol. 3, (2), 1986.

68 Dompnier N., « La légitimité politique en joue. Le chahut organisé des députés français sur la question des fraudes électorales depuis les années 1980 », *Parlement[s], Revue d'histoire politique*, 2010/2 (n° 14), p. 35-48.

69 Voir Braud P., « Le concept de transgression. Un nouvel outil pour les politistes ? », *in* Hastings M., Nicolas L. et Passard C. (dir.), *Paradoxes de la transgression*, Paris, CNRS Éditions, 2012.

70 Bouchet T. et Vigreux J., « Violences parlementaires en perspective (1850-1900-1950-2000) », *Parlement[s], Revue d'histoire politique*, 2010/2 (n° 14), p. 18-34.

plus sensible et sévère à l'égard des excès de la parole et les tolérerait moins, ce qui ne signifierait donc pas qu'ils seraient plus fréquents. Cela plaiderait alors plutôt pour confirmer la thèse de Norbert Elias. Mais peut-on extrapoler une telle conclusion au-delà de cette focale parlementaire ? Thomas Bouchet notait ainsi que si l'histoire de l'insulte parlementaire n'était pas linéaire, la relative tendance au recul de celle-ci (et surtout à sa dépolitisation) depuis la mise en place de la Vᵉ République était probablement corrélative à l'affaiblissement de l'Assemblée et au déplacement de l'insulte politique vers de nouveaux lieux comme Internet[71]. Bien que l'actualité évoquée en début d'introduction nuance ce constat fait en 2010 du reflux de l'insulte parlementaire, l'apparente repolitisation récente de l'insulte, notamment au Palais-Bourbon, est elle-même favorisée par sa démultiplication, sa diffraction à travers de multiples relais (presse, télévision, réseaux socionumériques…) et accompagne des transformations plus générales du débat public[72]. De fait, les évolutions paraissent largement contextuelles, tributaires des lieux (géographiques) et des espaces (espace institutionnel, espace de la rue ou des halls d'immeubles, espace des mouvements sociaux, espace des réseaux socionumériques …) comme des temps (temps longs ou temps courts) et des moments (périodes « ordinaires » ou moments « de crise »…) analysés.

Portant sur l'époque actuelle, les différentes contributions de l'ouvrage font ainsi apparaître des situations contrastées. Écartant toute approche normative mais s'appuyant sur une pluralité de méthodes et d'approches, elles soulignent la diversité des formes et des usages politiques de l'insulte, de leurs réceptions et de leurs circulations. Elles invitent en tout cas à prendre au sérieux cet enjeu des répertoires du discours trop souvent encore dédaignés par la science politique.

Cédric Passard
Maître de conférences
en science politique
Sciences Po Lille, CERAPS-CNRS

71 Bouchet T., « Conclusion. Eaux calmes », *op. cit.*, 2010, p. 271-288.

72 Cardon Dominique et *al.*, *Media polarization « à la française » ? Comparing the French and American ecosystems*, rapport de recherche, Institut Montaigne, 2019.

PREMIÈRE PARTIE

# L'INSULTE, UN REGISTRE POLITIQUE DISQUALIFIÉ ET SANCTIONNÉ

# PRAGMATIQUE DE L'INSULTE EN POLITIQUE

## L'art d'accuser l'autre ou la performativité en perspective

L'analyse présentée se situe dans le champ des sciences du langage, au croisement des travaux sur la violence verbale[1], l'insulte et l'injure[2] et l'analyse de discours politique. Le cadre théorique choisi est celui de la théorie des actes de langage – en relation directe avec la notion de performativité développée par John Austin[3] puis John Searle[4]. Plus particulièrement, la performativité est entendue ici appliquée à la réalité en termes des rapports de domination, qu'elle permet d'appréhender[5] – y compris dans le cadre des rapports de genre[6], que nous évoquerons

---

1 Moïse C., Auger N., Fracchiolla B. & Schultz-Romain C. (dir.), *La Violence verbale*, 2 tomes, Paris, L'Harmattan, 2008a ; Moïse C., Auger, N., Fracchiolla B., Schultz-Romain C., « De la violence verbale, pour une sociolinguistique des discours et des interactions », *in* Durand J., Habert B., Laks B. (eds.), *Congrès Mondial de Linguistique française*, Institut de Linguistique française Discours, 2008b ; Fracchiolla B., Moïse C., Schultz-Romain C., Auger N. (eds), *Violences Verbales*, Rennes, Presses Universitaires de Rennes, 2013.

2 Rosier L., *Petit traité de l'insulte*, Charleroi, Labor, 2006 ; Lagorgette D. & Larrivee P. (dir), « Les insultes : approches sémantiques et pragmatiques », Langue Française n° 144, 2004 ; Lagorgette D., éd., *Les Insultes en français : de la recherche fondamentale à ses applications*, Chambéry, Éd. Université Savoie Mont Blanc, 2009 ; Fracchiolla B., *L'insulte et l'injure vues comme genre bref et leur mise en discours*, Actes du colloque international *Le genre bref, son discours, sa grammaire, son énonciation*, 29 et 30 mars, Université Aoyama Gakuin, Tokyo, Japon, 2018. Accès : http://www.cl.aoyama.ac.jp/french/2018/conference/actes-colloque-genre-bref.pdf (consulté le 01/08/2022) ; Fracchiolla B., Rosier L., article « insulte », *Publictionnaire, dictionnaire encyclopédique et critique des publics*, 2019. [En ligne] : http://publictionnaire.huma-num.fr (consulté le 01/08/2022).

3 Austin J.-L., *Quand dire, c'est faire*, Éditions du Seuil, Paris, 1970 (trad. par G. Lane de *How to do things with Words : The William James Lectures* delivered at Harvard University *in* 1955, Ed. J.O. Urmson, Oxford, 1962).

4 Searle J., *Speech Acts. An Essay in the Philosophy of Language*, Cambridge, Cambridge University Press, 1969.

5 Boutet J., *Le Pouvoir des mots*, Paris, La Dispute, 2010.

6 Butler J., *Trouble dans le genre. Pour un féminisme de la subversion.* Traduit de l'anglais par C. Kraus. Paris, Éditions La Découverte, 2005 [1re éd. : 1990].

sans nous y attarder. Aussi, le cadre théorique élargi est celui de la pragmatique – au sens où l'on parle pour faire, pour agir ; pour obtenir un résultat – et de l'analyse de discours entendue comme une sociolinguistique des discours. Dans ce cadre, les notions d'injure ou d'insulte en politique sont directement comprises en relation avec la réparation que cela implique[7].

L'objectif est ici d'expliquer dans quelle(s) mesure(s) l'insulte directe est devenue aujourd'hui, en politique, une forme de non-sens pragmatique et ne peut par conséquent qu'avancer sous une forme masquée[8], dans des formulations indirectes, par allusion ou ironie, et souvent qualifiées d'insultantes par des tiers opposants. Les insultes genrées, sexistes à l'égard des femmes sont pléthores en politique (députées associées au caquètement des poules (2013)[9]) ou à un bêlement de chèvre (2017[10]) lors d'une prise de parole en hémicycle ; refus du titre féminisé de Présidente en s'adressant à Sandrine Mazetier par Julien Aubert (janvier puis octobre 2014), discrimination qui consiste à renvoyer les femmes à leurs fourneaux ou à la garde des enfants[11], etc.). Alors qu'elles sont souvent directement sexistes lorsqu'elles s'adressent aux femmes, nous verrons pourquoi et dans quelle mesure les attaques et insultes en politique s'appuient de manière générale souvent sur des détours et figures

7 Voir entre autres la notion « d'attaque courtoise » : Fracchiolla B., « L'attaque courtoise : de l'usage de la politesse comme stratégie d'agression dans le débat Sarkozy-Royal du 2 mai 2007 », *in Actes JADT'2008 – 9ᵉ journées internationales d'analyse statistique des données textuelles*, 12-14 mars 2008, Lyon ; Fracchiolla B. & Romain C., « L'attaque courtoise : un modèle d'interaction pragmatique au service de la prise de pouvoir en politique », *Semen*, 40, 2015. [En ligne] : http://semen.revues.org/10418 (consulté le 01/08/2022).

8 Fracchiolla B. & Romain C., *Ibid.* ; Fracchiolla B., « Excuse, politesse et euphémisme dans le débat d'entre tours aux présidentielles 2017 : un exemple de violence verbale détournée autour de la radicalisation des jeunes en France », *in* Rebuschi M. et Volery I. (eds), *Comprendre, expliquer, est-ce excuser ? Plaidoyer pour les sciences humaines et sociales*, Paris, Éditions du croquant, 2019, p. 47-61.

9 Le 8 octobre 2013, en plein débat sur les retraites, le discours de l'écologiste Véronique Massonneau, élue dans la Vienne, avait été coupé par un cri de poule, imité par Philippe Le Ray, membre des Républicains. Excédée, elle avait interrompu son discours pour lancer : « Arrêtez, je ne suis pas une poule ». Le responsable avait été sanctionné à l'unanimité des présidents de groupe et privé d'un quart de son indemnité parlementaire pendant un mois, soit 1 000 euros environ.

10 Le 3 août 2017, alors qu'Alice Thourot, élue dans la Drôme pour La République en marche, parlait en défense du projet de loi pour la confiance dans la vie politique, un de ses collègues a imité le bêlement d'une chèvre.

11 « Mais qui va garder les enfants ? » demandait Laurent Fabius, en 2006, à propos de Ségolène Royal, alors qu'elle se présentait aux élections présidentielles de 2007.

rhétoriques qui permettent de les rendre indirectes (voir par exemple la notion d'indirection sous l'angle de l'attaque courtoise ou de l'agression au tiers émissaire[12][13] ; ou encore l'euphémisation discursive[14]).

Car au-delà de certains cas, devenus assez rares pour être repris dans les médias, où les insultes sont directes et clairement identifiables comme telles, l'insulte se résume rarement à des mots ou expressions isolés qui *traitent l'autre de* ; elle se construit la plupart du temps dans le contexte politique, en finesse euphémistique et circonlocutions allusives[15]. Je montrerai ainsi dans quelle mesure et pour quelles raisons l'insulte, si elle est toujours présente en politique, a néanmoins changé de nature dans ses modalités d'expression au fil du temps[16]. Cela m'amènera à la mettre en perspective dans la balance du jeu politique et électoral, en termes de confiance dans la parole, de changements des valeurs sociétales, de représentations et de ce que l'on entend plus largement par la notion de « disqualification » dans le jeu politique – en s'appuyant sur la notion de face d'Erving Goffman[17]. Car, si le contexte politique n'est pas à proprement parler un contexte hiérarchique, l'objet de la confrontation dans et par le débat demeure cependant de faire émerger un dominant et un dominé – afin que l'un puisse émerger en position haute et, *in fine*, emporter l'élection. Aussi, dans ce contexte, c'est la signification sociale de l'insulte qui prime, car publique et destinée à faire pencher la balance électorale et donc aussi le destin d'un pays.

Plus globalement, la lecture proposée ici de l'insulte en politique mènera à l'envisager dans la perspective de la promesse (et donc de la confiance) trahie.

---

12 Fracchiolla B., article « Injure » *in* Marzano M., (ed), *Dictionnaire de la violence*, PUF, Paris, 2011.

13 [En ligne] : https://violenceverbale.hypotheses.org/114 (consulté le 08/09/2022).

14 Fracchiolla B., *op. cit.*, 2019.

15 Laforest M. & Vincent D., *Les interactions asymétriques*, Québec, Nota Bene, 2006.

16 Oger C., « La conflictualité en discours : le recours à l'injure dans les arènes publiques », *Argumentation et Analyse du Discours*, n° 8, 2012 ; Bouchet T., *Noms d'oiseaux. L'insulte en politique de la Restauration à nos jours*, Paris, Stock, 2010 ; Fuligni B., *Petit dictionnaire des injures politiques*, Paris, L'Éditeur, 2011 ; Baudot P.Y. & O. Rozenberg, « Lasses d'Elias : des assemblées dépacifiées ? Violence des échanges en milieu parlementaire » (dossier), *Parlement[s]. Revue d'histoire politique* 14, 2010.

17 Goffman E., *Stigmate. Les usages sociaux des handicaps*, Paris, Minuit, 1975 (1963).

## QUAND L'IDÉE DE RÉPARATION S'INSCRIT DANS LES IMPLICITES DU SENS ÉTYMOLOGIQUE

L'étymologie du mot « insulte » (1380) vient du latin classique *insultum*, dérivé de *insulire*, qui signifie « attaque ». Une insulte est ainsi d'abord une agression physique sur un objet visible ; synonyme d'assaut, y compris militaire, porté à une ville en contexte de guerre, on parle alors d'un endroit « hors d'insulte » (*Littré*) – pour dire à l'abri de toute attaque. De son côté, « injure » vient du latin *jus*, *juris*, n. qui signifie droit, justice. Injure renvoie d'abord à l'idée de faire du tort à quelqu'un, jusqu'à outrager et, par rebonds, signifie l'injustice ; l'atteinte à l'honneur ; mais aussi la violation du droit, le tort, le dommage. Le sens des deux termes a ainsi finalement évolué du physique ou juridique au verbal. Par ailleurs, insulte et injure, qui sont souvent synonymes, décrivent une prise de parole d'un certain type, tout en portant un jugement sur l'opération effectuée. Néanmoins, l'injure est souvent liée à une réparation de l'honneur bafoué. Elle renvoie aussi étymologiquement à une blessure physique, faisant couler le sang, et a parfois maille à partir avec le droit en fonction des contextes d'énonciation où elle est proférée. Ce lien existe dans le duel physique, avec armes, qui consistait à demander réparation – par le sang, jusqu'à ce qu'un des combattants soit blessé, d'une attaque (insulte) à l'honneur. On retrouve ce sens dans l'anglais *to injure* (substantif *injury*) : faire du mal à quelqu'un, synonyme de *to hurt* or *wound* blesser physiquement ou moralement[18].

La dimension publique de l'insulte semble aujourd'hui avoir repris le dessus *via* les discours de haine et les attaques *ad hominem* qui émaillent de plus en plus l'espace public numérique[19] et qui ont toujours existé dans l'espace politique – en particulier à l'Assemblée nationale et, plus récemment, dans les débats politiques radiophoniques ou télévisés. On admet aujourd'hui qu'insulte et injure se valent, globalement, dans un sens commun et populaire, et c'est ainsi que nous les utiliserons pour

18 Voir Fracchiolla B., *op. cit.*, 2011.

19 Rosier L., *L'insulte… aux femmes*, Bruxelles, 180°, 2017 ; Tuomarla U., « La recontextualisation et la circulation d'insultes dans les médias : le cas des commentaires des lecteurs sur des articles/vidéos publiés en ligne », *Cahiers de praxématique*, 63, 2014 [En ligne] : http://praxematique.revues.org/2420 ; Voir Fracchiolla N. & Rosier L., *op. cit.*, 2019.

désigner l'ensemble des actions et opérations impliquées étymologiquement par l'un et l'autre termes.

## LES INSULTES DIRECTES

Les insultes directes sont celles qui s'adressent à quelqu'un en l'attaquant sans intermédiaire, en général au moyen d'un substantif qualificatif péjoratif et dégradant. Elles s'inscrivent, dans la perspective de la théorie des actes de langage, comme des performatifs dans la mesure où elles constituent l'autre selon une certaine identité, en même temps qu'elles s'adressent à lui d'une certaine manière. Pour cette raison on les appelle *ad personam*, c'est-à-dire qui attaquent la personne même. De fait, les attaques *ad personam* sont rares, dans la vie politique d'aujourd'hui, à tel point qu'elles en deviennent pour ainsi dire historiques. L'insulte explicite et directe se rencontre dans trois domaines distincts de la vie politique.

### L'INSULTE DE PAIR À PAIR

Le premier domaine est l'insulte de pair à pair (au sein de l'Hémicycle, Assemblée nationale). C'est, par exemple les cas des moqueries sexistes ou racistes avérées à l'égard des femmes, déjà évoqués en introduction et largement étudiés par Laurence Rosier dans la vie politique publique en général[20]. Bien qu'elle s'exerce sur une scène publique, l'insulte entre femmes et hommes politiques est d'une certaine manière ritualisée (elle se réalise plutôt sous forme d'invective, de piques, d'ironie, d'implicite, etc.). Elle s'inscrit dans le cadre d'exercice de leurs fonctions ; car le risque, quand elle est trop directe, est qu'elle soit perçue comme trop personnelle (un coup bas), et donc mal perçue par un grand nombre de personnes, indifféremment de toute appartenance politique. Elle est néanmoins proférée, aussi, pour rencontrer un certain auditoire (électoral, que ce sexisme amusera). Le fait qu'elles soient sanctionnées (financièrement, par un prélèvement sur les indemnités des députés) et comptabilisées (en particulier par les médias) est un signe de leur rareté.

20 Voir Rosier L., *op. cit.*, 2017.

## L'INSULTE DE CITOYEN À PRÉSIDENT

Le second domaine de l'insulte directe est celle, plus rare, de citoyen à président de la République[21]. L'un des exemples les plus fameux a été relaté par Jacques Chirac lui-même[22] : alors qu'il était en vacances au Fort de Brégançon, dans le Var, en 2001, un citoyen lui a lancé « Connard ! ». Avec répartie et diplomatie, le président de la République lui a répondu « Enchanté ! Moi c'est Chirac ! ». Ce contexte d'insulte peut se comprendre par une impression de trahison, d'incompréhension, voire de haine partisane à l'égard d'un homme qui incarne la figure présidentielle, sans répondre aux attentes de celui qui profère l'insulte. Dans cette adresse s'exprime frustration, déception, etc. synthétisée et, d'une certaine façon, compréhensible pour l'analyste dans la mesure où citoyen et Président remplissent chacun effectivement les places qu'ils occupent, et tiennent les rôles possibles attendus.

## L'INSULTE DE PRÉSIDENT À CITOYEN

Enfin, le troisième domaine, qui devrait théoriquement ne pas exister, est celui de l'insulte de Président à citoyen. Dans ce cadre en effet, là aussi exemplifié par le fameux « Casse-toi pauvre con ! » prononcé par Nicolas Sarkozy[23] – lors d'une visite officielle au Salon de l'agriculture en 2008, en réponse à un citoyen qui refusait sa poignée de main en disant : « Ah non, touche-moi pas ! Tu me salis ! » – la fonction présidentielle est dévoyée. Le tutoiement lui-même est insultant (il rabaisse le statut de Président à personne) et fait que Nicolas Sarkozy sort de sa fonction pour répondre sur le mode personnel à une attaque qui s'adresse en réalité à sa fonction, aussi est-ce une réponse fondamentalement inadéquate.

On voit ainsi comment la dimension de l'insulte en politique est d'abord totalement co-dépendante du contexte qui, étant politique, est donc public, statutaire, fonctionnel et non privé. On remarque que l'insulte (*ad personam*) se révèle dès lors qu'il y a un potentiel chevauchement entre les deux domaines privé/public, lié au phénomène d'adresse[24], et que le

21 Beaud O., *La République injuriée. Histoire des offenses au chef de l'État, de la III^e^ à la V^e^ République*, Paris, PUF, 2019.

22 Biographie rédigée par Nicolas Domenach et Maurice Szafran, *Le Sacre*, vol. 3, Paris, Éditions Plon, 2003.

23 Boutet J., *op. cit.*, 2010.

24 Fracchiolla B., *op. cit.*, 2010.

chevauchement est ressenti comme personnel (Nicolas Sarkozy) et non fonctionnel (Jacques Chirac). Dans ce cadre, le sexisme ne relève pas de cette question, car il est beaucoup plus structurel que juste personnel ; en cela, il relève, comme insulte, d'une problématique politique globale. La réponse de Nicolas Sarkozy n'aurait pas dû pouvoir exister dans la mesure où la personne qui assume la fonction présidentielle se doit d'être statutairement exemplaire – ce qui va avec la nécessité de maîtriser ses émotions, réactions, etc. En ce sens, l'insulte, l'agressivité, l'hyper réactivité à l'égard du peuple, qu'elle s'exprime individuellement ou collectivement, constituent de fait une trahison, un manquement à la confiance donnée par la voie du vote et de l'élection. Élus pour les représenter, les politiques ne peuvent pas attaquer les citoyens (électeurs) frontalement.

## LA DIMENSION SPECTACULAIRE DES DÉBATS PUBLICS

La notion même de prise de parole et, en général, de débats politiques implique une dimension spectaculaire : ils ont toujours lieu devant témoins, sont généralement filmés, enregistrés, puis relatés et commentés dans la presse. Leur principale caractéristique est donc d'être, pour les politiques, le lieu dédié pour se rendre les plus visibles, repérables possibles où marquer des points sur leurs adversaires. Puisqu'ils existent pour être vus par des spectateurs, ils sont caractéristiques des situations où l'agressivité est attendue et mise en scène[25], alors que l'émergence de la violence (insulte directe, *ad personam* telle que nous venons de l'analyser) serait un faux pas.

Le mot *persona* vient du latin *personare*, *per-sonare* (parler à travers) et désignait le masque que portaient les acteurs de théâtre. Ce masque avait pour fonction à la fois de donner à l'acteur l'apparence du personnage qu'il interprétait, mais aussi de permettre à sa voix de porter suffisamment loin pour être audible des spectateurs. Or les attaques *ad personam* cherchent précisément à empêcher celle ou celui qui parle

25 Sur la notion d'agression en politique, voir Fracchiolla B., « *De l'agression à la violence verbale* », *in* Fracchiolla B., Moïse C., Schultz-Romain C., Auger N., *op. cit.*, 2013.

de faire porter sa voix trop loin, d'être entendu. Dans sa psychologie analytique, Carl Gustav Jung a repris ce mot de *persona* pour désigner la part de la personnalité qui organise le rapport de l'individu à la société, la façon dont chacun doit plus ou moins se couler dans un personnage socialement prédéfini afin de tenir son rôle social. Le moi peut facilement s'identifier à la *persona*, conduisant l'individu à se prendre pour celui qu'il est aux yeux des autres et à ne plus savoir qui il est réellement. Il faut donc comprendre la *persona* comme un « masque social », une image, créée par le moi, qui peut finir par usurper l'identité réelle de l'individu. La notion de *persona* est intéressante à mettre en regard avec ce qu'Erving Goffman appelle la *face* et qui peut se trouver menacée par un FTA (*Face Threatening Act*)[26], mais non atteinte, endommagée par lui dans le cadre de l'exercice des fonctions politiques (rôle, personnage politique) alors que la violence verbale constituerait une véritable atteinte à la face de l'individu, comme personne, et non uniquement à son rôle, à sa fonction comme représentant de parti[27].

Or, si le ressenti de la violence verbale se situe du côté du récepteur, en termes de psychologie[28], il semble cohérent de penser que les femmes et hommes politiques sont aguerris à distinguer leur personne de leur fonction, et donc à assumer un rôle qui leur permet de demeurer dans les règles caractéristiques de l'agression mesurée – au risque de devoir autrement renoncer à leur fonction. Ce cadre ritualisé permet de parler d'agression plutôt que de violence verbale, et n'exclut pas la dimension de montée en tension qui existe et se manifeste dans les débats politiques.

Ainsi que je l'ai montré précédemment[29], la différence entre l'agression et la violence verbale est liée d'une certaine manière à la notion d'indirection. Dans l'agression, on cherche encore à conserver le lien avec autrui, à en préserver la face. Dans la violence verbale, l'insulte directe, *ad personam*, cherche à faire perdre ses moyens, la face, à celle ou celui à qui elle est lancée. Ne pas perdre la face, parvenir à la « rattraper », comme réussit à le faire Jacques Chirac dans l'exemple ci-dessus

26 Goffman E., *op. cit.*, 1975.

27 Voir aussi la notion *d'ethos* discursif telle que développée par Amossy R., *La présentation de soi. Ethos et identité verbale*, Paris, PUF, 2010.

28 Moïse C. & Laforest M., « Entre reproche et insulte, comment définir les actes de condamnation ? », in Fracchiolla B., Moïse C., Schultz-Romain C., Auger N., *op. cit.*, 2013.

29 Fracchiolla B., *op. cit.*, 2013.

cité, avec une répartie peu commune, est rare. La violence verbale arrive lorsque, délibérément, l'insulteur sort du jeu argumentatif, lorsque l'objet, l'enjeu du discours et du débat politique, est perdu et qu'il y a déplacement de l'attaque rhétorique, des arguments, sur la personne même – en ce sens, on peut dire que l'insulte est l'argument du faible.

## PRAGMATIQUE DE L'INSULTE

Fondamentalement, le cadre politique ne se prête guère à l'insulte directe. Celle-ci est en effet un non-sens politique, car susceptible de discréditer celui qui la porte plus que celui qui la reçoit et, en ce sens, contre-productive. Aussi, dans le champ du politique, la modalité de « développement confortable » de l'insulte, et la plus courante en réalité, est l'indirection – ce qui comprend toutes les figures d'insinuation qui permettent de dire sans dire, de faire allusion, sans désigner directement la personne (euphémisme, ironie, implicite…). Elle relève de l'attaque des dires (le *dictum*, ce qui a été énoncé[30]) et des faires de l'adversaire, et non de ce qu'elle est. En ce sens, la majeure partie des insultes en politique n'en sont pas au sens commun, mais le deviennent à partir du moment où elles sont désignées, interprétées comme telles par des tiers – journalistes, mais aussi par des personnes du même camp politique, qui vont dénoncer les propos proférés par un tel ou une telle à l'égard de l'un ou l'une de leurs alliés. La plupart sont donc en réalité des insultes médiées, qui correspondent plus à des comportements ou des dires sortis de leurs contextes, interprétés ensuite par des témoins indirects comme insultants, et qui le sont, dans la réalité, plus ou moins (puisque tout est une question d'interprétation). Les stratégies rhétoriques d'attaques indirectes sont ainsi beaucoup plus diverses[31].

30 Voir Benveniste E., *Problèmes de linguistique générale*, Paris, Gallimard, 1966, et Austin, *op. cit.*, 1962.

31 Amossy R., *Apologies de la polémique*, Paris, PUF, 2014.

### L'ARGUMENT *AD HOMINEM*

L'une des plus courantes est l'argument *ad hominem*, locution latine qui désigne précisément le fait de (chercher à) confondre un adversaire en lui opposant ses propres paroles ou ses propres actes. On l'utilise pour discréditer des arguments sans les discuter, en raison de la personne qui les présente ; et, en particulier, en cherchant à montrer ses propres contradictions. On comprend dès lors en quoi c'est la figure la plus utilisée dans les débats politiques.

Typiquement un argument *ad hominem* est construit comme suit : 1/ A affirme la proposition X ; 2/ B oppose que A n'est pas crédible (pour des raisons liées à ses paroles, à ses actes) quand il dit X ; 3/ Donc la proposition X est fausse[32].

Dans le domaine politique, en réalité l'argument *ad hominem* devient l'argument du justicier, qui dénonce l'insulte faite au peuple (qui a été trahi, puisqu'on lui a menti – ce qu'on cherche à rendre apparent). Aussi, en politique, la question de la véritable insulte se pose comme étant celle de la promesse bafouée – ce que nous allons à présent expliquer.

### L'INJURE DE LA PROMESSE TRAHIE ET DE SES CONSÉQUENCES POLITIQUES

La question de la confiance contractuelle dans la parole donnée constitue le cœur historique de la promesse. Dans son ouvrage *Le sens des autres*, Marc Augé revient sur le code de l'honneur en Chevalerie. Alors que la guerre de Cent Ans a commencé en 1337, il cite Jean Froissart qui raconte en 1390 son voyage en Béarn, dans le dernier quart du siècle, et explique qu'on préfère ne pas tuer l'adversaire, par souci d'économie : l'espoir d'en obtenir une rançon fait épargner la vie ; ainsi, la guerre courtoise repose sur le crédit :

> La seule déviance intolérable, du même coup, c'est le manquement à la parole donnée : le roi Jean, dont la rançon avait coûté si cher à la France, revint mourir en Angleterre par respect de la parole qu'avait trahie son fils livré en

32 L'argument *ad hominem*, ou *ex concessis*, est le 16e stratagème recensé par Arthur Schopenhauer dans son opuscule *L'Art d'avoir toujours raison*, paru pour la première fois en 1831 : « Quand l'adversaire fait une affirmation, nous devons chercher à savoir si elle n'est pas d'une certaine façon, et ne serait-ce qu'en apparence, en contradiction avec quelque chose qu'il a dit ou admis auparavant [...]. Si par exemple il prend parti en faveur du suicide, il faut s'écrier aussitôt : "Pourquoi ne te pends-tu pas ?" Ou bien s'il affirme par exemple que Berlin est une ville désagréable, on s'écrie aussitôt : "Pourquoi ne pars-tu pas par la première diligence ?" ».

> otage. Le comte d'Artois ne peut pardonner à son beau-frère le roi de Navarre de ne pas avoir payé les 50 000 francs pour lesquels il s'était porté garant du seigneur d'Albret. Ce qui est contraire aux règles de courtoisie, ce ne sont pas le chantage, la prise d'otage, les rançons et la violence, mais le manquement à la parole donnée, dont le seul respect rend la guerre possible et rentable[33].

Dans ce contexte, il y a trois types de « déviants » : 1/ ceux qui manquent à leur parole (le fils du roi Jean, le roi de Navarre), 2/ ceux des nobles qui ne remplissent pas leur rôle de protecteurs à l'égard de leurs dépendants ; et 3/ les paysans eux-mêmes lorsqu'ils se révoltent. Si l'on remplace « nobles » par homme/femme politique et « paysans » par citoyens, on retrouve à peu près le même canevas, qui décrit toujours aujourd'hui le fonctionnement de notre système politique. Ces représentations, liées à la promesse tenue ou non, ont aussi contribué à constituer l'exemplarité attendue de la part d'un chef ou d'une cheffe d'État, clairement revendiquée par François Hollande, qui a construit sa campagne de candidat aux élections présidentielles de 2012, face au Président sortant, Nicolas Sarkozy, sur cette thématique. M'étant déjà intéressée dans d'autres publications aux débats d'entre deux tours où la question du genre se posait[34], j'ai choisi ici délibérément pour corpus la campagne des présidentielles de 2012 entre François Hollande et Nicolas Sarkozy. Cela, afin de ne pas risquer précisément le biais du rapport genré.

## LA MISE EN SCÈNE DU MENSONGE DE L'AUTRE – ANALYSE DE LA POSTURE DE FRANÇOIS HOLLANDE

D'un point de vue rhétorique, la posture tenue par François Hollande – y compris durant le débat d'entre tours de mai 2012 – est de dire ce que lui ne fera pas, ce que lui ne sera pas, comme Président – et qui se construit sémiotiquement en contraste et négatif, de fait, par rapport à ce que Nicolas Sarkozy a fait ou a été comme Président. Nous proposons à présent une analyse progressive en trois étapes de divers échanges de propos tenus entre début janvier et fin février 2012. Nous reprenons les événements de manière volontairement archéologique et non chronologique, afin de montrer la structuration feuilletée des différents niveaux d'insultes. Rappelant son discours du Bourget (22 janvier 2012) et les

33 Augé M., *Le sens des autres*, Paris, Fayard, 1994, p. 97.

34 Pour le débat Royal-Sarkozy, voir Fracchiolla B., *op. cit.*, 2008 ; Pour le débat Le Pen-Macron, voir Fracchiolla B. & Rosier L., *op. cit.* 2019.

soixante propositions, écrites, que lui et le parti socialiste proposent, François Hollande dit :

> Dites-moi quel autre candidat a fait cela ? Moi, ce que je dis, je le présente aux Français, je ne maquille rien, et en tout cas je ne serai pas le Président qui viendra dire aux Français le lendemain de son élection exactement le contraire de ce qu'il disait en campagne électorale » (entretien de François Hollande sur BFM TV le 19/02/2012)[35].

Ici, le sous-entendu est clair : le « moi je ne… » se construit par rapport à : comme l'a fait Nicolas Sarkozy lors du quinquennat qui vient de s'écouler ; il fait ici référence implicite à l'Histoire énonciative du quinquennat passé ; il faut donc être informé, se souvenir de ce qui s'est passé pour pouvoir apprécier, ce qui est le cas en termes de mémoire immédiate de son auditorat au moment où il énonce ces propos (et sans doute un peu moins aujourd'hui – ce qui est intéressant, car cela permet aussi de mettre à distance la relativité des propos tenus). François Hollande utilise par ailleurs le discours rapporté : ce qui est une façon de dire les choses, en même temps qu'une attaque indirecte médiée par un entretien à une chaîne de télévision en référant aux propos de quelqu'un d'autre. Cette attaque porte directement sur les comportements mensongers et de traîtrise (malhonnêteté sous-entendue) de son adversaire.

On retient par ailleurs du débat d'entre deux tours des présidentielles du 2 mai 2012 la fameuse tirade anaphorique de François Hollande, qui exemplifie toute sa stratégie de campagne, laquelle repose entièrement sur une technique fine de mise en abyme consistant à insulter l'insulteur du peuple. En affirmant par la négative ligne après ligne, quinze fois de suite : « Moi président de la République […] je + [verbe au futur], ou je ne + [verbe au futur] pas […][36] » (référence implicite à son principal opposant), François Hollande accuse systématiquement son opposant d'avoir trahi la confiance du peuple qui l'avait élu sur des faits précis et documentés et se pose en sauveur, sans donner prise à l'accusation en retour. Il se place ainsi en position surplombante. C'est aussi l'effet

---

35 [En ligne] : https://www.dailymotion.com/video/xouq3c (consulté le 02/08/2022).

36 Dont les trois premières phrases sont : « Moi président de la République, je ne serai pas le chef de la majorité, je ne recevrai pas les parlementaires de la majorité à l'Élysée. Moi président de la République, je ne traiterai pas mon Premier ministre de collaborateur. Moi président de la République, je ne participerai pas à des collectes de fonds pour mon propre parti, dans un hôtel parisien, etc. »

pragmatique obtenu par le fait de ne pas répondre directement à des accusations, estimées fausses, durant la campagne. Cela lui permet de gagner une stature surplombante, plus éthique en quelque sorte que son adversaire, dans la mesure où elle signifie qu'il ne veut pas s'abaisser à répondre à des accusations qui pour lui n'en sont pas.

Cette rhétorique d'accusation de mensonges de la part des adversaires est d'une grande récurrence dans le débat politique, et présidentiel en particulier. Il l'a été particulièrement lors du débat d'entre deux tours 2017, lorsqu'Emmanuel Macron répétait à Marine Le Pen en l'accusant publiquement « vous mentez[37] ! ».

Les candidats doivent en effet en campagne électorale se définir en opposition l'un par rapport à l'autre ; leur *persona*, leurs masques se construisent l'un par rapport à l'autre. En cela, il s'agit aussi d'une confrontation sans confrontation, qui cherche à se construire par comparaison à l'autre. En ce qui concerne les élections présidentielles, du moins, les candidats ne se rencontrent jamais directement en face à face avant le débat d'entre deux tours. Dans les mois qui précèdent, ils participent à des meetings, etc., mais ce sont d'autres personnes, du même parti, qui prennent la parole sur les plateaux : il s'agit de faire des « reconnaissances de terrain », de mesurer l'adversaire, d'envoyer ses supporters. Le débat d'entre deux tours constitue, lui, une joute verbale, avec ses formes de rituels propres, comme celles décrites par Labov chez les *Aces* et *Cobras* dans les années 1960, c'est-à-dire entre deux bandes de jeunes[38]. D'une certaine façon, les réactions sont convenues, parce qu'elles ne peuvent être autres ; la riposte doit être automatique, calculée sur la base de ce que tout le monde va retenir et dire avoir entendu, compris, avec l'idée d'ancrer le discours. Les attaques portent sur ce qui a été dit, et donc sur le fait que les promesses actuelles suivront le même chemin, la même imposture que celles faites précédemment – ce qui est particulièrement facile lorsqu'on vient s'opposer à un président sortant. Les deux camps essaient de jouer sur la malhonnêteté de l'autre par rapport à « des paroles et des actes[39] », et la technique préférentielle pour le faire est la citation des paroles prononcées par autrui (un discours rapporté du *dictum* : ce

37 Fracchiolla B., *op. cit.*, 2019.

38 Labov W., *Le parler ordinaire. La langue dans les ghettos noirs des États-Unis*, Paris, Les Éditions de Minuit, 1978.

39 Pour reprendre le titre d'une émission politique animée par David Pujadas sur France 2 entre 2011 et 2016.

qui a été dit), toujours sorties de leur contexte exact, pour être brandies dans un autre contexte – ce qui a pour inévitable conséquence de les dénaturer pour les faire coller à une nouvelle situation et les réinvestir par des sens implicites autres. Car on peut faire dire aux mots, un peu ce que l'on veut en fonction des circonstances : si je dis « je suis affamée » après avoir fait deux heures de sport, ou parce que je fais une grève de la faim, ou encore parce que je suis en détention, ce n'est pas la même chose, et c'est pourtant la même phrase. La clé du sens est ainsi toujours d'abord contextuelle. La décontextualisation des propos est problématique, car elle entraîne, par manipulation, la transformation des propos d'autrui[40] – qui est de fait souvent abusive. Certains propos, une phrase, un segment sont sortis de leur contexte, entraînant une perte de sens (absolue), précisément dans la mesure où il n'existe pas de sens absolu, sinon lexicalement, dans le dictionnaire. Cette transformation constitue elle-même, aussi, lorsqu'elle est délibérée et réalisée à des fins d'attaque une forme d'insulte. Cela revient en effet à tenter un argument *ad hominem*, et à chercher à fabriquer une contradiction là où il n'y a pas en réalité de contradiction. L'exemple analysé ci-dessous autour du mot « libéral » en est un. Les prises de paroles de Marine Le Pen dans le débat de 2017 face à Emmanuel Macron en donnent aussi de nombreux exemples[41].

Aussi, d'une certaine façon, la citation, le discours rapporté, même lorsqu'il tente d'être fidèle, est toujours un peu insultant parce qu'il est nécessairement une trahison des propos originels. C'est le principe même de la citation que d'être utilisée, et donc manipulée, pour appuyer « son » propre propos. Par ailleurs, pour qui cite, citer, c'est aussi se réfugier derrière une *persona*, ne pas (vouloir) parler en son nom propre ; que ce soit en citant des références illustres ou d'autres propos plus ou moins anodins. Citer les propos d'autrui permet ainsi de dire, également, pour l'accuser, « ce n'est pas moi qui l'ai dit, c'est lui-même qui l'a dit ».

La campagne pour les présidentielles de 2012 est particulièrement intéressante du fait qu'elle montre la mise en place d'un système d'attaques synthétisable en deux plans distincts : d'une part les attaques implicites par différenciation-distinction, modèle sur lequel François Hollande a construit sa *persona* de présidentiable « moi, je », renforcé par l'affirmation

40 Voir notamment la notion de « décalage contextuel », Fracchiolla B. & Rosier L., *op. cit.*, 2019.

41 Fracchiolla B., *op. cit.*, 2019.

de ses différences (par rapport à… son adversaire, mais qui demeure lui aussi implicité, et très rarement dénommé directement).

### LE « ON » DE NICOLAS SARKOZY *VS* LE « MOI JE » DE FRANÇOIS HOLLANDE

La réponse de François Hollande analysée ci-dessus sur le « maquillage » des propos, est celle qu'il a faite publiquement sur BFM TV le 19 février 2012 à la suite d'une attaque de Nicolas Sarkozy proférée le même jour lors de son meeting à Marseille :

> Où est la vérité, quand *on* dit tout et son contraire ? Où est la vérité quand *on fait semblant* d'être Thatcher à Londres et Mitterrand à Paris ? *On* veut bien choisir, mais alors il faut choisir le bon jour, le bon discours ? À peine a-t-*on* compris la bonne proposition qu'elle est déjà retirée ? Ce n'est pas comme ça qu'on dirige un pays qui est la cinquième puissance mondiale.

La première remarque concerne ici l'utilisation du pronom personnel « on » qui permet une attaque directe sous couvert d'anonymat et généralisation (dans la mesure où « on », qui vient étymologiquement de « l'hom(me ») est, tout en étant un pronom personnel de troisième personne, néanmoins un pronom impersonnel qui peut représenter une ou plusieurs personnes, dont on prétend ne pas connaître l'identité – mais qui est aisément reconnaissable ici. Le brouillage est d'autant plus évident qu'il représente dans les deux premières phrases François Hollande, alors qu'il représente chacun des électeurs qui doivent se rendre aux urnes pour voter et choisir dans les deux phrases suivantes. Théâtrale, l'attaque porte sur la malhonnêteté et le fait de tenir un double discours en fonction des auditoires (et donc de vouloir plaire et convaincre, avant tout, et non de rechercher la cohérence politique). L'attaque renvoie implicitement à des propos tenus que nous allons prendre le temps d'analyser. Dans le segment suivant : « Où est la vérité, quand *on* dit tout et son contraire ? Où est la vérité quand *on fait semblant* d'être Thatcher à Londres et Mitterrand à Paris ? », les principaux reproches portent sur le fait d'avoir tenu des propos dans un entretien donné au *Guardian* le 17 février 2012, qui seraient faits pour plaire aux Anglais, mais contradictoires avec les positions socialistes attendues du candidat François Hollande. En cela, Nicolas Sarkozy accuse François Hollande de manquer de cohérence, de mentir, de tenir des propos contradictoires qui s'annulent les uns les autres en fonction des jours – et donc d'être une girouette – ce qui ne serait pas compatible, en effet, avec la fonction présidentielle. Néanmoins, ici comme en beaucoup d'endroits en politique, l'accusation de mensonge reste implicite sémantiquement grâce au « on » impersonnel (alors qu'elle eût été explicite avec un « vous ») ; elle est néanmoins pragmatiquement claire dans la mesure où l'auditoire du meeting, dans le contexte de son énonciation, comprend très exactement le sens de ce qui est dit, la personne qui est visée et pourquoi elle l'est. Cette forme de neutralisation des propos et des positions dans une synthèse absolue (dire la vérité ou non) en renvoyant à deux personnalités politiques opposées, chacune symbolique d'une certaine politique, permet à l'énonciateur de se mettre en posture de justicier dénonciateur des tromperies d'autrui ; et donc de se situer hors jugement par son propre discours – en jugeant lui-même. Par ailleurs, la décontextualisation des propos d'autrui et la rhétorique employée lui permettent d'éviter d'insulter son adversaire par une attaque frontale publique en choisissant plutôt l'argument *ad hominem* essentiellement sous couvert du « on » prétendument impersonnel.

Or, en effet, le discours prononcé le 19 février à Marseille par Nicolas Sarkozy renvoie lui-même à des accusations portées par Nicolas Sarkozy le 17 février 2012, lors de son meeting à Annecy qui vient lui-même en réaction au discours du Bourget déjà évoqué prononcé par François Hollande fin janvier (réactions en cascade, mais en énonciations différées, et donc calculées) :

> Quand *on dit* à la presse anglaise *qu'on* est *libéral* et *qu'on* vient expliquer aux Français que l'ennemi c'est la finance, *on* ment ; *on* ment matin et soir, et ce *mensonge* n'est pas à l'honneur de celui qui le professe. Dans la vie on peut défendre toutes les convictions, *on* peut même choisir son vocabulaire, en désignant ses ennemis, *mais dans la vie on a un devoir, un devoir d'honnêteté, un devoir de courage.*

Cet extrait, fondé sur une même rhétorique du « on », a les mêmes caractéristiques que sa synthèse, ci-dessus analysée. En revanche, l'accusation de mensonge est directe et répétée. On retrouve dans ce type de formulation indirecte, mais pragmatiquement efficace (le référent est parfaitement identifiable, bien qu'il ne soit jamais nommé), les caractéristiques de « l'attaque courtoise » et de la figure du masque qui l'accompagne[42] sous-tendues par l'idée que c'est la rumeur, ensuite qui prendra le relais

42 Fracchiolla B., *op. cit.*, 2011 ; Fracchiolla B. & Romain C., *op. cit.*, 2015.

de ces « on-dit » pour finir par entacher jusqu'à saper la réputation de la victime. Le référent du « on », dans cette tirade aussi, opère par glissement : s'il désigne clairement l'adversaire jusqu'à « professe », son sens est ensuite moins évident et glisse vers un « on » général, pour finir par le dernier, par lequel l'énonciateur se désigne lui-même et qui ouvre sur une translation des qualités requises « devoir d'honnêteté » et « courage » : ce que lui-même offre (moi, je suis honnête et courageux), contrairement à François Hollande. Les extraits étudiés mettent en évidence la manière dont la rhétorique de l'honnêteté/malhonnêteté s'organise entre les deux adversaires, et comment ils se la renvoient l'un l'autre ; en revanche, la thématique du courage a été plus utilisée par le camp de Nicolas Sarkozy et a constitué l'un des éléments phares de sa *persona* électorale.

Au-delà, le plus intéressant dans ces extraits est la manipulation sémantique qui s'opère via la traduction du mot *liberal* en anglais, qui a un tout autre sens que « libéral » en français, et sur laquelle surfe littéralement Nicolas Sarkozy pour embrumer le débat (transformation par manipulation de la citation évoquée précédemment). La définition de *liberal*[43] est en effet polysémique en anglais et c'est un terme qui s'applique essentiellement aux personnes de gauche, en opposition à *conservative* – c'est donc un antonyme de « conservateur ». Aussi, dans ce sens, pour les Anglais, François Hollande est bien un *liberal.* Or cette confusion sera reprise au premier degré également par la plupart des journalistes. En revanche, l'idée de « libéralisme » (souvent en cooccurrence avec « économique ») et de « libéral » renvoie en français, à quelque chose de très spécifique, qui ne fonctionne pas, en effet avec les représentations que l'on se fait d'une *persona de* gauche.

Cette manipulation est caractéristique du biais que représente structurellement l'usage de la citation et des accusations de « on dit / vous avez dit que » – base des accusations *ad hominem* en politique – pour tenter de discréditer l'autre et de produire l'impression, stratégique,

43 « Lib·e·ral /ˈlɪbərəl/ adjective. 1. willing to understand and respect other people's ideas, opinions and feelings a more liberal attitude towards sexuality I had quite liberal parents. 2. supporting or allowing gradual political and social changes OPP conservative a more liberal policy on issues of crime and punishment ; 3. allowing people or organizations a lot of political or economic freedom liberal state/society/democracy, etc. ; 4. generous or given in large amounts a liberal supply of drinksliberal with If only they were as liberal with their cash. →liberally ; 5. Not exact a liberal interpretation of the original play ; 6. →liberal education » ([En ligne] : https://www.ldoceonline.com/dictionary/ [consulté le 02/08/2022]).

que l'adversaire ment et/ou a menti, afin de le discréditer aux yeux des citoyens. Accuser quelqu'un de mentir est une injure; mais mentir et/ou avoir menti aux citoyens qui ont donné leur confiance par leurs votes est une plus grande injure encore. Aussi, fondamentalement, le débat politique – et en particulier, électoral – est-il fondé aujourd'hui sur la capacité à montrer que l'on est plus fiable et moins menteur que son adversaire politique. Les attaques *ad hominem* au mensonge et à la trahison supposée, et donc à l'honneur d'autrui – ce qui se réparait, avant, par un duel –, constituent les principales stratégies de l'insulte indirecte en politique. Et finalement, la question demeure celle de la conservation de l'honneur, qui était la principale motivation des duels jusqu'en 1967 ; car, le personnage politique qui perd son honneur est mort, politiquement. On a pu voir ainsi de nombreuses figures de proue politiques tomber et ne plus se relever à la suite de mises en accusation de tromperies, mensonges, trahisons (et donc d'insultes aux citoyens) démontrées[44].

## PERFORMATIVITÉ DE L'INSULTE EN POLITIQUE : LES DUELS

Oubliés, les duels furent pourtant l'un des principaux moyens de régler les insultes entre pairs – ce qui révèle le degré de violence ressenti par la profération d'une insulte. Le dernier duel politique officiel de l'histoire se déroula seulement le 21 avril 1967, dans le parc d'un hôtel particulier de Neuilly-sur-Seine, entre Gaston Deferre (maire de Marseille, député SFIO et président de son groupe à l'Assemblée nationale) et René Ribière (élu du Val-d'Oise) avec qui il avait eu un différend dans l'hémicycle de l'Assemblée nationale. La veille, du duel, alors que le débat est houleux et qu'il ne cesse d'être interrompu pendant son intervention, Gaston Defferre apostrophe son collègue le plus virulent d'une insulte *ad personam* : « Taisez-vous, abruti ! ». Plus tard, dans la salle des Quatre Colonnes, Ribière, qui devait se marier deux jours plus tard, demande des excuses à son offenseur, qui les lui refuse. L'offensé lui envoie alors deux témoins pour exiger réparation. Ayant le choix des armes, il prit l'épée. Quatre minutes plus tard, l'arbitre Jean de Lipkowski, un gaulliste de gauche, arrête le combat : Ribière a deux blessures sans gravité. Ignorés officiellement par la police, des journalistes assistèrent néanmoins à l'événement, que de

44 On pense par exemple à François Fillon, mais Jérôme Cahuzac ou Nicolas Sarkozy.

Gaulle tenta, sans succès, de faire annuler en envoyant des émissaires – le duel fut même filmé[45]. Qualifié de « mascarade », ce dernier duel rend compte du fait que la dimension spectaculaire et médiée d'une nécessaire réparation suite à une insulte publique a modifié la donne et les enjeux. Là où précédemment un code de l'honneur existait et faisait que l'insulte se vengeait en effet, d'homme à homme, devant témoins, par le sang[46], ce sont désormais les journalistes (témoins) qui se chargent de relayer les « points », insultes, etc., marqués par les uns et les autres.

Aussi, on est pragmatiquement passé de la réalité et de la gravité physiques de l'injure à une glose autour de ce qui fait injure, ou est insultant, etc., et aux « duels » politiques, en particulier à travers les fameux duels d'entre deux tours des élections présidentielles, qui reprennent souvent à leur compte les codes de l'arène et du jeu, de la compétition[47]. Si le cœur de métier des journalistes est de se faire précisément et éthiquement le relais des discours rapportés, on remarque que les discours rapportés ont souvent pour source des commentaires proposés par des intermédiaires – qui sont en général du même parti ou du parti adverse, et qui ont été parfois appelés *snipers* (tireur isolé et embusqué) tant ils ou elles sont habiles dans l'art de pratiquer les petites phrases assassines, arguments *ad hominem*, qui ont remplacé aujourd'hui le fleuret des duels pour attaquer les adversaires politiques. Aussi, même si le médium s'est transformé pour passer du métal au verbal, le principe reste pourtant toujours le même. En revanche, les choses ne se règlent plus entre deux, mais chacun y va de sa participation, ce qui stratifie, focalise, et fossilise en même temps l'attention sur des phrases, des expressions, en détournant l'attention du fond sur la forme et les comportements.

### LES GLOSES DES TIERS PARTICIPANTS – QUAND L'ARRIÈRE-GARDE ATTAQUE EN RANGS SERRÉS

Ainsi, par exemple, en pleine campagne présidentielle, le journal *Le Parisien* en date du 4 janvier 2012 écrit que François Hollande aurait qualifié Nicolas Sarkozy de « sale mec » lors d'un repas censé privé

45 [En ligne] : https://www.youtube.com/watch?v=e68nuAcSuWQ (consulté le 02/08/2022).

46 Ce que j'ai expliqué par ailleurs en reprenant l'exemple du *Cid* de Corneille, mais aussi de Zinedine Zidane, qui se fait exclure du mondial 1998 par carton rouge suite à une insulte visant sa sœur prononcée par Marco Materazzi (voir Fracchiolla B., *op. cit.*, 2011).

47 Fracchiolla B., *op. cit.*, 2008 ; Kerbrat-Orecchioni C., *Les débats de l'entre-deux-tours des élections présidentielles françaises. Constantes et évolutions d'un genre*, Paris, L'Harmattan, 2017.

informel avec des journalistes. BFM s'empare à son tour de la citation, qui est glosée par Nadine Morano lors d'une *interview*, mais aussi par Christian Estrosi, puis François Coppé lors des vœux à la presse du 4 janvier – trois *snipers* connus de l'arrière-garde de Nicolas Sarkozy. En dehors du manque possible d'éthique professionnelle des journalistes, plusieurs remarques sont à faire. Tout d'abord, il peut s'agir d'un « effet ping-pong » : pour avoir le mot de la fin et alimenter la montée en tension tout en préservant sa propre face, cette « fuite » pourrait avoir été volontaire et stratégique de la part de François Hollande, afin de lancer indirectement une attaque cette fois *ad personam*, mais non adressée, donc indirecte, afin que l'on sache ce qu'il pense vraiment de Nicolas Sarkozy comme personne et que cela entache sa réputation ; sans que, pour autant, il n'ait à s'en excuser puisque comme c'est un discours rapporté, qu'il « aurait dit cela » (ce qu'il ne confirmera jamais), il n'a pas non plus eu à s'excuser de l'avoir dit – ce qui lui permet de conserver sa position haute, de surplomb. Dans tous les cas, qu'il s'agisse d'une faute professionnelle des journalistes ou d'une pique volontairement lancée par François Hollande, la décontextualisation est flagrante. Elle donne en tout cas lieu à divers commentaires, gloses, que voici. D'abord, venant de l'arrière-garde sarkozyste qui crie au scandale, Nadine Morano déclare :

> Je demande des *excuses publiques* immédiates parce que ce n'est pas acceptable qu'un candidat à l'élection présidentielle *insulte* son adversaire et dise de lui que c'est un sale mec. (Propos retranscrits des entretiens du journal de BFM du 4 janvier 2012).

Puis Christian Estrosi :

> Je trouve surtout que cette attitude est à la fois abjecte et dangereuse ; abjecte au plan personnel et surtout dangereuse au plan politique parce que c'est tout simplement discréditer la fonction présidentielle. Ça montre d'ailleurs que François Hollande n'est pas au niveau, et je crois que *l'injure* ne peut pas tenir lieu d'argument politique. (Propos retranscrits des entretiens du journal de BFM du 4 janvier 2012).

Puis, à l'occasion des vœux aux journalistes, François Coppé et les autres ministres réagissent :

> Les propos qui ont été rapportés ce matin et qu'il a tenus devant un certain nombre d'entre vous et qui *visaient à insulter* le président de la République, *il n'y*

> *a pas d'autre mot*, nous ont les uns et les autres, profondément choqué. Un certain nombre de mes amis ont réagi très vite ce matin, en disant *combien ces propos étaient indignes* de celui qui se prétendait être presque déjà élu, hein, si j'ai bien compris sa lecture des sondages. Tout cela nous a profondément choqués, et ce n'est pas sur ce registre-là que nous serons, nous, comme vous pouvez l'imaginer. (Propos retranscrits des entretiens du journal de BFM du 4 janvier 2012).

L'ensemble de ces réactions montre, encore autrement comment l'indirection est mise en œuvre, afin de pouvoir dire sans dire, ou faire dire sans dire, etc. d'une part ; et, d'autre part, comment l'insulte n'étant pas prouvée (les propos attribués à François Hollande restent des « on-dit » …), elle est reconnue telle et créée de toute pièce, même, peut-être, au contraire, pour accuser François Hollande d'être « indigne de la fonction ». Dans tous les cas, ce n'est pas l'insulté qui fait l'insulté ici – car l'insulte n'est insulte que lorsqu'elle est reconnue comme telle par son récipiendaire –, mais la qualification de l'insulte par des tiers. De même, le registre du « choc », de l'estimation et de l'axiologie – sur l'axe du bien et du mal – est ici l'objet de la discussion ; la discussion, les critiques portent sur la forme, et non sur le fond. La politique n'est pas concernée par ces prises de paroles, seul le politique l'est. Le même jour, Michel Sapin, député PS, réagit à son tour pour venir en défense de François Hollande, et affirmer que :

> Le commentaire lui-même, comme vous le savez, n'a pas existé, c'est donc difficile de faire un commentaire sur une phrase qui n'a pas existé. En revanche, ce qui est plus explicite, c'est cet énervement, cette manière outrancière, souvent vulgaire de la droite de réagir et d'attaquer François Hollande. Au fond, cela manifeste une seule chose, la crainte de voir aujourd'hui François Hollande entrer en campagne, avec force et les capacités qui sont les siennes[48].

Donc, finalement, cette phrase n'a jamais été prononcée par François Hollande (citation/discours rapporté abusif) et donc les commentaires de la droite n'ont pas lieu d'exister. Le PS se positionne à nouveau de manière surplombante, dans un refus de la polémique et du terrain polémique formel – l'indignité n'est pas là où l'on prétend qu'elle serait.

48 Interview de Michel Sapin par Bruce Toussaint, le 4 janvier 2012, Europe 1. Michel Sapin était pour la campagne présidentielle de 2012, le principal maître d'œuvre du programme de François Hollande.

## CONCLUSION

Cette gravité du non-respect de la parole donnée, et donc de la promesse faite largement mise en avant dans les débats politiques électoraux est longuement traitée par John Austin[49] dans la théorie des actes de langage, en particulier dans la perspective performative du langage – cas particulier des actes dits perlocutoires. Elle est toujours, en réalité au cœur de la vie politique et constitue le principal lieu de l'injure, celle ressentie par les citoyens qui ont contractuellement, par un vote, donné (littéralement) leur voix à un élu ou une élue pour qu'il ou elle les représente, sur la foi d'un programme défini qu'ils et elles se sont engagés à remplir. Aussi, dès lors que le contrat n'est pas rempli, il y a injure (ressentie), perte de confiance, etc. La question de la crise à l'égard du politique en France (et probablement un peu partout dans le monde) est à relier à une crise de la performativité du discours. Les citoyens et citoyennes attendent des élus et élues qu'ils et elles se comportent sur le mode d'un : « je dis ce que je fais et je fais ce que je dis – c'est-à-dire, je ne mens pas ». Or, pour diverses raisons, qui sont sans doute aussi en grande partie structurelles, dues à l'organisation systémique administrative, cela semble difficile à accomplir dans les faits. Néanmoins, les apports du tout médias et du tout médié ont permis de renforcer l'exigence citoyenne grâce à des outils de mesure et de vérification des dires des uns et des autres, presque en simultané des débats. Cela s'est vu par exemple lors du débat entre Marine Le Pen et Emmanuel Macron en 2017, avec des éléments comptables dans les journaux du lendemain qui donnaient pour chaque candidat le nombre de « fakes » ou « d'intoxs[50] », voire de « mensonges[51] ». Parallèlement, des logiciels en ligne comme *l'obameter*[52] ont été créés pour mesurer jour après jour le degré de réalisation et tenue, dans les faits, des promesses faites par les candidats.

Si l'analyse nous a amenés d'abord à distinguer ce qu'est une insulte, directe, *ad personam*, de ce qu'est une insulte *ad hominem* et aussi de ce

49 Austin J.-L., *op. cit.*, 1962.

50 Voir *Le Figaro*, 4 mai 2017.

51 Voir *Le Monde*, 5 mai 2017.

52 [En ligne] : https://www.politifact.com/truth-o-meter/promises/obameter/ (consulté le 02/08/2022).

qui est (considéré) comme insultant (par d'autres), c'est, *in fine*, plus que l'insulte elle-même, son sens social qui prime en politique, à travers ses modalités d'actualisation. À savoir, comment l'insulte est utilisée à travers des accusations, des comportements ; comment elle est mise en scène, et à quelles fins :

> Car avec l'insulte, c'est fondamentalement de violence qu'il est question. Une violence parfois difficilement dicible, une violence symbolique, psychologique et physique, une violence qui fait toujours vaciller et parfois salit[53].

Publique (par exemple lors des meetings de parti préélectoraux), la mise en scène de dires insultants sert à persuader, à créer un effet de connivence avec la foule à travers le dénigrement de l'adversaire commun ; ou encore, portée comme une accusation, dans un débat en face à face, elle vise à discréditer l'autre publiquement : « vous mentez ! » – Macron à Le Pen en 2017 (acte d'accusation/dénonciation[54]). Dans tous les cas, le nœud fondamental de tout débat politique, dont l'enjeu est toujours électoral, à visée de pouvoir, c'est de gagner. Sur ce ring, le mensonge et l'indignité (ne pas se montrer digne d'être élu ou réélu), le fait de cibler les « sentiments », sont une preuve de faiblesse, et donc une erreur politique.

Tout le travail de face[55] est donc dans le fait de parvenir à dénigrer l'autre, mais avec une certaine élégance, c'est-à-dire sans avoir l'air de le faire, ou comme si on n'avait même pas besoin de le faire tellement l'adversaire s'est montré indigne (de confiance) de lui-même. Il n'y a pas de déclaration de guerre au sens propre, car celles-ci sont réservées aux frontières extérieures : la bataille est *pour* une élection, jamais officiellement *contre* quelqu'un.

Béatrice FRACCHIOLLA
Professeure des Universités
en sciences du langage
Université de Lorraine, CREM

53 Bouchet T., Legget M., Vigreux J. & Verdo G. (eds.), *L'insulte (en) politique. Europe et Amérique latine du XIXe siècle à nos jours*, Dijon, éd. Universitaires de Dijon, 2005, p. 11.

54 Fracchiolla B. & Rosier L., *op. cit.*, 2019.

55 Goffman E., *op. cit.*, 1975.

# L'EXTRÊME DROITE « POLITIQUE » POURSUIVIE POUR OFFENSE

## sous la présidence du général de Gaulle

Il n'est pas tout à fait arbitraire de faire entrer l'offense au chef de l'État ou l'offense au président de la République dans le cadre de l'insulte politique dans la mesure où ce délit spécifique, l'offense, recouvre aussi bien l'injure que la diffamation. La V^e^ République gaullienne a constitué un moment important dans l'histoire de ce délit tant le conflit entre le général de Gaulle et l'extrême droite fut violent[1]. On aurait tort de croire cependant que les procès pour offenses ont concerné uniquement les journalistes ou écrivains car une catégorie de personnes, les hommes politiques, ont pu soit dans leurs écrits, soit dans leurs paroles prononcées dans des réunions ou meetings électoraux, attaquer de façon virulente le général de Gaulle qui était le président de la République en titre (1959-1969). Comme ces hommes politiques étaient d'extrême droite, leur prose ou leurs propos étaient rarement tièdes, sans compter qu'en raison du tropisme propre à ce courant politique, leur critique à l'égard du chef de l'État contenait très souvent des attaques *ad hominem*. Par conséquent, il n'y a rien d'étonnant à ce qu'ils furent, à l'instar de plumitifs du même bord politique, poursuivis pour offense et, le plus souvent d'ailleurs, condamnés par la justice.

Toutefois, quand on compare ces affaires, un point commun à tous ces hommes politiques apparaît comme frappant : au moment où ils ont commis les actes qui ont provoqué les poursuites du Parquet pour offenses, aucun d'entre eux n'avait de mandat électoral. La plupart d'entre eux étaient certes d'anciens députés, mais ils ne siégeaient plus au Parlement, ayant été balayés par le coup de vent électoral provoqué par le retour du

1 Nous renvoyons pour une analyse détaillée à la quatrième partie de notre livre, voir Beaud O., *La République injuriée. Histoire des offenses au chef de l'État de la III^e^ à la V^e^ République*, Paris, PUF, 2019, p. 325-585. Le présent article développe largement un thème abordé aux pages 370-371 dans le 11^e^ chapitre de ce livre.

général de Gaulle au pouvoir. Tel est le cas des représentants les plus célèbres de l'extrême droite : Jean-Louis Tixier Vignancour, Jacques Isorni, Pierre Poujade et, à un degré moindre, Jean-Marie Le Pen qui était à l'époque moins connu qu'eux, avant de connaître la notoriété dans les années 1980 lorsque le Front national émergea comme une force politique et électorale nationale[2]. Cette caractéristique négative – l'absence d'un mandat représentatif – les distingue d'un homme politique comme François Mitterrand, qui fut l'auteur du pamphlet le plus incisif contre de Gaulle, *Le Coup d'État permanent* – livre que Jacques Laurent ne manque pas de citer longuement dans son propre pamphlet contre Mauriac. Toutefois, on commencera cette étude par un groupuscule politique néo-fasciste qui n'était pas représenté au Parlement, car il incarnait l'extrême droite révolutionnaire : il s'agit de *Jeune Nation*, groupuscule, qui eut l'insigne honneur d'être le premier acteur politique poursuivi pour offense au président de la République sous la Ve.

## QUAND L'EXTRÊME DROITE RÉVOLUTIONNAIRE ATTAQUAIT LE GÉNÉRAL DE GAULLE (1959-1961)
### Le cas de *Jeune Nation* des frères Sidos

Il est rare de trouver dans la littérature sur les offenses des développements consacrés à *Jeune Nation*, cette faction la plus radicale de l'extrême droite qui s'est opposée au pouvoir du retour du général de Gaulle. Pourtant, ses deux principaux dirigeants – Pierre Sidos, le président, et Dominique Venner, le secrétaire général – ainsi que des journalistes ont fait l'objet de poursuites. Dans son précieux, quoique très partial, livre sur les procès pour offenses, Robert Cario, journaliste à

2 La présentation ne prétend pas d'ailleurs être exhaustive, car, par exemple, nous n'avons pas trouvé de trace judiciaire du procès qui aurait été intenté à un proche ami de Jean-Marie Le Pen, l'ancien parachutiste Roger Holeindre, pour son livre *Honneur et Décadence*. Il aurait été poursuivi pour offense, et condamné le 13 juin 1966 à 740 francs d'amende. Le président du tribunal lui aurait déclaré : « Vous êtes un sous-Céline, c'est une circonstance aggravante », voir Cario R., *Le Général en correctionnelle*, Paris, Chez l'auteur, 1982, p. 154.

l'*Aurore* et compagnon de route de l'extrême droite, ne fait qu'une courte allusion à une condamnation du groupuscule *Jeune Nation*[3]. Pourtant, ce mouvement subit plusieurs procès pour offenses au chef de l'État qui s'expliquent par la violence de ses attaques. Une brève présentation de ce groupement politique marginal, mais influent au sein de la droite « ultra », s'impose à titre préalable.

Si une partie de l'extrême droite a accueilli avec un certain espoir le retour de De Gaulle au pouvoir, *Jeune Nation* ne s'est jamais fait aucune illusion sur le Connétable. Ce groupement authentiquement néo-fasciste est autant anticommuniste qu'il est antiaméricain, fut créé en 1950 par les frères Sidos (François, président, Pierre et Jacques[4]) sous le nom de « *La Jeune Nation* ». Il commence à avoir un certain écho à partir de 1953 et de la chute de l'Indochine, et commence à marteler la thèse de la défense de l'Empire français qui implique celle de l'Algérie française. Ce nouveau parti, qui s'inscrit dans le « paysage néo-fasciste », s'avère clairement hostile à la démocratie parlementaire et favorable à la restauration d'un État corporatiste[5]. Mais surtout, il se caractérise par des actions violentes contre les communistes, les vendeurs de l'Humanité, par exemple – ou les colleurs d'affiches des partis de gauche. C'est principalement l'usage de cette violence physique qui conduisit le dernier gouvernement de la IVe République, celui de Pierre Pflimlin, à le dissoudre le 15 mai 1958[6]. Sous la Ve République, ce mouvement se démarqua, au sein de l'extrême droite, par son refus initial et radical de soutenir de Gaulle, ainsi que le prouve sa campagne en faveur du « Non » au *référendum* de septembre 1958 relatif à l'adoption de la Constitution de 1958 au nom d'un slogan d'une radicale simplicité : « de Gaulle = Mendès ». La lecture de son journal, *Jeune Nation* qui fut d'abord bimensuel de

3 *Ibid.*, p. 86-87. Il évoque la condamnation de *Jeune Nation* à deux mille francs d'amende en novembre 1962, « juste avant sa cessation de parution ».

4 Sur le leader de ce groupement, Pierre Sidos, voir le long entretien qu'il a accordé à David Doucet, « Pierre Sidos, ce pétainiste qui a voulu tuer De Gaulle » *Charles*, n° 5, 2013, p. 107-131. Voir sa nécrologie : « Mort de Pierre Sidos, figure de l'extrême droite pétainiste et nationaliste », *Le Monde*, 5 septembre 2020. Jean-Marie Le Pen a tenu à « saluer sa mémoire » dans un tweet le 5 septembre 2020, [En ligne] : https://www.huffingtonpost.fr/entry/jean-marie-le-pen-rend-hommage-a-pierre-sidos-figure-antisemite-de-lextreme-droite_fr_5f5387b9c5b62b3add412744 (consulté le 03/08/2022).

5 Voir pour quelques exemples, la présentation synthétique de P. Milza, *Le fascisme français. Présent et passé*, Paris, Flammarion, 1993, p. 296-297.

6 Le nom du groupement était alors juridiquement parlant « *Mouvement Jeune Nation* ».

juillet 1958 à décembre 1958, puis mensuel à partir de janvier 1959, témoigne de cette farouche hostilité au fondateur de la Ve République et à la Constitution de ce nouveau régime. En janvier 1959, ce mouvement qui avait été dissous six mois auparavant, prend un nouveau nom le « Parti Nationaliste ». Afin de célébrer cet événement, Pierre Sidos organisa une réunion publique en annonçant le programme de ce parti révolutionnaire : d'une part, tirant les conclusions de ce qu'ils appellent « l'échec du 13 mai », les promoteurs de la « nouvelle » formation proposent un programme en quatre points : « L'union de tous les nationaux français, le maintien de l'Algérie terre française, un État nationaliste populaire français, une économie au service des travailleurs », et d'autre part, une méthode d'action se situant en dehors du cadre parlementaire, afin de conquérir le pouvoir de façon illégale s'il le fallait[7]. La nature révolutionnaire de ce programme est confirmée par la tenue de la réunion publique au cours de laquelle un ultra de l'Algérie française, Ortiz, ancien membre du « Comité du salut public du 13 mai (1958)[8] » vint apporter son appui au nouveau groupement. Selon la presse, deux membres du « Conductoire », Ferdinand Ferrand et Dominique Venner, développèrent, ce jour-là, les thèmes courants de l'extrême droite : « dissolution du parti communiste, restauration "impérialiste" et nationaliste en France, lutte contre la démocratie qui est à la racine du mal, etc. ». Leur leader, Pierre Sidos, fut encore plus radical, estimant que « le régime républicain est un régime périmé en France[9] » et exigeant en outre « la séparation de l'État et de la synagogue[10] », ce qui témoigne de la conjonction de sa haine antisémite et de sa haine envers de Gaulle[11]. À la suite de cette réunion, le Parti nationaliste fut dissous par un décret pris en Conseil des ministres et daté du 13 février 1959[12]. Le gouvernement lui reprochait surtout d'avoir participé à des manifestations algéroises hostiles au général de

---

7 « Le Parti nationaliste se donne pour but "la conquête méthodique du pouvoir" ». *Le Monde*, 5 février 1959.

8 Cette journée du 13 mai 1958 fut à l'origine directe de la chute de la IVe République.

9 Le *Monde*, 5 février 1959.

10 « Biographie de Pierre Sidos » sur le site de l'œuvre française : http://web.archive.org/web/20170513132259/http://www.oeuvrefrancaise.com:80/mouvement/bio-pierre-sidos/ (consulté le 20/09/2022).

11 On trouve cette citation sur le site de l'œuvre française, dans la biographie consacrée à son leader.

12 Décret du 13 février 1959.

Gaulle et au Premier ministre, Michel Debré[13]. Les locaux du journal *Jeune Nation* furent perquisitionnés par la police. Le juge d'instruction Paul Monzein – futur président de la XVII^e^ Chambre – a, fin février 1959, inculpé certains de ses dirigeants (Gérard Boucher, Ferdinand Ferrand, Jean Morin et Dominique Venner) pour atteinte à la sûreté intérieure de l'État. Pierre Sidos, président du mouvement, fut quant à lui, l'objet d'un mandat d'arrêt, en février 1960, pour atteinte à la sûreté de l'État. Il décida alors d'entrer dans la clandestinité et fut arrêté seulement deux ans après en juillet 1962[14]. Cette mise en sommeil des dirigeants n'empêcha pas leurs militants déterminés – dont le nombre est estimé de trois à quatre mille – à mener des actions violentes contre leurs ennemis (incendies de locaux du PCF, plastiquages, etc.)[15].

Dans le cadre de leur action révolutionnaire, la lutte par la presse et par le discours faisait partie de la stratégie d'opposition radicale de *Jeune Nation* au pouvoir en place[16]. C'est à l'occasion du déploiement de cette stratégie que les jeunes dirigeants du groupement furent poursuivis par le pouvoir. Ce fut d'abord par la parole publique et les affiches que ce groupuscule[17] manifesta son hostilité au chef de l'État. Ainsi, le premier procès concerna le cas de ce jeune soldat, militant de *Jeune Nation*, qui fut arrêté pour des propos offensants dans la station de métro Nation, à Paris, en février 1959 après avoir accusé de Gaulle de défendre les fellaghas. Un mois plus tard ou presque après cet incident, certains de ses militants s'illustrèrent à Orléans le 19 mars 1959, dans une action commando sur des bâtiments publics dirigée par Dominique Venner[18]. Ce dernier, au début du mois de mars 1959, dirigeait à Orléans une équipe qui, venue de Paris en voiture, fut surprise en pleine nuit, par les services de police en train de peindre à la peinture blanche une croix celtique, insigne du parti « Jeune Nation » sur une arche d'un pont. Le lendemain matin, la police

---

13 *Le Monde*, 14 février 1959.

14 *Le Monde*, 5 juillet 1962.

15 Milza P., « Fascisme français », *Politique étrangère*, 53-1, 1988, p. 319.

16 Nous avons pu retrouver ces procès grâce à des articles du *Monde*, notamment l'article du 19 octobre 1960 : « Deux militants de Jeune Nation condamnés par défaut en correctionnelle » qui mentionne deux procès pour offense au chef de l'État.

17 Voir la mention de ce cas dans Beaud O., *op. cit.*, 2019, p. 329.

18 Le nom de Dominique Venner, considéré comme un idéologue d'extrême droite a été connu du grand public à cause de son suicide dans la cathédrale de Notre-Dame de Paris. « Le suicide de Dominique Venner, un "appel au sacrifice" à la veille de la manifestation du 26 mai », *Le Monde*, 22 mai 2013.

découvrait « quinze autres inscriptions de même nature (…) tant sur des immeubles privés de la ville que sur des immeubles destinés à l'utilité publique (arche ou parapet des ponts, poste, école, etc.). » On pouvait y « relever notamment les inscriptions suivantes : "*À mort de Gaulle*", "De Gaulle au poteau", "De Gaulle est un salaud", "De Gaulle=traître" ». Après avoir constaté la matérialité des faits, le juge se borne à observer que de telles inscriptions « constituaient des offenses caractérisées envers le chef de l'État[19] ». Dominique Venner, qui reconnut être le responsable de cette expédition en province, fut puni de quinze jours d'emprisonnement, car il avait également commis deux autres délits : la participation à la reconstitution d'une ligue dissoute et la dégradation de monuments publics.

C'est aussi par la voie de la presse que ce groupuscule révolutionnaire exprima sa détestation du pouvoir et du gaullisme, s'exposant alors aux délits de presse. Il fonda son propre journal, le mensuel intitulé *Jeune Nation* dont le premier numéro, sorti le 5 juillet 1958, afficha clairement son antigaullisme[20]. Un historien estime que ce journal se voue dès cette époque « à la haine de de Gaulle et multiplie les appels à l'armée "face aux immenses périls qui menacent la civilisation blanche, européenne et française : bolchevisme, xénophobie et racisme de couleur"[21] ». Le journal publie des articles de certains représentants bien connus de l'extrême droite tels que Tixier-Vignancour, Henry Coston, ou encore Jacques Ploncard d'Assac. Dès 1959, certains articles attirent l'attention de la police et donc du Parquet. Le premier n'est d'ailleurs pas vraiment un article, mais un dessin particulièrement brutal représentant de Gaulle en boucher, dépeçant une carte représentant l'Empire français amputé de ses principales colonies[22].

19 TGI Seine 17 octobre 1960, *min. public c. Venner, Delacoudre*, AD Seine 1365W 633.

20 Il suffit sur ce point de se référer aux propos de son fondateur : « Mais tout de suite, on prend position contre lui. Après la dissolution de *Jeune Nation*, j'ai une discussion avec Noël Jacquemart, journaliste, fondateur de *L'Écho de la presse et de la publicité*. Il me dit : "Créez un journal". C'est ce que nous avons fait, nous lançons le journal *Jeune Nation* le 5 juillet 1958, date d'anniversaire de la prise d'Alger. Noël Jacquemart revient me voir inquiet : "C'est bien d'avoir lancé un journal, mais pas au mois de juillet, vous allez droit au naufrage". Et pourtant ça a pris. Le journal était vendu dans les kiosques, mais aussi par les militants, trop heureux de se manifester. Mon premier éditorial était sans équivoque : "Notre insatisfaction est totale". Nous rejetions la nouvelle constitution de la Ve République et ce que de Gaulle projetait de faire avec l'Algérie. » (« Pierre Sidos », *Charles*, n° 5, 2013, p. 114).

21 Rioux J. P., « Des clandestins aux activistes (1945-1965) », *in* M. Winock (dir.) *Histoire de l'extrême droite en France*, Paris, Seuil, 2015, p. 233.

22 Voir l'analyse de ces procès dans le chapitre spécifiquement consacré aux dessins et caricatures de l'extrême droite (voir Beaud O., *op. cit.*, 2019, chap. 13, p. 443).

Le premier article proprement dit qui fut poursuivi fut le commentaire par un des journalistes du mensuel, Jacques Meynier – miniaturiste de son état – dirigé contre la dissolution de ce parti intervenue le 13 février 1959. Intitulé « Au sujet de l'interdiction », cet article, note le juge, « s'analyse en une protestation véhémente » contre une telle dissolution « dont le chef de l'État est rendu plus particulièrement responsable ». Le Parquet a retenu comme offensant l'extrait suivant : « La dissolution du parti nationaliste est la réaction gouvernementale contre le seul mouvement politique organisé et capable de faire échec à la politique démentielle de De Gaulle, bradeur de l'Empire français et de l'Algérie. Mais le parti nationaliste est trop fort pour disparaître à la seule volonté du paranoïaque qui gouverne la République[23] ». Confrontés à un tel texte, les juges de la XVII^e^ Chambre correctionnelle recourent au langage de l'évidence pour estimer le délit constitué, en considérant que « les expressions qui visent le Chef de l'État sont manifestement offensantes pour sa personne ». La meilleure preuve est que son auteur a reconnu leur « caractère injurieux », mais entend exonérer sa responsabilité en arguant de ce qu'il s'est borné à « reproduire les propos recueillis au cours de son enquête », ce qui n'est pas considéré comme un moyen d'exonération valable par les juges.

Les autres articles incriminés ne sont pas en reste pour ce qui concerne la violence du propos. Deux d'entre eux sont signés par le Général Marcel Rime-Bruneau. Son premier article, publié en octobre 1959, est intitulé « Dernier combat ». Il contient la phrase suivante retenue comme offensante par l'accusation : « En favorisant la sécession à terme de l'Algérie, province française au même titre que la Corse et l'Alsace, il (de Gaulle) se rendrait coupable du crime de forfaiture ». Malgré l'emploi du verbe au conditionnel (« rendrait »), la phrase est considérée comme outrageante, probablement en raison du mot de « forfaiture ». Dans le second article, publié en en novembre 1959 et intitulé « Le sinistre bilan de la faillite gaulliste », le général Rime-Bruneau est particulièrement violent, comme en témoigne le chapeau introductif, imprimé en caractères gras qui donne le ton de l'ensemble de l'article :

> Dévoré d'une ambition indécente du pouvoir et des honneurs, un homme mène depuis quinze ans la France à la déchéance – Il n'aura laissé derrière

---

23 Les passages soulignés le sont dans l'original de la minute du jugement : TGI Seine 24 avril 1961, Min. *pub. c. Sidos et Meyniel*, AD Seine, 45W49.

> lui que des ruines, de la honte et du sang. Cet homme ne parle que de grandeur, d'unité et de fraternité, mais il a abaissé et humilié la France, détruit l'Empire, divisé les Français et abandonné nos pionniers.
> La Libération du Territoire a été souillée par des dizaines de milliers d'exécutions sommaires, crimes perpétrés par des mercenaires à la solde de Moscou et des bandits de droit commun. Ces assassins n'ont été ni désavoués ni châtiés et le gouvernement provisoire présidé par de Gaulle en portera à jamais l'entière et tragique responsabilité[24].

Seul le premier paragraphe sera retenu comme offensant par le Parquet et l'accusation, mais la lecture des deux paragraphes révèle une constante du discours d'extrême droite de l'époque : le lien systématique fait, à propos du général de Gaulle, entre la guerre d'Algérie et l'épuration de la Libération. Mais l'article se poursuit de manière tout aussi virulente, car le Général Rime-Bruneau accuse de Gaulle de vouloir brader l'Algérie française et de « renier la parole qu'ils [les Français] leur avaient donnée au lendemain du 13 mai ». Il lui reproche d'être resté passif devant les crimes commis au Maroc et en Tunisie contre des militaires français de la part de soutiens de la cause algérienne. Une telle impassibilité, qui aurait déjà été celle de Mendès-France, est ainsi imputée à de Gaulle qui se voit critiqué pour ne pas venger les morts français alors qu'il en allait de l'honneur de la France. C'est ici qu'intervient le second passage jugé offensant par l'accusation :

> Mais de Gaulle, dépositaire de l'honneur de la France et comptable de la vie de ces soldats qui luttent, souffrent et meurent pour leur pays, les abandonne à leurs bourreaux. Cet homme n'a-t-il donc de pitié que pour les ennemis de la France[25] ?

Revenant à l'Algérie, l'auteur de ce brûlot reproche à de Gaulle d'avoir par son discours de septembre 1959 sur l'autodétermination, remis en cause l'existence même des trois départements français. Il stigmatise « toutes ces humiliations et toutes ces hontes », les imputant également au Premier ministre – désigné ironiquement par l'expression « Debré-le-valet » – qui aurait apporté des précisions embarrassées à la tribune de l'assemblée sur cette nouvelle politique de la France. C'est ici qu'intervient le troisième passage jugé offensant par le Parquet et

---

24 « Le sinistre bilan de la faillite gaulliste », *Jeune Nation*, nov. 1959, p. 15.
25 *Ibid.* p. 16.

l'accusation : « Les intentions de De Gaulle sont donc maintenant claires et s'il persévérait dans ses desseins, il porterait la redoutable responsabilité de cette forfaiture et aurait à en rendre compte un jour à la France déchue[26] ». Contre une telle politique d'abandon, le Général Rime-Brimeau en appelle à l'honneur de la France et évoque le serment de tous ceux qui sont prêts à « combattre jusqu'au bout pour sauver la Patrie », terminant de façon lyrique par la formule suivante : « On ne trafique pas impunément l'honneur de la France de son patrimoine national et de la vie de ses fils, car ils n'ont pas oublié qu'ils furent des hommes libres et des vainqueurs[27] ». Entre le moment de la publication de l'article et celui de son procès, Marcel Rime-Brimeau meurt. Mais en vertu du droit de la presse, Pierre Sidos, non comparant, est responsable de plein droit en sa qualité de directeur de publication de *Jeune Nation* de sorte que l'action publique contre cet article n'est pas éteinte par la mort du signataire de l'article. Le tribunal examine les quatre passages des deux articles jugés offensants envers l'égard du président de la République. Il est plutôt laconique dans leur qualification juridique, se bornant à observer que ces derniers sont « outrageants », sans préciser pourquoi et comment ils le sont.

Il fera de même lorsqu'il examinera le dernier article signé par Pierre Sidos lui-même et publié en octobre 1959 sous le titre « Un certain discours » qui commence par la phrase suivante : « Est-ce un marchand de tapis ou un chef d'*État qui s'*est adressé à ses compatriotes le 16 septembre 1959[28] ? ». Par la suite, l'auteur développe sa critique du discours du général de Gaulle qui, pour la première fois, a utilisé le mot d'autodétermination. Une telle politique ne peut, aux yeux du leader de *Jeune Nation*, que susciter une opposition radicale : « la seule position défendable est celle de l'intransigeance absolue et du refus en bloc d'une politique démentielle qui dans son énoncé a déjà de quoi rendre jaloux l'apprenti bradeur Mendès[29] ». Selon lui, si les membres de son mouvement sont persécutés depuis un an (saisie, arrestations, perquisitions, etc.), c'est parce que celui-ci aurait vu avant tout le monde

26 *Ibid.* p. 16.

27 *Ibid.* p. 16.

28 Dans l'original du jugement, les chiffres sont en lettres : « le seize septembre mil neuf cent cinquante-neuf ».

29 Sidos P., « Un certain discours », *Jeune Nation*, 21-22, octobre 1959.

« le jeu démoniaque des bradeurs[30] ». Mais le tribunal n'entend pas juger tout l'article, mais seulement la phrase litigieuse retenue par la prévention. À ses yeux, une telle phrase constitue une « injure », donc une offense, en raison de l'assimilation implicite du président de la République à un « marchand de tapis », ce qui est probablement encore plus agressif compte tenu de la xénophobie de *Jeune nation*.

Mais le tribunal fait davantage qu'analyser chaque article dans la mesure où il les rassemble et les compare, mettant en avant une commune intention de nuire. En effet, il synthétise son opinion dans un paragraphe final où il considère que « les textes incriminés révèlent, par les attaques personnelles dont le Général de Gaulle est l'objet, une véritable animosité contre le Chef de l'État et une intention délibérée d'entamer son prestige et de jeter sur lui le discrédit et la déconsidération[31] ». C'est bien un discours haineux – « une véritable animosité » – d'opposants politiques qui se comportent davantage en ennemis qu'en adversaires politiques. Le juge, certes, ne s'exprime pas ainsi, mais c'est l'impression qu'il entend donner par cette appréciation relative aux propos incriminés. Il fait preuve de la même sévérité envers Pierre Sidos, toujours défaillant, qui est puni d'une peine de prison (15 jours), mais assortie d'une peine d'amende de 1500 francs d'amende.

On notera que les dirigeants de l'extrême droite révolutionnaire ont été ici condamnés pour de la prison à raison de la commission du délit d'offense. Or, on lit souvent qu'il n'y eut qu'un condamné à de la prison pour offense, sous la V^e^ République : le directeur de *Charivari*, Noël Jacquemart. L'étude des procès faits aux deux dirigeants de *Jeune Nation*, Pierre Sidos et Dominique Venner, démontre qu'il faut étendre la liste des condamnés à de la prison à cause d'offenses faites au chef de l'État. Ces peines de prison, fussent-elles légères, témoignent aussi de la radicalité de cette opposition d'extrême droite qui clamait nettement la volonté de renverser illégalement le pouvoir.

30 *Ibid.*
31 *Ibid.*

## JEAN-LOUIS TIXIER-VIGNANCOUR
## Avocat des « offenseurs », mais lui-même aussi « offenseur » condamné par la justice

Jean-Louis Tixier-Vignancour (1907-1989) est le principal leader politique de l'extrême droite aux débuts de la Ve République. Ce tribun, grand avocat parisien, mais originaire du Pays basque, se présenta contre de Gaulle à la première élection présidentielle de 1965 où il n'y recueillit qu'un peu plus d'un million de voix (1 269 095 voix soit 5,31 % des suffrages exprimés). Il entendait représenter, lors de cette élection, non seulement la frange des électeurs « classiques » de l'extrême droite, mais un peu plus largement les partisans déçus de l'Algérie française, tous terriblement remontés contre de Gaulle. Son antigaullisme se laisse deviner au fait qu'il appela à voter au second tour pour François Mitterrand, le candidat de la gauche non communiste qui avait réussi à mettre le chef de l'État en ballotage.

Mais avant d'être un homme politique, Tixier était aussi un avocat et même un grand avocat[32]. À ses yeux, la lutte dans le prétoire continuait son combat politique, comme il résulte de l'examen des grandes causes qu'il défendit entre 1959 et 1963. Il fut en effet l'avocat de deux personnes qui ont joué un rôle important lors de la guerre d'Algérie : d'un côté, Bastien-Thiry, qui a voulu assassiner le Général (attentat du Petit-Clamart) et de l'autre, le général Salan, leader du putsch d'avril 1961. On a souvent dit que ce dernier avait eu la vie sauve grâce à la brillante plaidoirie de son avocat. Par ailleurs, il fut, avec Me Jean-Marc Varaut, le principal avocat des « offenseurs ». En 1959, il défendit le journal *Rivarol* et son directeur Malliavin et plus tard de nombreux journalistes poursuivis pour offense. Il consacre d'ailleurs trois pages de ses Mémoires à décrire et à critiquer le délit d'offense[33], alternant d'ailleurs les remarques pertinentes et les approximations historiques[34].

32 Voir le témoignage de Bredin J.-D., *Mots et pas perdus*, Paris, Plon, 2005, p. 102-104.

33 Tixier-Vignancour J.-L., *Des Républiques, des justices et des hommes Mes Mémoires*, Paris, Albin Michel, 1974, p. 247-251.

34 Il soutient à tort qu'il n'y eut qu'une poursuite pour offense sous la IVe République (*Ibid.*, p. 249) ou encore que les procès pour offense cessèrent avec de Gaulle (*Ibid.*, p. 251).

Mais il connut le privilège, si l'on peut dire, d'être aussi de l'autre côté de la barre en apparaissant au tribunal, non plus comme avocat des prévenus, mais comme prévenu lui-même. Il se garde bien d'évoquer cet épisode peu glorieux dans son livre de souvenirs : il fut condamné sous la V<sup>e</sup> République pour offense au président de la République. Il fut même l'un des premiers condamnés. Le fait est relaté de manière un peu confidentielle dans le journal *Le Monde* qui n'y consacre qu'un entrefilet difficilement repérable[35]. On y apprend qu'il fut condamné non seulement pour offense, mais aussi pour injures envers le Premier ministre et pour outrage à magistrat. L'occasion de cette condamnation judiciaire fut la publication de deux articles polémiques dans *L'Espoir des Basses Pyrénées*, journal local qu'il dirigea de 1956 à 1960.

Dans un premier article daté du 8 avril 1960, l'ancien député d'extrême droite s'en prend violemment au général de Gaulle comme l'indique le titre polémique : « Le Connétable du Déclin ». Tout le reste de cet éditorial est à l'avenant puisque, outre celle donnant son titre à l'article, y figurent les expressions suivantes : « bradeur de Dakar et de Saint-Louis », « au son d'une Marseillaise de contrebande », « l'homme de l'Élysée disperse les derniers lambeaux de la présence française au–delà des mers », un « képi préside à cet abandon et à cette lâcheté », « c'est un visage qui préside depuis vingt ans à la lente déchéance de la Patrie ». On y trouve encore d'autres expressions aussi fleuries : « agresseur du Gouvernement légitime de la France », « la dictature de la guimauve Tricolore », etc.[36]. L'appréciation du tribunal correctionnel de Bayonne est sévère pour le leader d'extrême droite à qui les juges rappellent son honorabilité sociale (il est aussi avocat). Selon les juges, « [...] ces termes sont manifestement injurieux ; [...] le titre de l'éditorial et la phrase finale sont des calembours méprisants dont le dernier est d'une inconcevable grossièreté ; [...] ils s'adressent à la personne du Chef de l'État, ainsi que le démontre l'expression de "l'Homme de l'Élysée", [...] l'intention de nuire ressort de l'outrance des termes employés ; [...] le délit d'offense au président de la République est *donc nettement*

35 Une première fois, *Le Monde* du 27 oct. 1960 et une seconde fois, le 3 février 1961 pour rendre compte de l'arrêt de la Cour d'appel de Pau.

36 TGI Bayonne du 26 octobre 1960, *min. pub. c. Tixier Vignancour*, AD Bayonne, 1570W 110. Nous remercions vivement notre collègue, historien du droit, Jacques Poumarède de s'être rendu aux archives départementales de Bayonne pour se procurer la copie de ces décisions.

*caractérisé* [...] ». Il s'agit, si l'on peut dire, d'un cas classique d'offense en raison de l'atteinte faite à la personne du général de Gaulle, l'attaque *ad hominem* étant manifestement voulue. Mais le tribunal estime qu'il y a une circonstance encore plus aggravante : « (..) L'offense est d'autant plus grave qu'elle émane d'un auxiliaire de la justice, Avocat à la Cour d'appel de Paris et qu'au-dessus de la personnalité même du Général de Gaulle, elle vise les fonctions du Premier Magistrat de France[37] ».

Pour cette double raison, Tixier-Vignancour est condamné à une amende de 3000 francs. La Cour d'appel de Pau réduira de moitié les peines d'amende infligées à l'avocat[38]. Elle confirme l'existence du délit en relevant que les premiers juges ont « justement retenu » les propos incriminés comme étant offensants[39]. Si la Cour d'appel décide de diminuer le montant de la peine, c'est en raison de la faible diffusion de cette feuille distribuée seulement à 1200 exemplaires de sorte que « les offenses retenues ont donc été portées à la connaissance d'un nombre restreint de lecteurs[40] ». Nullement intimidé par les premières poursuites, Tixier-Vignancour récidive un mois plus tard en écrivant le 6 mai 1960 dans son journal un éditorial intitulé « Mon ami Bob » où il s'en prend une nouvelle fois au président de la République, mais sans le nommer directement. Il y écrit notamment les phrases suivantes : « il n'est de tous ces crimes abominables qu'un seul véritable responsable », « un seul responsable suprême, c'est celui qui emprisonne des patriotes et qui protège la presse de la trahison », « le responsable et le seul responsable c'est [...]. ». Mais l'avocat avait eu l'habileté de ne pas terminer cette phrase qu'il complétait par la formule suivante : « nos lecteurs compléteront la phrase d'eux-mêmes ». Le tribunal de Bayonne estimait l'infraction constituée, considérant que les expressions s'appliquaient au chef de l'État. La Cour d'appel de Pau confirmait ce jugement en estimant que les termes employés par le prévenu étaient « manifestement offensants, les expressions suivantes s'adressant à la personne du chef de l'État ». Elle considérait donc implicitement, mais nécessairement que, bien que non nommé, le chef de l'État était visé par Tixier. Elle approuvait donc les premiers juges qui avaient fait « une

---

37 *Ibid.*

38 *Le Monde* du 3 février 1961.

39 CA Pau, du 1er février 1961 (n° 61), AD Pau, 1738W8.

40 *Ibid.*

exacte appréciation de la cause », mais pour la même raison que dans l'autre arrêt, elle diminuait de moitié la somme de l'amende[41].

Ainsi, la qualité d'homme politique de Tixier ne joua aucun rôle dans l'appréciation des juges qui prirent en considération l'éditorialiste et le directeur de journal qu'était le grand avocat parisien. On ne peut pas dire pourtant que sa carrière ou sa réputation en souffrirent beaucoup, car sa condamnation judiciaire à Bayonne fut peu médiatisée, ce qui explique pourquoi son nom apparaît rarement dans la liste des personnalités importantes condamnées pour offense sous la présidence gaullienne. Un compère politique l'a dépassé en poursuites : c'est Pierre Poujade.

## PIERRE POUJADE ET *FRATERNITÉ FRANÇAISE* CONTRE DE GAULLE

Pierre Poujade (1925-2003) peut se flatter d'avoir été à l'origine d'un substantif, le « poujadisme » et d'un adjectif, « poujadiste ». Ce petit commerçant de Saint-Céré s'est illustré sous la IVe République dans la défense des petits commerçants, victimes de la multiplication des magasins à succursales, mais l'habile tribun réussit à persuader que la principale cause de leur appauvrissement était la pression fiscale. Poujade invente un national-populisme qui eut un grand succès, politique d'abord, et électoral ensuite, en janvier 1956 lorsque sa formation politique obtint 11,6 % des suffrages exprimés et 56 sièges de député[42]. Il défend les « petits » – surtout les artisans et commerçants –, mais en même temps, en raison de son ADN politique, il défend l'Empire français et il se complait dans des attaques antisémites et xénophobes qui lui vaudront de nombreux procès. Dès 1956, le « mouvement Poujade » inquiète les citoyens républicains qui observent l'arrivée dans les rangs de cette formation d'activistes d'extrême droite comme Jean-Marie Le Pen, Demarquet et l'ex-commissaire Dides.

Lorsque la IVe République cède sa place à la Ve République, « le général de Gaulle succède à Pierre Mendès-France comme ennemi privilégié,

41 CA Pau, du 1er février 1961 (n° 59), *Tixier c. min pub.*, AD Pau, 1738W8.

42 Mais onze seront ensuite invalidés par la Chambre elle-même.

attaqué en permanence par la propagande poujadiste[43] ». On ne compte plus les agressions verbales à l'encontre du nouveau chef de l'État que ce soit dans les discours publics ou dans les colonnes de la *Fraternité française*, l'organe de presse du mouvement. À l'instar de l'extrême droite classique, Pierre Poujade contribue à élaborer une « légende noire » du gaullisme consistant à épingler tour à tour son passé militaire, sa bienveillance suspecte avec les communistes et son alliance avec les juifs[44]. Le mouvement poujadiste accuse de Gaulle de rétablir une dictature et son journal, *Fraternité française*, publie, en 1961 par épisodes des articles sur « Napoléon-le-Petit » pour établir un parallèle douteux entre le fondateur de la V^e^ République et Louis-Napoléon Bonaparte. Au fur et à mesure que de Gaulle négocie la sortie de crise de la guerre d'Algérie, Pierre Poujade se déchaîne littéralement contre lui, l'accusant tour à tour d'être le fourrier du communisme international, « l'homme des banques », et d'être associé à la « Juiverie internationale[45] ». L'hebdomadaire *Fraternité française* ouvre ses colonnes au pionnier du négationnisme, Paul Rassinier, et à Emmanuel Beau de Loménie. Le procès de la Ve République est désormais récurrent : « La Ve République, c'est la IVe République bis. On a remis les mêmes et on leur a donné les pleins pouvoirs avec un Parlement croupion. Les députés, on les paye pour ne rien foutre, comme une bande de pourceaux[46] ». Dans cette dénonciation du « système », le chef de l'État est nécessairement visé parce qu'il est celui qui contribue à le forcer et à le représenter.

Cependant, comme on l'a déjà deviné à la lecture des lignes précédentes, la caractéristique du mouvement Poujade et de son leader fut sa violence langagière. Elle valut à son dirigeant plusieurs inculpations ou menaces d'inculpations pour offense au président de la République en raison notamment de propos injurieux. Poujade aurait dit, au cours de réunions publiques, du chef de l'État, par exemple, qu'il était tour

43 Souillac R., *Le Mouvement Poujade, l'État et la nation (1953-1962)*, thèse Paris IV, dir. Brunet, 2005, p. 695. Voir aussi l'ouvrage tiré de cette thèse, *Le mouvement Poujade : de la défense professionnelle au populisme nationaliste, 1953-1962*, Paris, Presses de Sc. Po, 2007.

44 Parmi certaines « gracieusetés », voici celle-ci « Après la Libération, il nous avait gratifiés de toute une brochette de cosaques, maintenant, c'est d'un ramassis d'hommes d'Israël que nous avons hérité ». Note d'information des RG n° 213, du 13 mars 1959, AD Tarn et Garonne, 1014W314 (cité par Souillac R., *ibid.*, p. 696).

45 Les sources et détails figurent dans Souillac R., *ibid.*, p. 701.

46 Note d'information des RG n° 213, du 13 mars 1959, in AD Tarn et Garonne, 1014W314 (cité par Souillac R., *ibid.*, p. 702).

à tour « grand mannequin étoilé », « minouche coléreux », ce « sinistre individu qui nous gouverne », « grand dépendeur d'andouilles » ou encore « grand liquidateur national ». Toutes ces amabilités sont soigneusement retranscrites par les agents des Renseignements généraux qui suivent chaque réunion publique du tribun populaire[47]. Certains policiers ont dressé des procès-verbaux de constatation de délits d'offense, et les ont transmis au Parquet pour poursuite éventuelle[48]. Il semble qu'une partie des délits constatés par les commissaires de police n'ait pas été suivie de poursuites du Parquet. En revanche, une poursuite eut lieu en 1961 lorsqu'à Béziers, dans une réunion publique tenue le 9 avril 1961, Poujade a traité de Gaulle de « Charles le rigolo[49] ». Il est ensuite inculpé pour de tels propos, suscitant la colère de la *Fraternité française*, qui y consacre un article au titre illustratif : « Poujade a été déféré pour y répondre au délit d'injures au chef de l'État (sic)[50] ». Le 17 octobre 1961, le tribunal correctionnel de Béziers estime qu'une telle expression est offensante et condamne Poujade à 3000 francs d'amende, ce qui est une peine relativement élevée. Le prévenu condamné fait appel, tout comme le Parquet. Mais la Cour d'appel de Montpellier confirme le jugement de première instance estimant, dans son arrêt du 20 décembre 1961, que les « premiers juges ont fait une exacte appréciation des faits », tout en diminuant, cependant, la peine d'amende de 3000 à 1000 francs d'amende, estimant la « peine infligée [...] exagérée[51] ».

Mais ce n'est pas seulement dans ses réunions publiques que Pierre Poujade et son mouvement s'attaquent à de Gaulle. Leur organe de presse, *Fraternité française*, publié à Limoges, est également virulent à l'égard du chef de l'État de sorte que les poursuites ou menaces de poursuites abondent, comme en témoigne la lecture des archives présidentielles. Dans certains cas, les notes de police du ministère de l'Intérieur ne débouchent pas sur des poursuites. Mais il y existe au moins six cas de poursuites contre *Fraternité française* en 1963 qui aboutirent à six procès à Limoges, avec à chaque fois une condamnation et un appel qui a donné

47 Pour les sources exactes, voir Souillac R., *ibid.*, p. 697.

48 Raymond Souillac cite une Note du commissaire des RG en date du 13 févier 1960 et du 22 février 1960, qui se trouve aux AD de l'Aveyron (14W171) ; *ibid.*, note 74, p. 697.

49 Note d'information des RG n° 986 du 9 octobre 1961. AD Vaucluse (143W8741), cité par Souillac R., *ibid.*, note 72, p. 697.

50 *Fraternité française* n° 308, 7 juillet 1961.

51 CA Montpellier, *Poujade c. min. public*, 20 déc. 1961, transmis par les AD de l'Hérault.

lieu à six arrêts de la Cour d'appel de Limoges. Sur ces six procès, deux ont concerné directement Pierre Poujade en tant qu'auteur d'éditoriaux publiés dans son hebdomadaire, tandis que les quatre autres ont concerné d'autres journalistes et le directeur de publication.

Le 5 janvier 1962, Pierre Poujade commente à sa manière les vœux présidentiels de la nouvelle année en publiant dans son journal, *Fraternité française*, un article particulièrement violent intitulé : « De Gaulle et les gangsters clôturent l'année 1961 ». L'article juxtapose deux événements apparemment concomitants : d'un côté, les vœux de bonne année du chef de l'État et de l'autre, une série de hold-up retentissants. L'article contient une critique du bilan de l'action du gouvernement où Poujade dénonce l'agression gouvernementale contre les professionnels. Il entend faire comprendre aux lecteurs qu'il n'y a pas de différence de nature entre les gangsters et de Gaulle. La question se pose de savoir si cette manchette est offensante en elle-même. Or, elle est ambiguë. Lors du procès, tant en première instance qu'en appel, l'avocat de Poujade tente de montrer que son client « n'avait jamais voulu faire un rapprochement entre de Gaulle et les gangsters », mais cet argument en défense ne convainc ni le tribunal correctionnel qui le trouve « spécieux » ni la Cour d'appel de Limoges qui rejette assez sèchement cet argument de la défense. Plus exactement, les deux juges du fond – tribunal et Cour d'appel – interprètent la manchette du journal à la lumière de l'éditorial qu'elle surplombe. Il ne fait aucun doute pour eux que le leader des petits commerçants « ne peut pas invoquer sa pureté d'intention[52] » ni d'ailleurs la liberté d'expression pour s'exonérer de sa responsabilité pénale. De ce point de vue, l'arrêt de la Cour d'appel de Limoges est le plus judicieux pour démentir la thèse d'une juxtaposition qui ne serait que pure coïncidence :

> [...] Il n'y aurait dans tout cela qu'exercice de la libre critique qui ne sortirait pas du domaine de la polémique s'il n'était écrit : « À ce tableau optimiste, *les gangsters de haute et de basse lignée dans les milieux officiels et gouvernementaux* ont répondu par un débridement d'arbitraire, d'autoritarisme, cependant qu'ils insufflent à toutes les forces éparses un air de guerre civile » et plus loin « que le Gouvernement s'amuse à précipiter la confusion *à téléguider ou laisser péter les bombes* et perpétrer les attentats, c'est se livrer à un divertissement d'apprenti sorcier ou d'innocent

52 « Attendu en tout cas que l'exégèse de l'éditorial ne reflète pas la pureté d'intention qu'invoque son auteur. » CA de Limoges du 7 février 1963, *Tauran et Poujade* c. *min. pub.*, AD Haute Vienne, 1403W50.

> de village, car, au train où vont les choses, un de ces matins, il peut y avoir des bombes qui péteront partout, sans prévenir personne, *sous couverture officielle* ».
>
> Ainsi [...] il tombe sous le sens que Poujade, justifiant le titre de l'article et l'éclairant, place le chef de l'État en compagnie de gangsters gouvernementaux qui téléguident ou laissent péter les bombes ; que le lecteur, dès lors, ne peut manquer de faire une confusion regrettable alors surtout qu'il chercherait en vain dans l'éditorial, le parallèle annoncé entre le discours présidentiel et les hold-up retentissants[53].

Il en résulte que, selon la Cour d'appel de Limoges, une telle manchette, « ainsi éclairée par l'éditorial, (est) injurieuse et offensante[54] ». De son côté, le tribunal correctionnel avait également considéré que le délit d'offense était « nettement caractérisé », qu'il y (avait) lieu de condamner les deux prévenus à une peine sévère[55] ».

Dans un second article, intitulé « Des enfants pour la République » publié dans *Fraternité française* du 18 janvier 1963, Pierre Poujade manie un humour un peu lourd pour réagir, au discours de vœux pour la nouvelle année tenu par le président de la République, discours dans lequel de Gaulle avait passé en revue la politique démographique de la France et proclamé l'espoir que la France aurait bientôt 100 millions d'habitants. La réponse de Poujade à ce discours lui permet de critiquer la politique gaullienne, de se gausser de son irréalisme et accessoirement de se moquer du chef de l'État en émaillant son discours de propos provocateurs destinés à tourner en ridicule, parfois sur le mode paillard, la politique démographique proposée par le chef de l'État. Il s'étonne du silence relatif à un tel discours et entend, lui, polémiquer : « Mais l'heure est aux génuflexions et aux grands mots d'ordre : comme Renault, il faut produire[56] ». Cette critique du conformisme ambiant donne à l'auteur l'occasion d'une digression sur Renault, entreprise nationalisée qui coûterait une fortune aux infortunés contribuables en raison des quatre semaines de congés payés à ses employés. C'est après ce passage que Pierre Poujade énonce les trois premières phrases considérées comme offensantes par l'accusation :

---

53 CA de Limoges du 7 février 1963, *Rozières et Poujade c. min. pub.*, AD Haute Vienne, 1403W50.

54 *Ibid.*

55 Trib corr. Limoges du 7 novembre 1962 (jugement n° 701), *min publ. c. Tauran et Poujade*, AD Haute-Vienne, 1479W169.

56 *Fraternité française*, 18 janvier 1963, p. 1.

> En avant donc pour « la béguine à bango » rythmée par le génial conducteur sous le regard attendri de tante Yvonne qui serait prête, dit-on, à donner l'exemple [...]
>
> Il vaut mieux en rire pour ne pas devoir hurler d'indignation devant ce chantage au véritable nationalisme, à cette démagogie, à ce délire.
>
> Bien sûr, il serait nécessaire d'avoir une France de 100 millions d'habitants, mais qui donc, Monsieur le Libérateur, a pulvérisé celle de 140 millions de citoyens que le Maréchal Pétain vous avait léguée[57].

L'article se poursuit sur un mode toujours aussi polémique en retraçant le déclin démographique de la France qui était le pays le plus peuplé d'Europe continentale au début du XIXe siècle. Mais Poujade entend rendre le général de Gaulle responsable d'une telle déliquescence et il revient à la Libération où au lieu d'avoir une politique « nationale », le chef de l'État aurait engagé « la République dans un socialo-gaullisme dissolvant, marqué par d'odieux règlements de comptes sous le couvert de l'épuration ». C'est le couplet ordinaire de l'extrême droite sur la Libération qu'il faudrait interpréter comme un nouvel épisode de la Terreur. Intervient alors un thème déjà esquissé dans une phrase antérieure : de Gaulle demanderait aux Français de faire des enfants alors qu'il a bradé l'empire, le réduisant à un « triste hexagone » et qu'il a renoncé à l'« El Dorado saharien[58] ». Poujade exprime le pessimisme des classes moyennes qui, ne croyant plus à l'avenir du pays et ne faisant pas davantage confiance à ses dirigeants actuels, ne voudraient plus faire d'enfants. Il prend l'exemple du département de la Seine où le taux de reproduction serait un des plus faibles de France. Mais il attribue des causes politiques à cette chute démographique, et regrette le temps de la lampe à huile et de la marine à voile, où les gens croyaient encore au « devoir d'une belle famille ». Mais c'est ici qu'il glisse deux dernières phrases qui concluent son article et qui sont retenues comme offensantes : « Seulement à cette époque, la France était gouvernée par des chefs qui donnaient l'exemple et faisaient une politique en conséquence. Nous reviendrons sur ce grave problème puisqu'il a été posé en haut lieu et, une fois encore, nous prouverons que le moins que l'on puisse dire, c'est que le gaullisme est l'art de se moquer du monde ».

Les magistrats de Limoges devaient examiner si un tel article était offensant et plus particulièrement vérifier si les propos incriminés par

57 *Ibid.*

58 Allusion au pétrole du Sahara concédé à l'Algérie indépendante après un bras de fer.

l'accusation étaient offensants. Sans guère de surprise, ils considéreront comme offensantes seulement deux phrases : d'une part, celle où il est insinué que l'épouse du chef de l'État – « tante Yvonne » – serait mise à contribution pour repeupler la France et, d'autre part, la dernière phrase de l'article où le gaullisme est déprécié en tant que tel par la formule selon laquelle c'est « un art de se moquer du monde ». Le tribunal correctionnel de Limoges considère que, en raison de ces deux phrases, le journaliste (Poujade) et le directeur de publication ne sont pas « restés dans les limites permises par la liberté d'expression ». Ces derniers ont outrepassé une telle liberté en usant de mots qui « ont un caractère outrancier[59] », tombant alors sous le coup de l'article 26 réprimant le délit d'offense. Le tribunal les condamne à des peines d'amende : 1000 F. pour le directeur de publication et 500 F. pour Poujade. Les deux condamnés font appel, mais la Cour de Limoges suit entièrement les juges de première instance en confirmant l'existence d'un délit d'offense résultant d'un abus de la liberté d'expression, et les sanctions infligées, jugées suffisantes. La motivation du juge mérite d'être citée intégralement à cause de sa précision et de sa concision[60] :

> [...] le rédacteur ne fait qu'user du droit de tout citoyen d'exprimer librement son opinion ; [...] toutefois, le premier Juge a pu noter qu'il était sorti des limites permises par la liberté d'expression ; [...] Ces propos ont un caractère outrancier ; [...] ces insinuations, qui se veulent humoristiques sont blessantes ; [...] l'ensemble est offensant[61].

Ce second procès pour offense fait à Poujade illustre bien la façon dont le juge raisonne en tentant de trouver un équilibre entre la liberté de discussion, qui est autorisée en principe, et l'offense qui est délictueuse. Il a toutefois un redoutable privilège qui est celui de « déqualifier » un propos. Poujade, par exemple, voulait faire de l'humour un peu paillard au détriment du chef de l'État. Le juge lui conteste une telle ambition : ses propos se veulent « humoristiques », mais ils ne sont en réalité qu'outranciers, c'est-à-dire « outrageants ». Ainsi, l'intention humoristique de l'auteur, qui pourrait se réclamer de la protection de

59 Jugement Trib. Corr. Limoges du 23 octobre 1963 (n° 880 79) min. public contre Rozières et Poujade AD Haute-Vienne.

60 La Cour d'appel de Limoges a dû juger six procès en appel pour offenses en raison d'articles publiés dans *Fraternité française*. Ses arrêts sont tous d'une grande qualité juridique.

61 CA Limoges du 6 février 1964 (n° 13) *Rozières et Poujade*, AD Haute-Vienne.

la liberté d'expression, n'est plus protégée par une telle liberté, mais il encourt la rigueur de la loi pénale, car le juge a qualifié juridiquement un tel propos d'offensant. Comme on le voit, dans ce genre d'affaires, l'offense joue comme une carte d'atout dans un jeu de cartes : elle « coupe » la prétention à bénéficier de la liberté critique ou de la liberté de discussion. Par conséquent, les propos d'un provocateur né comme l'était Pierre Poujade tombent immanquablement sous le coup de la loi pénale, du délit de presse. Ce dernier n'a d'ailleurs pas insisté, car il ne s'est pas pourvu en cassation dans ces deux procès, imitant sur ce point Tixier-Vignancour. Ils ont peut-être évité l'inévitable publicité qu'aurait pu donner à leur affaire un arrêt plus solennel de la Chambre criminelle de la Cour de cassation alors que leurs procès jugés en province n'avaient pas attiré l'attention des médias nationaux.

## JEAN-MARIE LE PEN, INCULPÉ MAIS RELAXÉ

Jean-Marie Le Pen a souvent eu affaire à la justice et quand on connaît à la fois la tendance à la provocation et à la violence verbale du tribun d'extrême droite, on ne s'étonnera pas de le voir figurer parmi les personnalités politiques poursuivies pour offense au président de la République. Mais à la différence de beaucoup d'autres, il fut probablement l'un des rares à être relaxé par le tribunal correctionnel de la Seine. L'histoire mérite d'être contée non seulement à ce titre – les relaxes sont rares en matière d'offense au chef de l'État sous la V<sup>e</sup> – mais aussi parce qu'elle n'est jamais évoquée dans la littérature consacrée au fondateur du Front national[62]. À la différence de Tixier-Vignancour et de Poujade, Jean-Marie Le Pen a eu la chance d'échapper de peu à une condamnation pour offense[63].

Au mois de février 1963, Le Pen publia dans *Esprit public*, le mensuel le plus exigeant des partisans de l'Algérie française, dans lequel s'expriment non seulement des militants ou journalistes de la droite ultra, mais aussi

62 Dans leur biographie, pourtant bien informée, Gilles Bresson et Christian Lionet (*Le Pen*, Paris, Le Seuil, 1994) ne font pas mention de ce procès pour offense.

63 Voir Beaud O., *op. cit.*, 2019, chap. 14, p. 475.

des intellectuels ou écrivains reconnus (Girardet, Monnerot, Jacques Laurent, etc.). Son article, intitulé « Le refus fondamental », est en réalité, une violente charge contre les gouvernants accusés d'avoir trahi les pieds-noirs, les rapatriés qui, en février 1963, fuient en masse l'Algérie. Il entend y expliquer pourquoi « un très grand nombre de Français[64] » refusait de plus en plus le pouvoir en place, celui qui avait renié sa promesse en abandonnant l'Algérie française. Selon lui, il fallait lier « jugement intellectuel et jugement moral » dans cette affaire d'Algérie et un tel jugement global devait conduire à désigner les gouvernants en place comme des « menteurs et des traîtres » face auxquels les opposants devaient rester « purs » et opposer un « refus fondamental[65] ». Après avoir « relevé un chapelet d'expressions qui, selon lui, tombait sous le coup d'offenses au chef de l'État », le Parquet décida de le poursuivre ainsi que le directeur de publication de la revue (Leblanc-Penaud). Dans son jugement, le tribunal les énumère longuement, reprenant soit certaines phrases soit certaines expressions suivantes : « Ce pouvoir d'escroc, reniant progressivement la parole donnée par la France [...] » ; « [...] Pouvoir parjure, pouvoir criminel, pouvoir pollué de sang, pouvoir traître » ; « [...] Trahison sanglante » ; « [...] la France ne saurait demeurer confiée à des mains indignes... » ; « traître un jour, traître toujours », ou encore : « [...] ceux qui tracent la voie ont prouvé une fois pour toutes qu'ils étaient des menteurs ou des traîtres ». Toutefois, le tribunal ajoute que ces expressions « sont retenues *plus particulièrement* comme caractérisant le délit d'offenses au président de la République[66] », de sorte que, comme souvent, c'est bien l'ensemble de l'article qui est considéré comme offensant par l'accusation. Les juges ne manquent pas en effet d'ajouter aux précédents extraits deux autres passages qui démontrent la violence du propos de Le Pen qui attaque « les guides actuels de la France » en considérant, d'une part, que « de leur gouvernement, aucun bien ne peut résulter pour la France », et précisant, d'autre part, que « la France ne saurait demeurer confiée à des mains indignes, à des mains d'hommes qui se sont à tout jamais disqualifiées ».

En raison de la violence verbale de l'attaque, on aurait pu penser que l'offense était constituée et que Le Pen allait être condamné comme tant

64 « Le refus fondamental », *Esprit public*, février 1963, p. 22.
65 *Ibid.*, p. 23.
66 Jugement du 29 juin 1963, p. 2.

d'autres de ses camarades d'extrême droite. Dans ses mémoires, l'ancien juge André Giresse – rapporteur de ce dossier – s'attribue entièrement le mérite d'avoir su convaincre ses collègues de la XVII^e Chambre qu'il fallait relaxer le prévenu parce que « l'analyse du texte incriminé établit que l'inculpé n'a pas visé personnellement le président de la République ». Autrement dit, comme de Gaulle n'était pas expressément, c'est-à-dire nommément, visé dans les expressions litigieuses, le tribunal en déduisit que les gouvernants critiqués par l'article n'incluaient donc pas le chef de l'État. Or, l'offense ne vaut que pour le président de la République ; il n'y a jamais d'offense contre le Premier ministre ou les ministres. C'est en tout cas de cette manière que les juges raisonnèrent pour relaxer Jean-Marie Le Pen. Pourtant, il existait bien des éléments dans l'article qui pouvaient établir que le chef de l'État (de Gaulle donc) était bien visé, indirectement, mais nécessairement. Le premier est évident : il aurait suffi aux juges de s'appuyer sur l'expression « *les guides actuels de la France* » pour soutenir que, si le chef de l'État n'était pas expressément nommé, il n'en était pas moins clairement identifiable dans cette expression suffisamment large pour englober le chef de l'État. En outre, et surtout, l'article contenait une attaque directe et précise contre de Gaulle lorsqu'il qualifiait l'abandon de l'Algérie comme un « premier abandon » qui en « impliqu(ait) bien d'autres » :

> Déjà, l'on tourne le dos au Pacte Atlantique. Déjà, l'on brise le monde occidental. Déjà, l'on tend la main vers Moscou, de l'Atlantique à l'Oural.
>
> Nous en sommes là !
>
> Ceux qui se flattaient, dans leur sotte fatuité de se débarrasser de De Gaulle après qu'il leur ait (*sic*) retiré l'épine algérienne du pied, caressaient un vain rêve. On l'a déjà maintes fois dénoncé dans les colonnes de ce journal et en d'autres, tous nationaux. Ces mauvais calculateurs ont ainsi perdu l'Algérie et la République, mais ils ont conservé de Gaulle. Maintenant, ils l'ont et [...] ils le gardent.
>
> Tant pis pour eux, mais hélas ! Tant pis pour la France[67] !

Ainsi, une lecture systématique de l'article poursuivi démontre que le chef de l'État était bien visé par son auteur, Le Pen, et qu'il faisait bien partie des « gouvernants » constamment vilipendés dans cette diatribe. Dès lors, les juges auraient très bien pu considérer que la condition selon laquelle le président de la République devait être attaqué personnellement

67 « Le refus fondamental » *Esprit public*, février 1963, p. 22.

était bien remplie et les conditions de l'offense (élément matériel et élément moral) pouvaient être considérées comme constituées. Pourtant, les juges de la XVII$^{e}$ Chambre ne l'ont pas fait en se soumettant au projet de jugement du juge André Giresse[68] qui était à l'époque, proche des mitterrandiens[69]. Antigaulliste, ce dernier a voulu, dans cette affaire Le Pen, utiliser l'arme du droit pour la retourner contre le pouvoir exécutif. Mais il a tordu le droit dans l'autre sens. La justice politique est donc bien le poison qui s'introduit partout, y compris dans le raisonnement des personnes hostiles aux offenses. La seule énigme reste de savoir pourquoi ce jugement « ministère public contre Le Pen » n'a pas, semble-t-il, fait l'objet d'un appel de la part du Parquet qui était pourtant très prompt à réagir aux cas de relaxe[70]. On peut donc en conclure que c'est grâce à un heureux hasard des circonstances que Jean-Marie Le Pen n'a pas fait partie des personnalités politiques d'extrême droite condamnées pour offense au président de la République.

## CONCLUSION

L'offense au chef de l'État est un bon révélateur de ce que peut être l'injure en politique, même si elle est limitée à un seul destinataire, ici la personne, le président de la République alors que d'autres hommes politiques, les ministres notamment, peuvent faire l'objet d'injures. L'intérêt de son étude sous la V$^{e}$ République est de montrer un des traits

68 André Giresse a connu une célébrité tardive en devenant le redouté président de la cour d'assises de Paris. Ardent partisan de la peine de mort, il a rejoint à la fin de sa vie le Front national. Son livre de mémoires, (avec le journaliste Bernert P., *Seule la Vérité blesse. L'honneur de déplaire*, Paris, Plon, 1987) est un long et pénible règlement de comptes avec la magistrature, dont on peut, parfois, tirer des informations intéressantes sans jamais être certain toutefois de leur véracité.

69 André Giresse proclame à maintes reprises qu'il était mitterrandiste à cette époque. Il n'ignorait probablement pas que Mitterrand vint témoigner, à la demande de Tixier-Vignancour, au procès contre Salan. Le Pen aurait toujours admis que le leader de l'UDSR aurait fait preuve de cran en venant ce jour-là dans la salle des témoins, se commettre avec tous les activistes de l'Algérie française qui n'avaient pas une grande affection pour lui. Voir les détails dans la biographie précitée de Bresson et Lionet, *op. cit.* p. 244.

70 Curieusement, cette affaire ne figure pas dans les archives présidentielles alors qu'elle se situe dans la période où les dossiers étaient bien conservés.

caractéristiques de l'extrême droite qui est sa violence verbale dont on peut dire sans risque de se tromper qu'elle accompagne ou prépare la violence physique. L'autre leçon tient au fait que le général de Gaulle n'a manifesté aucune tolérance à l'égard de ses ennemis de l'extrême droite qui ont voulu l'assassiner et le salir par leurs propos offensants. Le fondateur de la Ve République avait bien perçu le danger que ces extrémistes faisaient courir à la République (la République injuriée) en attaquant, comme ils le faisaient, le magistrat suprême.

Olivier BEAUD
Professeur des Universités
en droit public
Université Paris Panthéon Assas,
Institut Michel Villey

# L'ENCADREMENT DE L'INSULTE DANS L'ARÈNE PARLEMENTAIRE

## au cours des 14e et 15e législatures (2012-2022)

Fin juillet 2021, Nancy Pelosi, présidente de la Chambre des représentants des États-Unis a traité le leader de l'opposition républicaine de « crétin ». Aux États-Unis, comme dans tous les Parlements du monde, les règles habituelles de courtoisie peuvent ainsi céder devant un débat passionné et laisser place à l'insulte. Malgré la désapprobation qu'entraîne un tel comportement, il est admis que l'arène parlementaire n'est pas un lieu comme un autre, la parole devant y être la plus libre possible, ce qui justifie une réglementation spéciale de l'insulte. Ainsi, en France, l'interdiction de l'injure, qui résulte de la loi sur la liberté de la presse du 29 juillet 1881[1], n'est pas applicable à l'intérieur des Assemblées. La théorie constitutionnelle postule en effet que les représentants de la Nation doivent pouvoir débattre librement afin de faire émerger l'intérêt général. Leur liberté de parole au sein des Assemblées ne saurait être réduite. L'article 26 al. 1 de la Constitution leur garantit ainsi une irresponsabilité absolue : « Aucun membre du Parlement ne peut être poursuivi, recherché arrêté, détenu ou jugé à l'occasion des opinions ou votes émis par lui dans l'exercice de ses fonctions ». Aucun des propos tenus à l'intérieur des assemblées[2] ni aucun des votes émis ne peut, même après son mandat, engager la responsabilité du parlementaire devant un juge.

Les élus revendiquent d'ailleurs un droit à la vivacité des débats[3]. Droit à l'interpellation, souvent fleurie, qui ne doit pas laisser penser

1 Son article 29 al. 2 définit l'injure, « expression outrageante, terme de mépris ou invective qui ne renferme l'imputation d'aucun fait est une injure », et son art. 33 les peines applicables.

2 En revanche, des propos insultants tenus à l'extérieur des assemblées, lors d'un meeting ou d'un entretien médiatique peuvent donner lieu à poursuite.

3 Selon l'expression de R.-G. Schwartzenberg : « il est normal que la vivacité anime nos débats. », Commission des Lois, 19 novembre 2013.

que la liberté de parole des élus serait totale au sein des assemblées. Ses abus sont sanctionnés, les règlements des Assemblées confiant la police des débats à leurs Présidents. Ainsi, le Président seul accorde et retire la parole et nul ne peut parler s'il n'y a pas été invité. Il lui appartient également de prononcer des sanctions contre les élus qui proféreraient des insultes. Ainsi l'article 70 du règlement de l'Assemblée nationale (RAN) dispose :

> Peut faire l'objet de peines disciplinaires tout membre de l'Assemblée : [...]
> 2° Qui se livre à une mise en cause personnelle, qui interpelle un autre député ou qui adresse à un ou plusieurs de ses collègues des injures, provocations ou menaces ;
> 3° Qui a fait appel à la violence en séance publique ;
> 4° Qui s'est rendu coupable d'outrages ou de provocations envers l'Assemblée ou son Président ;
> 5° Qui s'est rendu coupable d'injures, de provocations ou de menaces envers le président de la République, le Premier ministre, les membres du Gouvernement et les Assemblées [...][4].

Et l'article 71 établit l'échelle des sanctions :

> Les peines disciplinaires applicables aux membres de l'Assemblée sont :
> 1° Le rappel à l'ordre ;
> 2° Le rappel à l'ordre avec inscription au procès-verbal ;
> 3° La censure ;
> 4° La censure avec exclusion temporaire[5].

De même, le règlement du Sénat (RS) prévoit la sanction du sénateur qui abuserait de sa liberté d'expression pour injurier ses collègues ou des institutions. Son article 92 instaure une échelle disciplinaire identique à celle du RAN, puis les articles 93 à 95[6] encadrent ce pouvoir en corrélant les faits et les sanctions. C'est ainsi que l'article 94 du RS prévoit, dans son 3e alinéa, que les injures envers les élus sont punies d'une censure simple.

Les formulations sont différentes, mais les propos susceptibles de constituer un abus sont identiques : outrage, provocation, injure. On

4 *Règlement de l'Assemblée nationale*, 3 juin 1959, chap. XIV, art. 70.

5 *Ibid.*, art 71.

6 Consacré aux faits justifiant la censure avec exclusion temporaire, notamment les « injures, provocations ou menaces envers le président de la République, le Premier ministre, les membres du Gouvernement et les Assemblées ».

peut ainsi, sans abus de langage, considérer que l'insulte est interdite dans l'enceinte parlementaire et donc sanctionnée. Pourtant, l'étude des insultes laisse apparaître que certaines seulement sont sanctionnées. Ainsi, en décembre 2009, Noël Mamère est rappelé à l'ordre avec inscription au procès-verbal pour avoir adressé des gestes injurieux à ses collègues. Le 15 juin 2011, Henri Emmanuelli a été rappelé à l'ordre pour avoir injurié le Premier ministre. En septembre de la même année, Maxime Gremetz a fait l'objet d'une censure avec exclusion temporaire de quinze jours de séance. Cette sanction, la plus grave, sanctionne le comportement outrancier du député qui, pour un motif futile, a longuement pris à partie les ministres de l'Écologie et de l'Industrie, lors d'un débat consacré au nucléaire après l'accident de Fukushima. En octobre 2013, Philippe Le Ray est rappelé à l'ordre avec inscription au procès-verbal pour avoir imité une poule pendant l'intervention d'une députée. En octobre 2014, Julien Aubert se voit infliger la même sanction pour avoir manqué de respect à la présidence en refusant d'appeler Sandrine Mazetier « Madame La Présidente ». La présente législature a également donné lieu à des manifestations insultantes, dont certaines ont été sanctionnées. Ainsi, le 9 février 2021, Pierre Henriet, député LaREM, a-t-il été sanctionné par un rappel à l'ordre avec inscription au procès-verbal pour avoir proféré une insulte sexiste.

Mais cette législature, comme les deux précédentes, a également connu des insultes qui n'ont pas été sanctionnées. Certaines, parce que l'orateur n'a pas pu être identifié. C'est le cas en août 2017, lorsque les propos d'une députée LaREM sont accueillis de bêlements de chèvre. Dans d'autres cas, l'auteur de l'insulte est identifié, mais le comportement n'est pas sanctionné. En février 2020, un député UDI qualifie les élues de gauche qui ont participé à une parodie « à cause de Macron » de « petites connes ». Si l'insulte a été proférée sur Twitter, la reprise de l'événement en séance donne lieu à un échange de noms d'oiseaux. Ainsi, Meyer Habib s'exclame-t-il à l'intention des députés de gauche : « C'est moi que vous traitez de connard ? Islamo-gauchistes ! ». À quoi il est répondu :

> Monsieur Habib, j'aimerais bien qu'un jour, vous soyez là pour débattre du fond, sans injure, sans insulte et sans sexisme ! Mais je pense que cela vous demanderait un effort hors de votre portée[7].

7 Propos de Clémentine Autain, députée LFI, à l'Assemblée nationale, séance du 20 février 2020.

Malgré la condamnation de principe par la présidente de séance, ces insultes ne donneront pas lieu à sanction. Pas plus que l'insulte adressée, en octobre 2020, au président de séance par une députée dénonçant sa prétendue attitude sexiste.

Ces quelques événements interrogent : pourquoi certains comportements sont-ils sanctionnés et d'autres pas ? L'étude des textes permettra de comprendre pourquoi le Président utilise avec parcimonie ses pouvoirs disciplinaires contre les abus de langage[8], notamment en interrogeant les règles encadrant celui-ci[9].

## L'APPRÉCIATION PRÉSIDENTIELLE DE L'INSULTE

En droit parlementaire le Président et le Bureau[10] sont chargés de donner une sanction à l'insulte et si les propos insultants sont relativement peu sanctionnés, c'est parce que les règlements des Assemblées laissent une grande latitude aux Présidents. Moyen d'introduire un peu de souplesse dans un environnement dominé par le clivage politique, où les élus réclament un droit à la vivacité des débats, cette liberté d'appréciation est également source de tension. Certains s'appuient sur ce choix pour mettre en doute l'impartialité du Président, qui ne sanctionnerait que des élus d'opposition[11]. À tel point que certains Présidents ont décidé de faire intervenir la Conférence des Présidents, pourtant incompétente en la matière[12].

### UN ENCADREMENT LIBÉRAL CRITIQUÉ

L'article 70 du RAN prévoit que les comportements insultants peuvent faire l'objet d'une sanction. Le règlement de l'Assemblée a pris garde d'éloigner toute automaticité, employant le verbe « pouvoir » pour rappeler que le Président dispose d'une marge d'appréciation et

8 Voir *infra*, *L'appréciation présidentielle de l'insulte.*

9 Voir *infra*, *La vaine tentative d'encadrer le pouvoir présidentiel.*

10 Voire l'Assemblée pour les cas les plus graves.

11 Voir *infra*, *Un encadrement libéral critiqué.*

12 Voir *infra*, *Les nouveaux usages parlementaires de la sanction.*

en aucun cas d'une obligation de sanctionner. Il va ainsi tenir compte des circonstances, préférant parfois condamner moralement les injures. Ainsi, par exemple, le 30 janvier 2019, lors d'un incident entre Alexis Corbière, député LFI et Véronique Riotton, députée LaREM. Cette dernière aurait agrémenté l'argumentaire de son collègue d'un « arrêtez de dire des conneries ». Abus de langage défini comme une insulte :

> M. le Président, je tiens à dire que cette personne m'a insulté [...]. Je veux bien entendre qu'il y ait des protestations, mais quand ce sont des injures qui sont tenues à côté de moi [...]. Elle parle et elle m'insulte[13].

Le Président rétablit le calme en rappelant simplement que « la vigueur dans nos convictions n'empêche pas une certaine sérénité dans nos débats et l'écoute de l'orateur ». Cet incident confirme que le Président a le pouvoir d'interpréter les faits pour savoir dans quelle mesure ils relèvent de l'injure. On retrouve ce pouvoir d'appréciation dans le règlement du Sénat, qui peut toutefois être sujet à interprétation. Il prévoit, en effet, que la censure « est prononcée » contre tout sénateur proférant des insultes. Formulation qui semble imposer au Président de sanctionner l'insulte. Mais ici encore, on perçoit la marge d'appréciation dont jouit le Président, puisque c'est à lui de déterminer si le sénateur s'est, ou non, rendu coupable d'injure.

Cette marge d'appréciation, bien que nécessaire dans une enceinte dédiée au débat, peut conduire à critiquer l'attitude du Président, accusé de partialité dans son appréciation des circonstances. Cette critique peut déjà exister lorsqu'il donne et retire la parole, elle est plus intense lorsqu'il est amené à adopter une sanction parce que l'expression d'un parlementaire a dépassé les limites du débat pour s'inscrire dans l'insulte. Il est pourtant admis que « le président n'a pas de parti quand il préside[14] ». Toutefois, le Président ne jouit pas de la même neutralité que le *Speaker* britannique qui abandonne toute attache partisane. En France, le président de la Chambre issue du suffrage universel direct est un membre éminent de la majorité, un *chapeau à plume* dont l'avis est sollicité et qui participe au combat politique. La tâche du Président

---

13 Propos d'Alexis Corbière, député LFI, à l'Assemblée nationale, séance du 30 janvier 2019.

14 Voir Reignier D., « Des traditions parlementaires et de leur interprétation, le cas de l'impartialité du président des assemblées », *in* M. Altwegg-Boussac *et alii*, *Les usages de la tradition dans le droit*, Paris, Mare & Martin, 2016.

est donc délicate en matière disciplinaire, ses décisions ne devant pas être suspectées de partialité.

Ce reproche peut d'abord être formulé lorsque le Président choisit de ne pas sanctionner l'insulte. Ainsi, lors de la séance agitée du 15 octobre 2020, on peut s'étonner du silence de David Habib qui ne condamne pas, même moralement, les propos de François Ruffin qui prend à partie la majorité :

> Vous êtes des carpettes devant Amazon et compagnie ! [...] Vous êtes des paillassons et vous vous faites marcher dessus. On dirait même que ça vous fait plaisir[15] !

Le président de séance est pourtant invité par d'autres députés d'opposition à intervenir :

> Il y a des limites quand même, Monsieur le Président[16] !

Cette attitude du Président ne manque pas d'interroger, est-ce parce que le député a insulté une majorité à laquelle il n'appartient pas qu'il ne réagit pas ? Si les députés de la majorité ne remettent pas en cause l'impartialité du Président, le rapporteur général du projet de loi trouve un moyen d'assurer la police des débats, malgré l'inaction de celui qui en est normalement le gardien.

> Vous nous insultez : à partir de maintenant, vous ne recevrez plus de réponse à vos amendements et mon avis sera systématiquement défavorable [...]. À partir du moment où il y a des insultes, il n'y a pas de débat[17].

Le Président fait usage de sa liberté d'appréciation et malgré la virulence des propos, choisit de ne pas intervenir. Sans doute faut-il y voir une volonté de ne pas se laisser emporter par des techniques qui font de l'insulte un instrument politique, utilisé aussi bien par la majorité que par l'opposition. Pour refuser de participer au jeu politique, le Président préfère, au cœur de l'échange, garder le silence et différer son intervention à un moment où les débats se sont apaisés :

> Je rappelle que nous nous trouvons dans l'hémicycle de l'Assemblée nationale, où la parole est libre. Le rapporteur général a eu raison de rappeler que

15 Propos de François Ruffin, député LFI, à l'Assemblée nationale, séance du 15 octobre 2020.
16 Propos d'Émilie Bonnivard, députée LR., à l'Assemblée nationale, séance du 15 octobre 2020.
17 *Ibid.*

> l'insulte est bannie de ce lieu, mais le reste relève de la liberté de conscience et d'expression de chacun des députés. Nous avons tous été investis, le 17 juin 2017, d'une mission : débattre dans cet hémicycle[18].

Intervention qui ouvre la voie à un débat où les arguments ont remplacé l'insulte. En n'agissant pas sous le coup de l'insulte, le Président est parvenu à laisser le débat se discipliner et à refuser la politisation de l'outrance langagière. Il n'en demeure pas moins que son inaction interroge et que ce pouvoir d'appréciation peut être source de critiques. Les sanctions prononcées contre Philippe Le Ray en 2013 et Julien Aubert en 2014 ont ainsi fait l'objet de contestations. Le groupe UMP, à travers son président, tente de minimiser l'importance de l'insulte de Philippe Le Ray, qui a accueilli une députée écologiste par des caquètements de poule, en la qualifiant de quolibet. Christian Jacob condamne ensuite l'attitude du président de l'Assemblée, le prend à partie pour dénoncer sa participation à ce qu'il présente comme une entreprise partisane qui vise l'opposition :

> Vraiment, je vous demande d'assumer les responsabilités qui sont les vôtres et de ne pas tomber dans l'indignité en cautionnant la mascarade à laquelle nous venons d'assister[19] !

La sanction prononcée contre J. Aubert a également fait l'objet de contestation. Pour rappel, il a été sanctionné par un rappel à l'ordre avec inscription au procès-verbal pour avoir manqué de respect à la présidence en persistant dans son refus d'appeler S. Mazetier « Madame la Présidente », estimant que les règles de l'Académie française imposaient un « Madame le Président[20] ». Si le député et son groupe ont pu juger la sanction disproportionnée, elle apparaît en fait graduelle, la présidente ayant d'abord mis en garde le député, avant de prononcer la sanction la plus faible de l'arsenal disciplinaire puis de recourir, devant la persistance de l'attitude provocatrice, sinon insultante, à un rappel à l'ordre avec inscription procès-verbal pour manquement du respect dû à la présidence. À la reprise de séance, le président de l'Assemblée confirme

18 Propos de David Habib, député UDI, à l'Assemblée nationale, séance du 15 octobre 2020.

19 Propos de Christian Jacob, député LR, à l'Assemblée nationale, séance du 9 octobre 2013. Il fait référence au soutien apporté par les députées de la majorité à Véronique Massonneau. Afin de condamner les propos sexistes, elles ont perturbé les débuts de la séance de questions au Gouvernement en arrivant collectivement en retard. Désorganisation des débats qui a conduit les députés de droite à quitter la séance.

20 Séance du 7 octobre 2014.

la provocation et la sanction. Mais cette prise de parole du Président ne suffit pas à éteindre la contestation. J. Aubert a ensuite obtenu d'être entendu par le Bureau, estimant la sanction disproportionnée, et par là même revêtue d'un mobile politique. Aucune des autorités de l'Assemblée n'ayant entendu ses arguments, le député a décidé de saisir la justice. Le président de l'Assemblée avait pourtant pris soin d'éloigner les risques de partialité en associant la Conférence des Présidents à la procédure.

## LES NOUVEAUX USAGES PARLEMENTAIRES DE LA SANCTION

Le droit parlementaire est un droit complexe, composé de règles écrites, regroupées dans les règlements et les Instructions Générales du Bureau, complétées de règles non écrites, usages ou conventions. C'est en effet un droit empirique, qui se forme par la confrontation aux faits : la pratique nouvelle devient un précédent, dont la force obligatoire se fondera sur la répétition – usage – ou l'accord de tous ses destinataires – convention. Toute la cohérence du droit parlementaire repose ainsi sur l'usage qui veut que « le président n'a pas de parti quand il préside ». Formulation de la nécessaire impartialité du président qui est confortée par un ensemble d'autres usages, comme celui qui interdit que l'on prenne à partie le président. Ces usages trouvent peu à s'appliquer lorsque le Président adopte ou confirme la sanction prononcée à l'encontre d'un élu insultant, sa décision étant souvent contestée et son impartialité mise en cause. Raison pour laquelle le RAN prévoyait déjà l'intervention possible du Bureau, organe collégial, en cas de contestation des sanctions les plus lourdes. Intervention que la pratique a étendue aux autres mesures disciplinaires. Les différentes forces politiques sont ainsi associées à la sanction, le Bureau, composé du Président et des vice-présidents, des questeurs et des secrétaires, reflétant la composition de l'Assemblée. Toutefois, l'étude des différentes sanctions récentes montre l'intervention d'une autre instance : la Conférence des Présidents.

Comme le Bureau, la Conférence des Présidents est un organe transpartisan, regroupant les présidents et vice-présidents de l'Assemblée, mais également les présidents de commissions et ceux des groupes[21]. Les missions des deux instances sont différentes : le Bureau règle, en droit, le fonctionnement général de l'Assemblée et la Conférence des

21 Les rapporteurs généraux des Commissions des finances et des affaires sociales, comme le président de la Commission aux affaires européennes en font également partie.

Présidents planifie, en tenant compte des impératifs politiques, l'examen des textes. C'est cette instance qui est aujourd'hui, et en dehors du RAN, associée à la sanction des insultes. Son intervention est diverse. Il a ainsi pu arriver que l'Assemblée soit informée du choix de la sanction non en séance comme cela est de coutume, mais par le biais de la Conférence des Présidents. Cela est arrivé le 9 février 2021 lorsque Richard Ferrand a choisi d'informer l'Assemblée de la sanction de Pierre Henriet, via la Conférence des Présidents. En présence de Mathilde Panot, qui avait saisi le Président et demandé la sanction de l'insulte, Richard Ferrand a mis en garde l'ensemble des présidents de groupe en indiquant que dorénavant toutes les insultes seraient sanctionnées[22]. Cette communication de la sanction limitée à la Conférence des Présidents, dont les réunions ne sont pas publiques et dont les relevés de conclusions ne font pas mention de cet aparté, permet aussi de ne pas médiatiser davantage les comportements insultants. Une intervention plus solennelle en séance aurait pu être reprise *in extenso* par les médias qui doivent se contenter de propos rapportés ou figurant dans le communiqué de presse.

Le recours à la Conférence des Présidents peut apparaître, d'autres fois, comme un moyen de condamner moralement le comportement insultant. C'est ce qui s'est produit, notamment, au cours de la séance du 15 octobre 2020 déjà citée. L'incident oppose cette fois Clémentine Autain et le président de séance, David Habib, la première dénonçant le refus du Président de donner la parole aux femmes. Ce faisant, elle insulte la présidence en estimant que ses décisions seraient fonction du genre de l'élu. Le président de séance, à qui la députée a déjà proposé une camomille, préfère ne pas sanctionner l'insulte, mais annonce qu'il saisira la Conférence des Présidents et que la députée pourra y faire valoir ses arguments. Le renvoi de l'incident à la Conférence des Présidents est un moyen de ne pas donner foi à la critique : la sanction aurait pu être considérée comme une preuve du sexisme reproché. Ici en renvoyant la question à l'instance collégiale et transpartisane, le président de séance entend démontrer que si sanction, même morale, il y a, elle est l'œuvre de l'Assemblée et non d'un individu.

C'est qu'en effet, la Conférence des Présidents a pu se reconnaitre le droit de sanctionner un parlementaire injurieux. Ainsi, le 9 octobre 2013,

22 Il a pourtant conservé son pouvoir d'appréciation et a ainsi pu refuser de sanctionner le commentaire sexiste de Jean-Baptiste Moreau qui, le 15 avril 2021 a accueilli l'intervention d'une députée LFI en commission d'un « Martine à la ferme ».

c'est elle qui sanctionne Philippe Le Ray pour injure sexiste. Le Président de l'Assemblée a choisi de convoquer cette instance pour « tirer les leçons des événements[23] », et non le Bureau qui est habituellement saisi des contestations. Pourquoi ce choix de recourir à une autorité incompétente ? Il a permis de sanctionner à l'unanimité le comportement sexiste du député qui, en raison de cette nature, reçoit un rappel à l'ordre avec inscription au procès-verbal. Cette sanction d'un comportement, qui en d'autres temps aurait été toléré, n'est ainsi pas uniquement celle du Président, elle devient une réprobation partagée sur tous les bancs de l'Assemblée qui tous prennent ainsi l'engagement de condamner en interne ces comportements[24].

La Conférence des Présidents est ainsi associée à la procédure lorsqu'elle a pour but de sanctionner une insulte qui dépasse la personne de son destinataire. C'est notamment le cas lorsque l'insulte porte atteinte au respect dû la présidence[25]. Ainsi, s'agissant de la sanction prononcée contre Julien Aubert, Claude Bartolone révèle en séance le 7 octobre 2014 que la Conférence des Présidents a « examiné » la sanction. Terme équivoque qui laisse entendre que si elle n'a pas choisi la sanction, elle a pu se prononcer sur son bien-fondé. L'association de la Conférence des Présidents permet toutefois de rappeler qu'au-delà de la personne qui exerce la fonction, c'est la Présidence et ses décisions qui ne sauraient être mises en cause. Ce rappel a plus de poids lorsqu'il est le fruit d'un organe collégial et transpartisan, alors qu'il pourrait n'être qu'une manifestation de la force de la majorité s'il était exprimé par un de ses membres. Cette participation est également un moyen d'engager tous les présidents de groupe. Associés à la condamnation, ils doivent maintenant en assurer le respect par leurs membres, alors que l'insulte peut parfois sembler être une tactique politique.

Non prévue par les textes, cette intervention de la Conférence des Présidents offre une légitimité nouvelle à la condamnation de l'insulte, qu'elle soit morale ou réglementaire, et permet d'éloigner les critiques de partialité. Certains élus ont pourtant, malgré ces précautions, essayé d'obtenir l'annulation de la mesure sanctionnant leur insulte.

---

23 Communication qui ouvre la séance du 9 octobre 2013.

24 La sanction a en effet été adoptée à l'unanimité, même si en séance le groupe UMP a orchestré la contestation de la gestion de l'incident.

25 Elle a ainsi été réunie dès le 1er octobre 2014 pour condamner l'attitude de Ségolène Royal, ministre qui avait par un tweet critiqué l'attitude selon elle partiale de la présidente de séance membre de l'opposition. Cette réunion a permis à l'Assemblée de rappeler que le respect de la présidence s'impose aux députés, mais également au Gouvernement.

## LA VAINE TENTATIVE D'ENCADRER LE POUVOIR PRÉSIDENTIEL

Comme Maxime Gremetz en 2011, Julien Aubert a en 2014 cherché à obtenir de la justice qu'elle annule la sanction réprimant son comportement insultant. Comme le premier, il a été confronté à une déclaration d'incompétence[26]. La multiplication de ces tentatives de contestation des décisions disciplinaires semble avoir entraîné une modification du RAN[27].

### L'INTRUSION DU DROIT AU RECOURS DANS LA PROCÉDURE DISCIPLINAIRE

À l'époque où Philippe Le Ray et Julien Aubert ont été sanctionnés, l'article 70 du RAN disposait encore « le Président seul rappelle à l'ordre ». Seules les censures, sanctions les plus graves, pouvaient donner lieu, à lire le RAN, à une procédure contradictoire[28]. Toutefois, il faut se garder des conclusions hâtives, les députés disposant de nombreux moyens de contester la sanction adoptée contre une insulte. D'une part, ils pouvaient intervenir en séance et, après y avoir été autorisés par le Président, présenter leurs arguments. D'autre part, d'autres députés pouvaient toujours utiliser le rappel au règlement pour contester la sanction. Ainsi, en octobre 2014, comme en 2013, plusieurs orateurs du groupe UMP se sont succédé pour contester auprès du président de l'Assemblée la disproportion de la sanction. Tout le groupe agit alors de manière concertée puisque la défense est menée par le président du groupe et un ancien président de l'Assemblée. Enfin, même si le RAN ne consacrait pas cette procédure, le Bureau pouvait être amené à connaître des contestations des sanctions adoptées par le Président. C'est d'ailleurs ce qu'a démontré l'étude de la sanction adoptée contre Julien Aubert[29].

La sanction de l'insulte adoptée par le Président peut donc être contestée et éventuellement levée ou amoindrie par le Bureau. Mais elle

26 Voir *infra*, *L'intrusion du droit au recours dans la procédure disciplinaire.*
27 Voir *infra*, *La résolution du 28 novembre 2014.*
28 Ancien art 75 du RAN, voir *infra*.
29 Sanction confirmée par 11 voix contre 6.

n'est pas contestable en dehors des Assemblées en vertu des principes de séparation des pouvoirs et d'autonomie des Assemblées. Ce dernier permet à l'Assemblée, sous réserve du respect des principes constitutionnels, de s'organiser librement à travers son règlement, d'interdire certains comportements, de prévoir les sanctions et la procédure adéquate. Les juges judiciaire ou administratif qui seraient saisis par des parlementaires ne pourraient donc que se reconnaitre incompétents. Ce qu'a fait le Conseil d'État saisi par Maxime Gremetz estimant « qu'il n'appartient pas au juge administratif de connaître des litiges relatifs aux sanctions infligées par les organes d'une assemblée parlementaire aux membres de celle-ci », un tel litige étant « manifestement étranger à la compétence de la juridiction administrative[30] ». Incompétence confirmée par le TA de Paris statuant, en 2015, sur le recours de J. Aubert :

> Considérant que l'acte par lequel le président de l'Assemblée nationale inflige à un député une sanction instituée par le règlement, en raison de son comportement au cours d'un débat parlementaire, n'est pas détachable de l'exercice de la fonction législative dévolue au Parlement par la Constitution ; qu'ainsi, le litige dont M. Aubert a saisi le tribunal ne relève pas de la compétence de la juridiction administrative[31].

Toutefois, le juge administratif n'a pas manqué de remarquer que l'injusticiabilité des sanctions prononcées par les Assemblées contre leurs membres pouvait se révéler contraire aux droits à un procès équitable et à un recours effectif. La CEDH, appelée à se prononcer sur des sanctions adoptées par des Assemblées contre des élus ayant abusé de leur liberté de parole, s'est en effet déjà déclarée compétente. Elle a ainsi, en septembre 2014, estimé que la procédure de sanctions propres aux Assemblées n'était pas contraire à la CEDH à condition que les garanties procédurales soient respectées et que la mesure ne puisse pas apparaître comme une sanction politique[32]. On a déjà constaté que la critique de partialité des sanctions des comportements insultants était habituelle et,

30 CE 28 mars 2011, M. Gremetz. Le 21 septembre 2011, le TGI de Paris a lui estimé l'action recevable, mais non fondée.

31 TA Paris, 14 juin 2015.

32 CEDH, affaire Karácsony et autres c. Hongrie, 16 septembre 2014. L'affaire a été renvoyée devant la grande chambre, qui a rendu son arrêt le 17 mai 2016, confirmant que le respect du contradictoire et l'exigence de motivation des décisions s'imposaient aux sanctions prononcées par les Assemblées à l'encontre de leurs membres.

qu'afin de la surmonter, les Présidents ont choisi d'associer la Conférence des Présidents, instance partisane, à la procédure disciplinaire. Manière de dépasser les apparences d'une sanction politique. De même, les usages parlementaires garantissaient le caractère contradictoire de la procédure, l'élu sanctionné pouvant présenter ses arguments, voire contester la sanction s'il estimait qu'ils n'avaient pas été entendus.

Pourtant, la résolution du 28 novembre 2014 a clarifié le régime de la sanction et fait entrer dans le droit écrit les garanties procédurales nécessaires à écarter toute saisine future de la CEDH.

## LA RÉSOLUTION DU 28 NOVEMBRE 2014

En novembre 2014, le président de la commission des Lois profite de la réforme du règlement pour réorganiser le chapitre relatif à la discipline parlementaire. Pure légistique affirme-t-il. Mais le diable gît dans les détails. En effet, loin d'une pure réorganisation de forme, la réforme généralise le caractère contradictoire de la procédure et renforce le pouvoir d'appréciation du Président. Si rien dans les débats ne permet d'affirmer que la décision de la CEDH a entraîné cette modification (le reconnaitre aurait affaibli le principe d'autonomie des Assemblées), la généralisation du contradictoire qu'elle opère permet d'inférer le lien entre ces deux événements.

C'est dorénavant l'article 72 du RAN qui encadre la procédure disciplinaire. Son 1^er^ alinéa reconnait toujours au seul Président le pouvoir de prononcer un rappel à l'ordre simple. Il peut également toujours prononcer seul le rappel à l'ordre avec inscription au procès-verbal, mais peut aussi choisir de convoquer le Bureau[33]. Le même article prévoit ensuite que si le Président prononce une sanction plus grave que le rappel à l'ordre simple, « le Bureau entend le député concerné ». Le député sanctionné peut ainsi présenter sa défense. Cette nouvelle rédaction permet de codifier la pratique antérieure et consacre dans le droit écrit, le respect du contradictoire. Principe qui s'impose au Président. En effet, le RAN utilise la forme *entend*, indicatif qui, dans un texte juridique, vaut impératif. Mais là encore, il faut éviter toute interprétation hâtive et se rappeler que, s'agissant du rappel à l'ordre avec inscription au procès-verbal, cette audition par le Bureau n'est que facultative : « le

33 Al. 2.

rappel à l'ordre avec inscription au procès-verbal est prononcé par le Bureau ou par le Président seul. Dans ce dernier cas, à la demande du député concerné, la procédure prévue à l'alinéa 4 est applicable[34] ». Mais même si la procédure n'est que facultative, le député concerné pouvant toujours choisir de ne pas s'expliquer devant le Bureau, son choix s'impose au Président qui ne peut refuser que le Bureau l'entende. La réforme introduite par la résolution du 28 novembre 2014 semble donc encadrer davantage les pouvoirs disciplinaires du Président en imposant le respect du contradictoire et des droits de la défense. Toutefois, à mieux y regarder, on s'aperçoit que le RAN libère en fait le Président en ne liant plus infraction à la discipline et sanction. Dorénavant, l'article 70 énumère les comportements interdits, l'article 71 du RAN établit l'échelle des sanctions et l'article 72 décrit les procédures.

Le RAN laisse ensuite au Président le soin d'apprécier la situation et de déterminer si telle insulte doit être sanctionnée par un rappel à l'ordre ou une mesure plus lourde. Ainsi, le Président peut estimer qu'une insulte visant le président de la République ou le Gouvernement, qui avant la réforme de novembre 2014 était réprimée par la censure, ne sera sanctionnée que par un rappel à l'ordre. Inversement, il pourrait choisir de proposer à l'Assemblée de prononcer la censure contre un député qui en aurait insulté un autre, ou qui aurait eu recours de manière habituelle à l'insulte, comportements qui n'étaient pas associés à cette sanction dans la précédente formulation. Charge ensuite au Bureau de déterminer si la sanction est proportionnelle à la gravité de l'insulte. Démarche de juge que le Bureau peine à adopter, notamment par solidarité et par volonté de ne pas voir l'ensemble des décisions de la présidence constamment remises en cause. Rappelons que certains membres du Bureau sont appelés à présider les débats et éventuellement à être confrontés à un comportement insultant. Accepter de remettre en cause la décision de l'un d'entre eux, c'est rendre possible la prochaine contestation de leur décision. Il est toutefois permis de penser que cet *esprit de corps* céderait devant une sanction manifestement disproportionnée ou une mauvaise qualification des faits. Les mécanismes du droit administratif ressurgissent au sein des Assemblées, rappelant que même si les sanctions de l'insulte ne sont pas justiciables, elles demeurent soumises aux exigences imposées de longue date par notre régime libéral.

---

34 *Idem*.

| Disposition du RAN | Rédaction antérieure à 2014 | Rédaction issue de la réforme de 2014 |
|---|---|---|
| Art. 70 | Les peines disciplinaires applicables aux membres de l'Assemblée sont :<br>1. Le rappel à l'ordre ;<br>2. Le rappel à l'ordre avec inscription au procès-verbal ;<br>3. La censure ;<br>4. La censure avec exclusion temporaire | Peut faire l'objet de peines disciplinaires tout membre de l'Assemblée :<br>1. Qui se livre à des manifestations troublant l'ordre ou qui provoque une scène tumultueuse<br>2. Qui se livre à une mise en cause personnelle, qui interpelle un autre député ou qui adresse à un ou plusieurs de ses collègues des injures, provocations ou menaces ;<br>3. Qui a fait appel à la violence en séance publique ;<br>4. Qui s'est rendu coupable d'outrages ou de provocations envers l'Assemblée ou son Président ;<br>5. Qui s'est rendu coupable d'injures, de provocations ou de menaces envers le président de la République, le Premier ministre, les membres du Gouvernement et les assemblées prévues par la Constitution ;<br>6. Qui s'est rendu coupable d'une voie de fait dans l'enceinte de l'Assemblée |
| Art. 71 | – Le Président seul rappelle à l'ordre.<br>– Toute manifestation ou interruption troublant l'ordre est interdite. Est rappelé à l'ordre tout orateur qui trouble cet ordre.<br>– Tout député qui, n'étant pas autorisé à parler, s'est fait rappeler à l'ordre n'obtient la parole pour se justifier qu'à la fin de la séance, à moins que le Président n'en décide autrement. | Les peines disciplinaires applicables aux membres de l'Assemblée sont :<br>1. Le rappel à l'ordre ;<br>2. Le rappel à l'ordre avec inscription au procès-verbal ;<br>3. La censure ;<br>4. La censure avec exclusion temporaire |

| | | |
|---|---|---|
| | – Est rappelé à l'ordre avec inscription au procès-verbal tout député qui, dans la même séance, a encouru un premier rappel à l'ordre.<br>– Est également rappelé à l'ordre avec inscription au procès-verbal tout député qui se livre à une mise en cause personnelle, qui interpelle un autre député ou qui adresse à un ou plusieurs de ses collègues des injures, provocations ou menaces.<br>– Le rappel à l'ordre avec inscription au procès-verbal comporte de droit la privation, pendant un mois, du quart de l'indemnité parlementaire allouée aux députés. | |
| Art. 72 | La censure est prononcée contre tout député :<br>1. Qui, après un rappel à l'ordre avec inscription au procès-verbal, n'a pas déféré aux injonctions du Président<br>2. Qui, dans l'Assemblée, a provoqué une scène tumultueuse. | – Le rappel à l'ordre simple est prononcé par le Président.<br>– Le rappel à l'ordre avec inscription au procès-verbal est prononcé par le Bureau ou par le Président seul. Dans ce dernier cas, à la demande du député concerné, la procédure prévue à l'alinéa 4 est applicable.<br>– Les peines prononcées par le Bureau le sont sur proposition du Président ou, par écrit, d'un député qui s'estime victime d'un agissement mentionné à l'article 70.<br>– Lorsqu'est proposée une peine autre qu'un rappel à l'ordre simple, le Bureau entend le député concerné ou, à la demande de ce dernier, l'un de ses collègues en son nom.<br>– La censure simple et la censure avec exclusion temporaire sont prononcées par l'Assemblée, par assis et levé et sans débat, sur proposition du Bureau.<br>– Par dérogation aux alinéas 1 et 2 du présent article, le Président ne peut prononcer de peine dans le cas prévu au 7° de l'article 70. |

| | | |
|---|---|---|
| Art. 73 | – La censure avec exclusion temporaire du Palais de l'Assemblée est prononcée contre tout député :<br>1. Qui a résisté à la censure simple ou qui a subi deux fois cette sanction ;<br>2. Qui, en séance publique, a fait appel à la violence ;<br>3. Qui s'est rendu coupable d'outrages envers l'Assemblée ou envers son Président ;<br>4. Qui s'est rendu coupable d'injures, provocations ou menaces envers le président de la République, le Premier ministre, les membres du Gouvernement et les assemblées prévues par la Constitution. La censure avec exclusion temporaire entraîne l'interdiction de prendre part aux travaux de l'Assemblée et de reparaître dans le Palais de l'Assemblée jusqu'à l'expiration du quinzième jour de séance qui suit celui où la mesure a été prononcée.<br>– En cas de refus du député de se conformer à l'injonction qui lui est faite par le Président de sortir de l'Assemblée, la séance est suspendue.<br>– Dans ce cas et aussi dans le cas où la censure avec exclusion temporaire est appliquée pour la deuxième fois à un député, l'exclusion s'étend à trente jours de séance. | – Le rappel à l'ordre avec inscription au procès-verbal emporte de droit la privation, pendant un mois, du quart de l'indemnité parlementaire allouée au député.<br>– La censure simple emporte de droit la privation, pendant un mois, de la moitié de l'indemnité parlementaire allouée au député.<br>– La censure avec exclusion temporaire emporte de droit la privation, pendant deux mois, de la moitié de l'indemnité parlementaire allouée au député. Elle entraîne l'interdiction de prendre part aux travaux de l'Assemblée et de reparaître dans le Palais de l'Assemblée jusqu'à l'expiration du quinzième jour de séance qui suit celui où la peine a été prononcée. Dans le cas où la censure avec exclusion temporaire est appliquée pour la deuxième fois à un député, l'exclusion s'étend à trente jours de séance. |
| Art. 75 | – La censure simple et la censure avec exclusion temporaire sont prononcées par l'Assemblée, par assis et levé et sans débat, sur la proposition du Président.<br>– Le député contre qui l'une ou l'autre de ces peines disciplinaires est demandée a toujours le droit d'être entendu ou de faire entendre en son nom un de ses collègues. | Abrogé |

## CONCLUSION

L'étude de l'encadrement de l'insulte dans l'arène parlementaire a montré qu'au cours des trois dernières législatures, de nombreuses insultes ont été sanctionnées par les Présidents qui, malgré la réforme du RAN en 2014, disposent toujours d'une liberté d'appréciation qui leur permet de sanctionner l'insulte, de préférer une condamnation morale, ou de ne pas la relever. Libre d'apprécier les circonstances, ils le sont également de mesurer la gravité de l'insulte et de choisir, plus qu'avant 2014, la sanction qui leur paraît la plus appropriée. Il semble ainsi que la nouvelle réglementation n'ait pas modifié la manière d'appréhender l'insulte, ni limité dans les faits le pouvoir d'appréciation du Président. Toutefois, un mouvement plus ancien est en marche : la volonté de faire de la sanction, même quand le RAN ne le prévoit pas, une condamnation collégiale. L'insulte ne blesse pas uniquement son destinataire, mais l'Assemblée dans son ensemble. Elle n'a donc pas sa place dans le débat parlementaire, même si les groupes semblent l'utiliser de manière concertée. Ces deux données, instrumentalisation de l'insulte et volonté d'obtenir une condamnation partagée de celle-ci, ont conduit les Présidents à impliquer la Conférence des Présidents dans la procédure disciplinaire. Faisant ainsi émerger un nouvel usage dont les contours restent à définir. Il faudra attendre l'écoulement du temps pour en connaître les limites…

Dorothée Reignier
Maîtresse de conférences
en droit public
Sciences Po Lille, CERAPS-CNRS

# L'INSULTE AU PARLEMENT EUROPÉEN, ENTRE AUTORATIONALISATION ET TURBULENCES INTERCULTURELLES

À *damp rag.* « Une serpillère » : l'offense faite en 2010 au président du Conseil européen, Herman Van Rompuy, par l'eurodéputé britannique et leader du parti eurosceptique UKIP[1] Nigel Farage, a marqué les esprits. Prononcée en séance, la phrase contrastait avec le style policé, voire terne, de la plupart des réunions du Parlement européen (PE). L'institution se caractérise en effet d'ordinaire par la grande maîtrise de ses interactions internes qui porte la marque d'un style parlementaire favorable à l'échange circonstancié sur le fond plutôt qu'à la joute verbale – la victoire en somme du *working parliament* sur le *talking parliament*[2]. Au-delà, la montée en puissance historique du PE a pu être comprise comme un processus d'autorationalisation dont les effets touchent tant ses stratégies interinstitutionnelles que les votes de ses membres ou encore, en l'espèce, leurs échanges verbaux[3]. L'esprit de responsabilité, le souci du compromis ou encore la volonté de maîtriser l'image de l'institution animent en effet de nombreux responsables de groupes parlementaires ainsi que l'administration de l'assemblée. Il s'est traduit par une étroite codification des comportements, via notamment de fréquentes révisions du règlement intérieur.

Pourtant, si policée soit-elle, l'institution demeure parlementaire. Les tensions verbales y sont favorisées non seulement par l'expression du pluralisme à travers un lieu unique, mais également par le renouvellement des (États) membres et la diversité des traditions parlementaires afférentes. Dès lors, l'histoire de l'insulte au PE constitue un axe

1 *United Kingdom Independence Party.*

2 Rozenberg O., « Comparer les parlements » dans de Waele J.-M., Déloye Y. (dir.), *Politique comparée*, Bruxelles, Bruylant, 2018.

3 Costa O., « Le Parlement européen, assemblée délibérante », Bruxelles, Éditions de l'Université de Bruxelles, 2001.

d'observation singulier de la lutte sans cesse contrariée de l'institution pour imposer son ordre. Cette discipline des mots, moins connue et étudiée que celle des votes, est ici analysée en considérant d'abord l'occurrence de l'insulte, puis les logiques réglementaires et politiques de sa canalisation. Nous défendrons l'idée, dans une troisième section, qu'en dépit de la capacité du PE à réguler les interactions en son sein, les tensions verbales demeurent inévitables.

## L'IMPOSSIBLE CIVILITÉ PARLEMENTAIRE

Il en va de la violence verbale comme de la violence physique au sein des parlements : prohibée en théorie, elle peut à tout moment éclater[4]. Le Parlement suppose une certaine pacification des relations humaines ; c'est le lieu où l'on s'oppose par la parole et où, à l'instar de Westminster depuis 1313, les armes sont laissées au vestiaire. Mais cette civilité parlementaire apparaît comme structurellement et continuellement menacée. Il y a plusieurs raisons à cela. D'abord le pluralisme : l'institution parlementaire impose d'agir collectivement à des gens qui sont en désaccord. Ensuite l'oralité : le parlement est avant tout une institution où l'on parle, où les élus se doivent de justifier oralement leur position. Bien souvent, la procédure législative vise à ce que des points de vue opposés puissent émerger dans la discussion, quelle que soit leur représentativité dans l'hémicycle. Ce discours *pro et contra* peut accentuer les tensions nonobstant d'autres dispositions visant à favoriser le compromis[5]. Dernier élément favorable aux tensions : la transparence procédurale sur fond de concurrence électorale. Les parlementaires ne sont pas seulement en compétition pour imposer leur version de la loi en projet. Ils sont membres d'équipes partisanes appelées périodiquement à s'affronter dans les urnes. Or une bonne part de leurs échanges ont lieu sous l'œil du public – celui des tribunes et plus encore l'ensemble des citoyens

4 Baudot P.-Y. et Rozenberg O. (dir.), « Violence des échanges en milieu parlementaire », *Parlement[s]*, 14, 2010 ; Baudot P.-Y. et Rozenberg O. (dir.), « Désordres parlementaires », *Genèse*, 83, 2011.

5 Palonen K., *From Oratory to Debate. Parliamentarisation of Deliberative Rhetoric in Westminster*, Baden-Baden, Nomos, 2016.

susceptibles de les suivre via les médias ou les commentaires qu'en font les leaders d'opinion. La célèbre comparaison des assemblées constituantes française et américaine a certes pu souligner la « force civilisatrice de l'hypocrisie » parlementaire : l'impératif de publicité contribue à disqualifier certains arguments non universalisables sur le fond[6]. Mais il génère également de la tension et altère la qualité des échanges. Les comparaisons menées entre les travaux des commissions, moins suivis et plus confidentiels, et ceux de la séance, ou entre les chambres hautes et basses, en ont apporté différentes illustrations[7].

L'insulte, les menaces et les joutes verbales peuvent ainsi à tout moment venir troubler la sérénité de l'ordre parlementaire. Elles le peuvent d'autant plus que les assemblées sont à des égards des « arènes émotionnelles[8] » à même de susciter des échanges passionnés et où se joue une partie de la réputation des élus. Dans les cultures politiques favorisant une grande civilité des échanges, certains parlementaires vont ainsi essayer de faire sortir de leurs gonds leurs collègues – ou, mieux, un ministre – en cherchant l'insulte comme on pousse à la faute dans les sports collectifs.

La potentialité de l'échange d'insultes au parlement a suscité, dans la plupart des cas, des formes de régulation[9]. Celle-ci passe d'abord par des conventions de politesse, comme le fait de ne pas se nommer directement entre élus dans les parlements de culture britannique. Cependant, l'encadrement des échanges oraux est un exercice délicat compte tenu de la difficulté à objectiver le caractère insultant d'un propos, d'une part, et d'imposer des sanctions à des élus légitimés par le suffrage et protégés dans leur expression libre, d'autre part. On observe ainsi que la Chambre des communes britannique a renoncé à maintenir

---

6 Elster J., « Argumenter et négocier dans deux assemblées constituantes », *Revue française de science politique*, 44/2, 1994, p. 187-256.

7 Sur la qualité délibérative des différentes structures : Steiner J., Bächtiger A., Spörndli M., Steenbergen M., *Deliberative politics in action. Analyizing Parliamentary Discourse*, Cambridge, Cambridge University Press, 2004. Sur l'effet de la transparence sur la capacité legislative : Fasone C. et Lupo N., « Transparency vs. Informality in Legislative Committees : Comparing the US House of Representatives, the Italian Chamber of Deputies and the European Parliament », *The Journal of Legislative Studies*, 21(3), 2015, p. 342-359.

8 Fineman S., « Organizations as Emotional Arenas », *in* Fineman S. (ed.), *Emotion in Organizations*, Londres, Sage, 1993.

9 Voir la contribution de Dorothée Reignier au présent ouvrage.

un registre du langage non parlementaire (*unparliamentary*) dans la mesure où, comme le soulignait son Secrétaire général avec une ironie tout anglaise : « D'une part, cela ignorerait la question primordiale du contexte ; et de l'autre, cela fournirait peut-être une tentation irrésistible à certains[10] ». Il reste que la plupart des règlements intérieurs des chambres prévoient des sanctions, parfois lourdes, lorsqu'une autorité arbitrale interne à la chambre, individuelle ou collective, estime que les bornes de la civilité ont été franchies.

Le PE n'échappe pas à l'apparition de ces moments de tension verbale, consubstantiels au fait parlementaire. Parfois, les insultes fusent. On se souvient ainsi que Silvio Berlusconi avait comparé à un *kapo* de la Seconde Guerre mondiale le président du groupe socialiste Martin Schultz en 2003. Sur un mode moins outrancier, Jean-Claude Juncker, président de la Commission, s'était plaint de la faible présence des élus en plénière en déclarant en 2017 que le parlement était « ridicule ». Comparativement à certaines assemblées d'Europe, ces épisodes, sur lesquels nous reviendrons dans la dernière partie, restent assez rares, pour les raisons que nous allons maintenant exposer.

## L'EUPHÉMISATION DE L'INSULTE AU PARLEMENT EUROPÉEN

Le PE est une assemblée où les comportements des élus sont, a priori, particulièrement policés et courtois. Une étude empirique des débats menés en utilisant le *Discourse Quality Index* a mis en avant un niveau de respect élevé entre locuteurs[11]. Il tient tout à la fois aux conditions de la genèse de l'institution, à la faible conflictualité politique qui l'a longtemps caractérisée et, quand celle-ci s'est accrue, à la façon très stricte dont les comportements et propos outranciers des députés ont été combattus.

10 Déposition écrite du Secrétaire général de la Chambre des Communes, *Robert Rogers*, 25 Juin 2012. [En ligne] : https://publications.parliament.uk/pa/cm201213/cmselect/cmproced/writev/language/p19.htm (consulté le 13/08/2022).

11 Lord C., Tamvaki D., « The politics of justification ? Applying the 'Discourse Quality Index' to the study of the European Parliament », *European Political Science Review*, 5:1, 2013, p. 27–54.

UNE ASSEMBLÉE DESTINÉE À ÊTRE PACIFIQUE

Le caractère relativement pacifique de la délibération au sein de l'Assemblée parlementaire des Communautés résulte de la conjonction de quatre facteurs. D'abord, et jusqu'au milieu des années 1990, c'était une institution dont la raison d'être était avant tout symbolique. Dans les traités instituant les Communautés européennes (1950 et 1957), l'assemblée était dotée de compétences très limitées et devait être avant tout une manifestation concrète de la réconciliation européenne. En siégeant sur les mêmes bancs, les parlementaires des Six devaient apporter la preuve de la possibilité d'une délibération pacifique et constructive à l'échelle supranationale.

En deuxième lieu, parce qu'elle avait peu de pouvoirs, l'Assemblée des Communautés n'avait pas vocation à déchaîner les passions. Ses délibérations étant dépourvues de conséquences pratiques, les oppositions et polémiques étaient limitées. L'investissement des députés était d'ailleurs réduit puisque, avant 1979, il s'agissait de parlementaires nationaux cumulant deux mandats.

En troisième lieu, la tempérance qui a longtemps caractérisé la délibération de l'Assemblée des Communautés était liée aux contraintes spécifiques qui dérivaient de sa nature supranationale. Le fait que les députés devaient, pour échanger, s'en remettre à l'interprétation a induit une forme de délibération particulière, qui relève plus de la succession de monologues que de l'échange verbal politisé[12]. Le truchement des interprètes se prête en outre peu aux envolées lyriques, aux traits d'humour ou aux propos caustiques. Cette organisation de la délibération rend également aisée la gestion des orateurs par le président de séance. Il lui suffit de couper le micro du député qui s'exprime pour interrompre l'interprétation s'il excède son temps de parole, tient des propos sans rapport avec l'objet du débat ou se rend coupable d'outrances verbales. La nature supranationale du PE implique aussi l'absence de classe politique européenne. Les députés européens, dont le taux de renouvellement est en outre plus important que dans les chambres nationales (60 % en 2019), n'ont pas le degré d'interconnaissance qui existe à l'échelle nationale ; ils sont donc moins portés à se montrer familiers, à régler des

12 Abélès, M., *La vie quotidienne au Parlement européen*, Paris, Hachette, 1992 ; Costa, O., *op. cit.*, 2001.

comptes entre eux et à cultiver des antagonismes. Le caractère supranational de l'assemblée est plus largement porteur d'une délibération atone, puisqu'elle est largement focalisée sur des textes d'une grande technicité[13]. Les projets de normes touchent à des questions qui ne suscitent le plus souvent pas des clivages politiques marquants (marché intérieur, politique agricole, commerce international, etc.), et résultent d'un processus de rédaction conçu pour évacuer les conflits nationaux et partisans. La dépolitisation délibérée des dossiers, par le recours à l'expertise et au morcellement des textes[14], n'est pas propice aux joutes verbales, et partant, aux insultes auxquelles elles peuvent conduire.

Enfin, le caractère supranational de l'assemblée européenne est porteur d'une faible médiatisation de ses délibérations, qui incite les parlementaires à se focaliser sur le fond des dossiers, et non à se lancer dans des débats politiques et des oppositions de personnes[15].

## UNE POLARISATION POLITIQUE CROISSANTE

Au fil du temps, le PE est néanmoins devenu une assemblée plus clivée et sujette aux conflits politiques, accueillant des élus plus prompts aux emportements et aux dérapages verbaux. À l'origine, les députés européens se recrutaient principalement dans les rangs des partis favorables à l'intégration européenne – démocrates-chrétiens, socialistes et libéraux. Jusqu'en 1979, certains États refusaient même de déléguer des représentants des partis plus critiques ; ce fut le cas des communistes en Italie. Après la « crise de la chaise vide » orchestrée par Charles de Gaulle au Conseil en 1965, pour protester contre le tour trop fédéral pris par l'intégration communautaire, les députés européens gaullistes ont choisi de siéger à part des démocrates-chrétiens, au sein du groupe du Rassemblement des démocrates européens. À l'autre bout de l'hémicycle, les élus communistes ont créé en 1974 le groupe de la Gauche unie européenne. Ces deux formations ont développé un discours plus critique sur l'intégration européenne, mais la délibération est demeurée globalement policée.

13 Roger L., *Voice (s) in the European Parliament*, Baden-Baden, Nomos Verlagsgesellschaft mbH & Co. KG, 2016.

14 Jobert B., « Le mythe de la gouvernance dépolitisée », *in Être gouverné. Études en l'honneur de Jean Leca*, Paris, Presses de Sciences Po, 2003, p. 273-285.

15 Morgan D., *The European Parliament, mass media and the search for power and influence*, Londres, Routledge, 2019.

Les choses ont fortement évolué à la faveur des premières élections directes du PE en 1979. Les États membres ayant tous opté – à l'exception du Royaume-Uni – pour la représentation proportionnelle, le spectre partisan s'est considérablement élargi. Le PE ne s'est ainsi pas contenté d'accueillir des députés de tous les partis représentés dans les parlements nationaux (plus de 200 aujourd'hui) : il est devenu la destination privilégiée des leaders des partis marginaux et antisystèmes qui, bien souvent, n'étaient pas en situation de se faire élire au sein de leur parlement national[16]. Les partis écologistes, d'extrême droite et d'extrême gauche, ainsi que certains partis régionalistes, ont ainsi toujours été bien représentés à Bruxelles et Strasbourg. En somme, le PE a été longtemps l'exutoire des partis minoritaires qui ne parvenaient pas à accéder à la représentation nationale, notamment lorsque le scrutin uninominal majoritaire était de mise. En France, ce fut le cas du Front national (10 sièges en 1984 ; 22 en 2019) et des Verts (8 sièges en 1989 ; 12 en 2019), mais aussi de formations plus confidentielles, comme Lutte Ouvrière, la Ligue communiste révolutionnaire ou encore Chasse Pêche Nature et Traditions (respectivement 3, 2 et 6 sièges en 1999).

Ces élus – et leurs homologues des autres États membres – se sont doublement mobilisés à l'endroit du PE. Puisqu'ils n'avaient souvent pas voix au chapitre à l'échelle nationale, ils ont perçu l'assemblée européenne comme une tribune. Ils ont donc multiplié les discours véhéments, destinés à être commentés et repris par les médias, et ne pouvant l'être qu'à raison de leur outrance même. Jean-Marie Le Pen s'est notamment distingué dans ce registre, en faisant, au fil de sa très longue carrière de parlementaire européen (1983-2003 et 2004-2019), de nombreux discours tonitruants destinés à un public extérieur à l'assemblée. En deuxième lieu, les élus des partis minoritaires et antisystèmes ont toujours été – à l'exception des Verts et de certains régionalistes – plus ou moins hostiles à l'intégration européenne, du moins telle qu'elle résulte des traités. Ils se sont essentiellement limités à critiquer publiquement les décisions prises, voire à contester le principe même de l'intégration communautaire, compte tenu de leur incapacité à faire efficacement barrage à la majorité de députés pro-européens. En troisième lieu, les élus des partis marginaux et antisystèmes n'ont souvent pas voulu s'intégrer au fonctionnement

16 Brack N., *Opposing Europe in the European Parliament : Rebels and radicals in the chamber*, Londres, Palgrave, 2018.

du PE, dont ils récusaient la légitimité. Ceux d'extrême droite en ont même été tenus éloignés par la politique du « cordon sanitaire », décidée par leurs pairs pour faire barrage à ces partis. De fait, nombre de ces élus ont été contraints à adopter une posture purement tribunitienne, propice aux excès de langage et, ponctuellement, aux insultes.

### L'ENCADREMENT DES COMPORTEMENTS EXCESSIFS

Les autorités du PE et les responsables des principaux groupes politiques se sont entendus pour limiter l'influence des parlementaires antieuropéens, les priver des moyens de conduire des stratégies dilatoires, et empêcher les prises de parole véhémentes. Une première réforme eut lieu consécutivement à un incident, en octobre 1988, provoqué par le Révérend Ian Paisley, leader du *Democratic Unionist Party of Northern Ireland*. Le député interrompit le discours du Pape Jean-Paul II, qui s'exprimait devant le PE, en criant « Death to the antichrist ! » et en brandissant une pancarte où était inscrit : « Pope John Paul II Antichrist ». Un an plus tard, un grave incident fut déclenché par les députés du groupe des Droites européennes (droite nationaliste), qui entendaient protester contre leur exclusion de la répartition des postes-clés du PE. Leur mouvement d'humeur dégénéra en une rixe qui contraignit le Président à suspendre la séance et à faire évacuer la salle. Pour éviter que de telles situations ne se reproduisent, le règlement intérieur fut révisé dans le sens d'une plus grande sévérité à l'encontre des perturbateurs, et amorça un processus qui s'est poursuivi depuis, au gré des incidents.

Aujourd'hui, le règlement intérieur encadre strictement la prise de parole des députés, et permet de sanctionner fortement les insultes et les comportements désordonnés. Cette évolution s'est inscrite dans la recherche plus générale, depuis l'entrée en vigueur de l'Acte unique européen (1987) et du traité de Maastricht (1993), d'une certaine forme d'efficacité parlementaire. En somme, les autorités du PE ont cherché à maximiser les pouvoirs qui lui étaient concédés, en améliorant l'efficience de sa délibération. Ceci revenait à privilégier d'une part l'adoption des textes et la construction de consensus, et à limiter d'autre part les droits des députés individuels et la spontanéité des échanges en séance plénière[17].

---

17 Brack N. et Costa O. (dir.), *Euroscepticism within the EU Institutions. Diverging Views of Europe*, Londres, Routledge, 2012.

Si les diverses réformes relatives à l'encadrement du comportement des députés et à leur sanction n'ont pas réussi à dissuader ou empêcher de tels comportements – on y reviendra – elles ont conduit à encadrer sévèrement la prise de parole, tout particulièrement en plénière. Sauf exception rare, les députés ne sont autorisés à prendre la parole que s'ils ont été inscrits sur la liste des orateurs par le groupe politique ou au titre de leurs fonctions (rapporteur, président de commission, etc.). Et leur temps de parole est strictement limité (souvent une ou deux minutes à peine), et décompté avec rigueur par le président de séance.

Pour finir, les autorités du PE se sont toujours fait un devoir de réagir très vivement aux propos et comportements outranciers en raison de leur attachement à une forme de « dignité » de l'assemblée. Ils considèrent qu'elle doit incarner les valeurs qui sont au fondement de l'intégration européenne (démocratie, droits de l'homme, tolérance, tempérance, etc.), et entendent de ce fait réprimer tout comportement ou propos excessif en son sein. C'est ce raisonnement qui avait conduit à la création en 1984 de la commission d'enquête sur la montée du fascisme et du racisme en Europe, après l'élection des premiers députés européens d'extrême droite[18], et à la mise en place de la politique – toujours d'actualité – du « cordon sanitaire » à leur encontre.

Cette attitude a conduit à l'édification d'un arsenal réglementaire très restrictif. Dans la version actuelle du règlement intérieur (décembre 2021[19]), l'article 10 relatif aux règles de conduite prévoit à son alinéa 4 que « lors des débats parlementaires dans la salle des séances, les députés s'abstiennent de tout propos offensant » ; la règle s'applique de fait à l'ensemble des organes du PE. Une interprétation du règlement, par la Commission des affaires constitutionnelles, prévoit qu'il revient au Président de déterminer si ce langage est offensant ou non, et pour cela de tenir compte des intentions de l'orateur, de la perception de sa déclaration, de la mesure dans laquelle elle « porte atteinte à la dignité et à la réputation du Parlement », ainsi que de la liberté d'expression du député concerné. L'article 176 détaille une large gamme de sanctions possibles : blâme, perte du droit à l'indemnité de séjour, suspension

18 Parlement européen, Commission d'enquête sur la montée du fascisme et du racisme en Europe. Rapport sur les résultats des travaux, décembre 1985 (AX-46-86-654-FR-C).

19 [En ligne] : https://www.europarl.europa.eu/doceo/document/RULES-9-2021-09-13-TOC_FR.html (consulté le 13/08/2022).

temporaire des droits du député à participer aux activités du PE, interdiction de représenter l'assemblée, limitation des droits d'accès aux informations confidentielles ou classifiées. Enfin, l'annexe 2 du règlement intérieur comprend le « Code du comportement approprié des députés au Parlement européen dans l'exercice de leurs fonctions », qui prévoit notamment qu'ils doivent s'abstenir de tenir des propos « dégradants, insultants, offensants ou discriminatoires ».

Au-delà de l'encadrement réglementaire de l'expression des députés, des logiques plus politiques ont aussi pu amener certains à modérer les propos. L'étude détaillée des élus eurosceptiques a ainsi mis en avant différents profils : à côté des radicaux jusqu'au-boutistes, certains députés délaissent les activités de contrôle et de législation, d'autres font le choix de jouer le jeu bruxellois et finissent par adopter une attitude plus modérée[20]. Au-delà même du parlement, le tropisme fonctionnaliste des institutions européennes, qui a résisté à bien des crises, constitue un puissant vecteur de modération[21]. Dans leur étude systématique des débats du PE entre 2004 et 2009[22], C. Lord et D. Tamvaki ont établi que les parlementaires manifestaient plus de civilité lorsqu'ils débattaient de sujets qui relevaient des compétences centrales de l'Union, comme le climat et le budget. Tout indique donc que la volonté de jouer les bons élèves de la procédure législative conduit alors à écarter les propos – ou les orateurs – iconoclastes.

## L'IMPOSSIBLE NEUTRALISATION DES VIOLENCES VERBALES AU PARLEMENT EUROPÉEN

En dépit des contraintes politiques et procédurales, les dérapages verbaux restent possibles. Nous défendons en effet l'idée qu'en matière de civilité des propos, comme pour d'autres aspects du comportement parlementaire, l'hyper (auto) rationalisation ne saurait être totale. Trois arguments fondent la thèse.

---

20 Brack N., *L'euroscepticisme au sein du parlement européen. Stratégies d'une opposition anti-système au cœur des institutions*, Bruxelles, Larcier, 2014.

21 Novak S., Rozenberg O., Bendjaballah S., « Enduring consensus : why the EU legislative process stays the same », *Journal of European Integration*, 43:4, 2021, p. 475-493.

22 Lord C., Tamvaki D., *op. cit.*, 2013.

### L'INSULTE STRUCTURELLE

Le premier porte généralement sur les parlements comme lieux de désordre. Comme avancé dans la première partie, leur mode de sélection et l'inéluctabilité de la phase orale précédant celle de la décision ménagent structurellement la possibilité d'un désordre. Des élus outranciers ou indociles peuvent résister aux fortes pressions qui s'exercent sur eux. Par voie de comparaison avec d'autres acteurs institutionnels (juges, ministres, fonctionnaires, etc.), les sanctions qui peuvent être prises à l'égard des parlementaires sont d'une portée limitée – puisqu'ils ont été élus. La liberté de parole fait ainsi partie des privilèges, au sens britannique, reconnus aux parlementaires, avant même l'ère démocratique. L'authenticité du contrôle du gouvernement et de l'action publique suppose en effet que tout puisse être dit depuis la tribune.

Le PE n'échappe pas plus que d'autres assemblées à cette possibilité d'un désordre, non seulement parce qu'il s'est toujours efforcé de copier la matrice parlementaire développée dans les démocraties européennes, mais aussi parce qu'il accueille dans ses rangs, depuis 1965, des élus ouvertement antisystèmes. Le moteur de leur engagement politique est de lutter contre l'intégration de l'Europe ou contre les dirigeants politiques de leur pays, ce qui requiert d'abandonner au besoin le ton lisse et courtois qui domine la délibération. Ces forces politiques ayant eu tendance à trouver refuge au PE, cette assemblée leur a servi de tribune pour s'adresser à leurs électeurs et à leurs médias, indépendamment de la substance de ses travaux. Le règlement et le président de séance peuvent certes limiter les excès, mais ils ne peuvent réduire totalement et constamment ces élus au silence, sauf à nier ouvertement l'idéal délibératif parlementaire et la nature représentative de l'institution.

### L'INSULTE INTERCULTURELLE ET SES MALENTENDUS

En second lieu, et de façon plus spécifique au PE, le caractère interculturel de l'assemblée favorise les tensions verbales. Phénomène social fluide, l'insulte suppose une interaction entre trois acteurs : un insultant, un insulté et des tiers à même d'attester du caractère insultant d'une intervention ou d'un échange[23]. Dès lors, la similarité des codes

23 Comme le fait valoir une approche pragmatique de l'insulte telle que développée par Béatrice Fracchiolla au sein du présent ouvrage.

culturels des locuteurs comme des tiers (ici les autres parlementaires, les journalistes, voire les électeurs) constitue un enjeu crucial pour la commune reconnaissance de l'insulte. Au PE, l'accord implicite sur ce qui constitue une insulte ne relève pas de l'évidence compte tenu des différences de langue, de culture rhétorique, mais également de style parlementaire[24]. Ce pluralisme culturel est source d'un malentendu inexpugnable quant au type ou au degré d'insulte.

L'illustration la plus évidente de ces écarts interculturels touche à la définition du dicible. Certains propos radicaux sont certes perçus comme radicaux dans certains pays européens, mais ils demeurent dicibles alors qu'ils ne le sont pas – ou plus – ailleurs. C'est le cas par exemple des interventions misogynes du député polonais Janusz Korwin-Mikke qui déclara en séance le 2 mars 2017 : « Bien sûr, les femmes doivent gagner moins que les hommes parce qu'elles sont plus faibles, plus petites, moins intelligentes ». Ces mots furent perçus comme une insulte par bien des élus en séance, à commencer par des femmes qui lui répondirent vertement. Sans minimiser la volonté de provoquer de ce député d'extrême droite, il apparaît que le dispositif parlementaire peut susciter de telles outrances, non seulement parce que l'élu est appelé à défendre une certaine vision du monde à la tribune, mais également parce que l'accord *a priori* sur ce qui est dicible fait davantage défaut dans l'enceinte du PE qu'au sein d'assemblées plus homogènes culturellement. On note que la sanction imposée par le PE à Janusz Korwin-Mikke fut invalidée par la Cour de justice de l'Union européenne en 2018. La jurisprudence constante de la Cour fait en effet valoir « l'importance particulière que revêt la liberté d'expression des parlementaires » ; elle souligne qu'un élu peut être sanctionné par son institution sur la base de son comportement, à savoir le trouble au bon déroulement des débats, et non pour ses seuls propos, même s'ils mettent en péril la dignité du Parlement[25].

Le pluralisme consubstantiel au PE ne conditionne pas uniquement la définition des valeurs générales de la communauté politique, mais également la conception du parlementarisme et la place qu'y occupe la rhétorique. Au-delà des désaccords sur le fond, les tensions verbales sont

24 Palonen K., « A comparison between three ideal types of parliamentary politics : representation, legislation and deliberation », *Parliaments Estates and Representation*, 38:1, 2018, p. 6-20.

25 Arrêt du Tribunal du 31 mai 2018, Janusz Korwin-Mikke contre Parlement européen. Affaire T-352/17.

aussi une question de style parlementaire. Dans la culture britannique, notamment, le maniement sophistiqué des mots au service de stratégies d'incrimination est central[26]. Ce procédé peut être perçu comme offensant, non seulement parce qu'il est agressif, mais également parce que d'autres élus, socialisés dans d'autres assemblées, sont moins habitués à ce style et moins à même d'y faire face. Les premiers élus britanniques tentèrent assez vainement, après 1973, d'infléchir les procédures dans un sens plus contradictoire[27]. Ils profitèrent ensuite, ainsi que certains de leurs collègues attirés par le rôle parlementaire du débatteur[28], des débats sur l'état de l'Union, les présidences ou l'actualité générale pour faire honneur à la délibération parlementaire. Il est intéressant à cet égard de lire l'ensemble de l'intervention du député Nigel Farage mentionnée en introduction, qui fit suite à l'élection d'Herman Van Rompuy à la présidence du Conseil.

> Président de l'Europe – ce jour tant attendu. On nous a dit que, lorsque nous avions un président, nous verrions une figure politique mondiale géante : l'homme qui serait le leader politique de cinq cents millions de personnes ; l'homme qui nous représenterait tous sur la scène mondiale ; l'homme dont le travail était si important que bien sûr, vous êtes payé plus que le président Obama. Eh bien, je crains que ce que nous ayons eu, c'était vous. Et je suis désolé, mais après cette performance que vous avez donnée tout à l'heure… Je ne veux pas être impoli, mais vous savez, vraiment, vous avez le charisme d'une serpillère et l'apparence d'un employé de banque subalterne.
>
> La question que je veux poser et que nous allons tous nous poser est : qui êtes-vous ? Je n'avais jamais entendu parler de vous ; personne en Europe n'avait jamais entendu parler de vous. Je voudrais vous demander, Monsieur le Président : qui a voté pour vous ? Et quel mécanisme – je sais que la démocratie n'est pas très populaire chez vous – quel mécanisme les peuples d'Europe ont-ils pour vous chasser ? Est-ce cela la démocratie européenne ?
>
> Je sens, cependant, que vous êtes compétent, capable et dangereux, et je n'ai aucun doute que votre intention est d'être l'assassin discret de la démocratie européenne et des États-nations européens. Vous semblez détester le concept même de l'existence d'États-nations ; c'est peut-être parce que vous venez de Belgique, qui, bien sûr, est à peu près un non-pays.
>
> Mais depuis que vous avez pris le pouvoir, nous avons vu la Grèce réduite à un simple protectorat. Monsieur, vous n'avez aucune légitimité dans ce travail, et je peux

26 Atkins J., Finlayson A., Martin J., Turnbull N. (eds) *Rhetoric in British Politics and society*, Basingstoke, Palgrave, 2014.

27 Jackson C. « The First British MEPs : Styles and Strategies. », *Contemporary European History*, vol. 2, no. 2, 1993, p. 169-195.

28 Navarro J., *Les députés européens et leur rôle*, Bruxelles, éd. de l'Université de Bruxelles, 2009.

dire avec assurance que je peux parler au nom de la majorité du peuple britannique en disant : nous ne vous connaissons pas, nous ne voulons pas de vous, et le plus tôt vous serez mis sur la touche, mieux ça vaudra.

ENCADRÉ 1 – Intégralité de l'intervention de Nigel Farage en plénière le 11 février 2010 (Strasbourg)[29].

On constate que le député britannique se garde d'utiliser des mots orduriers pour qualifier le président du Conseil. Il cisèle des métaphores imagées – la serpillère, l'employé de bureau – qui se révèlent particulièrement parlantes. Il multiplie en outre les procédés rhétoriques visant à atténuer la portée diffamatoire de ses propos : en niant leur caractère injurieux (« je suis désolé », « je ne veux pas être impoli »), en amalgamant compliments et critiques (« vous êtes compétent, capable et dangereux »), en maniant l'ironie (avec l'allusion à la « performance » orale de Van Rompuy, notoirement piètre orateur) et même en déployant une certaine esthétique de la langue (« l'assassin discret » : une belle trouvaille). Tout indique ainsi que l'ancien pensionnaire de Dulwich College s'inscrit dans une tradition rhétorique, qui imprègne la culture politique britannique, consistant à user d'une diversité de figures de style pour prendre l'ascendant dans un échange en évitant l'injure grossière.

### L'INSULTE EXISTENTIELLE

Le troisième motif du caractère inexpugnable de l'insulte au PE est presque contradictoire avec le précédent : en dépit de sa diversité interculturelle et des malentendus qui peuvent en résulter, l'assemblée strasbourgeoise repose également sur quelques biens ou lieux communs[30]. On entend par là des façons de voir le monde qui ont fondé l'institutionnalisation du Parlement et se sont renforcées au fur et à mesure de celle-ci. Or la croyance sur laquelle repose toute institution, dont parlent les anthropologues[31], génère automatiquement la possibilité du scandale – donc de l'insulte – via sa dénonciation. En d'autres termes : l'insulte suppose l'existence d'une communauté.

La cartographie des valeurs communes qui fondent le PE dépasse l'ambition de la présente contribution. On note cependant que ce qui

29 Source : compte rendu en anglais du Parlement européen, notre traduction.

30 Goyet F., *Le sublime du lieu commun*, Paris, Classic Garnier, 2018 [1996].

31 Legendre P., *Les collages qui font un État*, Paris, Mille et une nuits, 1999.

a été relevé comme des insultes au PE, par exemple par les médias en ligne en offrant des classements, touche à des enjeux axiologiques d'importance[32]. D'abord la paix, comprise comme la possibilité d'une coexistence harmonieuse entre les peuples, mais aussi la rédemption des responsables des atrocités du XX^e^ siècle. C'est ici que la comparaison faite par Silvio Berlusconi entre Martin Schulz et un kapo ne passe pas. Le débat se tenait à l'ouverture de la présidence italienne du Conseil, le chef du gouvernement italien intervenant en fin de débat pour répondre aux différents orateurs, dont M. Schulz, élu allemand qui s'était exprimé au nom du groupe socialiste.

> *S. Berlusconi.* Monsieur Schulz, je sais qu'il y a un producteur en Italie qui fait un film sur camps de concentration nazis. Je vous proposerai pour le rôle de kapo. Vous seriez parfait ! [*Rire, protestations à gauche*] [...]
>
> *E. Barón Crespo.* Je vous[33] demande, en plus de donner la parole à M. Schulz, d'inviter M. Berlusconi, président en exercice du Conseil, à retirer ces commentaires, par respect pour les valeurs que nous partageons tous en tant qu'Européens. [*Applaudissements*]
>
> *Le Président.* Il vaut peut-être mieux que nous traitions cette question directement. Je ne veux pas ouvrir tout un débat. Il y a beaucoup d'émotion à la Chambre à ce sujet. Il est très clair qu'un député a le droit d'apporter sa contribution dans un débat et qu'on lui réponde avec une certaine sérénité. En l'occurrence, dans la vigueur et le cours de sa réponse, M. Berlusconi s'est peut-être permis d'aller au-delà des règles ordinaires d'engagement. [*Réactions mitigées*] [...]
>
> *M. Schulz.* Monsieur le Président, merci de me donner la parole. Je n'ai pas besoin de trois minutes. Je vais être très bref. Lors de sa déclaration, si la traduction était correcte, M. Berlusconi a dit qu'un réalisateur tournait actuellement un film en Italie sur les camps de concentration, et m'invitait à jouer le rôle du Kapo... [*Chahut*]... c'est-à-dire dire, le rôle d'un homme de main SS. Je n'ai qu'une chose à vous répondre : mon respect pour les victimes du fascisme m'empêche de dire un seul mot à ce sujet. Cependant, il est tout à fait clair dans mon esprit qu'il est très difficile d'accepter une situation dans laquelle un président en exercice du Conseil, lorsqu'il se heurte à la moindre contradiction au cours d'un débat, perd ainsi son sang-froid. [*Applaudissements très soutenus de la gauche et du centre gauche, standing ovation*]
>
> *S. Berlusconi.* Monsieur le Président, qui n'était pas dans l'hémicycle pour entendre le discours de M. Schulz ? Qu'il m'insulte sérieusement sur le plan personnel, en gesticulant et sur un ton vraiment inacceptable dans un Parlement comme celui-ci. J'ai dit ce que j'ai dit avec ironie. Si vous êtes tous incapables de comprendre l'ironie, je suis désolé.

32 Par exemple, [En ligne] : https://www.politico.eu/article/6-best-european-parliament-bust-ups-jean-calude-juncker-eu-parliament-ridiculous/ (consulté le 13/08/2022).

33 Demande faite au président de séance.

Mais je ne retirerai pas ce que j'ai dit ironiquement à moins que M. Schulz ne retire les insultes personnelles qu'il a faites. Je l'ai dit ironiquement ; il a fait ça malicieusement ! [*Applaudissements à droite, tumulte à gauche*]

*Le Président.* Collègues ! S'il vous plaît, pourrions-nous avoir un peu de calme ! De nombreux collègues souhaitent faire des rappels au Règlement et prendre la parole. Nous sommes très en retard. Je ne prendrai pas ces demandes. Je tiens à dire, en tant que président de l'Assemblée, que je regrette personnellement le ton qu'a pris la dernière partie du débat de ce matin. C'est fâcheux. C'est une distraction par rapport aux affaires européennes dont nous devons traiter. C'est regrettable. Je voudrais maintenant inviter le président de la Commission européenne à clore ce débat dans une certaine sérénité, puis à procéder au vote. [*Applaudissements soutenus*]

ENCADRÉ 2 – Extraits du débat en plénière, le 2 juillet 2003 (Strasbourg)[34].

Un long extrait a été présenté, car il rend bien compte de l'intensité soudaine des débats produite par l'association inhabituelle entre un élu allemand et un gardien de camps de concentration. La mention par un ancien président du PE, Enrique Barón Crespo, des valeurs européennes est significative de la portée normative des débats. S. Berlusconi semble d'ailleurs conscient d'avoir brisé un tabou en modérant un peu ses propos (sans les retirer) et en se plaçant à son tour dans la position de l'insulté. Enfin, l'attitude du président du PE, l'Irlandais Pat Cox, est révélatrice, jusqu'à la caricature, de la volonté d'apaiser le débat en minimisant la portée des propos du chef du gouvernement italien, en refusant que l'incident se poursuive, en rappelant les contraintes horaires et la mission de l'assemblée sur le fond. Sa conclusion – *a distraction from the European business we have in hand* – résume parfaitement l'état d'esprit fonctionnaliste de l'institution. On note en outre que les services du PE ont préféré le mot moins controversé de *guard* dans le compte rendu officiel des propos de S. Berlusconi qui, bien que parlant en italien, avait utilisé celui de *kapo*.

L'autre source principale d'atteinte aux valeurs concerne le PE lui-même. La culture de l'institution est marquée depuis son origine par le souci de convaincre qu'elle est un « vrai Parlement », un titre que l'assemblée s'est d'ailleurs donné d'autorité (1965) bien avant que les traités ne le lui confèrent (1987). Remettre en cause l'authenticité du caractère parlementaire du PE constitue ainsi un tabou et est perçu

34 D'après le compte rendu officiel en anglais, notre traduction. Les indications d'ambiance sont celles des services du Parlement.

comme une insulte faite à l'institution tout entière. Ironiquement, les interventions de deux adversaires politiques en offrent une illustration et ont chacune appelé une mise au point du président de séance.

Le premier extrait se déroule lors d'un débat présentant la présidence maltaise du Conseil de l'UE. Le président de la Commission, J.C. Juncker, connu pour son franc-parler, s'indigne du faible nombre d'élus venus écouter le Premier ministre maltais Joseph Muscat. La transcription respecte les langues utilisées afin d'indiquer que si le multilinguisme atténue les tensions verbales, il ne l'empêche pas. En l'occurrence, les deux orateurs alternent entre les langues durant leurs interventions.

> *J.-C. Juncker.* Monsieur le Président, Monsieur le Premier ministre, le Parlement européen est ridicule, très ridicule. Je salue ceux qui se sont donné la peine de se déplacer ici, mais le fait qu'une trentaine de députés seulement assiste à ce débat démontre à suffisance que le Parlement n'est pas sérieux, et je voulais le dire aujourd'hui. Si M. Muscat était Mme Merkel – difficilement imaginable – ou M. Macron – plus imaginable… We would have a full House. The Parliament is totally ridiculous[35].
>
> *Le Président.* La prego, signor Presidente, di avere un atteggiamento più rispettoso nei confronti di questo Parlamento[36]. Monsieur le Président, je vous en prie, vous pouvez critiquer le Parlement, mais ce n'est pas la Commission qui doit contrôler le Parlement. C'est le Parlement qui doit contrôler la Commission.
>
> *J.-C. Juncker.* There are only a few Members in the plenary to control the Commission. You are ridiculous ! I wanted to pay tribute to the Maltese Presidency[37] [*Le président interrompt l'orateur.*]
>
> *Le Président.* Monsieur le Président, je vous en prie, veuillez utiliser un langage différent. Nous ne sommes pas ridicules. Je vous en prie !
>
> *J.-C. Juncker.* I will never again attend a meeting of this kind. The Commission is under the control of the Parliament, but the Parliament has to respect even the presidencies of smaller countries, which the Parliament is not doing[38].

ENCADRÉ 3 – Extraits des débats en plénière du 4 juillet 2017 (Strasbourg).

35 « La Chambre serait remplie. Ce parlement est totalement ridicule. »

36 « S'il vous plaît, Monsieur le Président, ayez une attitude plus respectueuse envers ce Parlement. »

37 « Il n'y a que quelques membres en plénière pour contrôler la Commission. Vous êtes ridicules ! Je voulais rendre hommage à la Présidence maltaise. »

38 « Je n'assisterai plus jamais à une réunion de ce genre. La Commission est sous le contrôle du Parlement, mais le Parlement doit respecter même les présidences des petits pays, ce que le Parlement ne fait pas. »

De façon révélatrice, le président Antonio Tajani évacue le débat sur l'absentéisme pour rappeler les grands équilibres constitutionnels de l'UE en vertu desquels le PE peut effectivement censurer la Commission.

Le dernier exemple concerne le débat tenu en plénière au lendemain du référendum sur le Brexit. Le député UKIP Farage y tient des propos triomphants contre ses collègues. Il est interrompu par les protestations quand il affirme que les députés n'ont jamais vraiment travaillé de leur vie[39]. Le président du PE, Martin Schulz, intervient alors pour appeler au calme, mais également, ce qui est moins conventionnel, pour contester cette affirmation.

> Monsieur Farage, un instant. Chers collègues ! Avec tout le respect que je vous dois pour votre enthousiasme, vous agissez comme l'UKIP le fait normalement ici dans cette maison. Donc : ne les copiez pas. Je voudrais cependant vous dire une chose, Monsieur Farage : [sur] ce que vous avez dit – que mes collègues de cette Assemblée n'auraient jamais fait un travail décent – ne prenez pas votre cas pour une généralité.

ENCADRÉ 4 – Intervention en plénière de Martin Schulz, président du PE, 28 juin 2016 (Bruxelles)[40].

## CONCLUSION

L'histoire de l'insulte au PE illustre ses liens indéfectibles avec la délibération parlementaire. Celle-ci suppose certes le respect de règles d'ordre et de courtoisie, mais aussi la reconnaissance d'une variété de points de vue, et donc de désaccords parfois profonds, et un certain degré de liberté de parole, qui peut aller jusqu'à l'outrance. Ce double présupposé du pluralisme et de la libre expression est au principe d'une institution qui a pour fonction de faire émerger des consensus ou des majorités de la confrontation de diverses positions, à travers l'échange d'arguments et la négociation d'accords. Dans une assemblée démocratique, les débats sont supposés être fondés en raison, mais un équilibre doit être trouvé entre le recours à l'expertise, comme vecteur d'échanges

39 "Virtually none of you have ever done a proper job in your lives or worked in business, or worked in trade, or indeed ever created a job".

40 Notre traduction de l'allemand.

dépassionnés et d'une argumentation rationnelle, et les débats plus politiques, fondés sur des opinions, des valeurs et des convictions, et non sur des faits scientifiques ou des analyses juridiques. Pour le dire autrement, on ne peut exiger des députés, notamment quand ils sont issus de partis antisystèmes ou radicaux, qu'ils s'en tiennent à la raison et à la modération : ils sont en droit d'exprimer des points de vue tranchés, ceux-là mêmes pour lesquels ils ont été élus. En somme, leur légitimité représentative doit leur garantir une certaine liberté de parole et de ton. Dans ces conditions, les dérapages verbaux et les insultes ne peuvent être exclus.

Au PE, cette problématique renvoie à un autre enjeu : celle de la médiatisation de ses activités. L'institution n'est pas mal élue, mais elle est peu connue et absente des médias. Comment, en effet, intéresser journalistes et citoyens à des débats atones entre des députés pour la plupart anonymes, qui se résument le plus souvent à une litanie d'interventions parfaitement courtoises et calibrées ? Car la délibération plénière du PE n'est, la plupart du temps, qu'une mise en scène, une formalisation d'accords obtenus au préalable. Les vrais échanges ont lieu en amont, au sein des commissions parlementaires et des groupes, entre les représentants de ceux-ci, et dans le cadre de « trilogues » qui réunissent, à huis clos, des émissaires du PE, de la Commission et du Conseil. Depuis le début des années 2000, la délibération publique du PE n'est pour l'essentiel plus qu'une forme de validation de ces accords, dépourvue de surprise et de relief.

Pourtant, une assemblée parlementaire n'a pas seulement vocation à adopter des normes, dans le prudent ajustement des positions des parties prenantes. Elle doit aussi être le lieu de débats ouverts, reflétant la diversité des positions qui s'expriment dans la société civile. Même s'ils prennent place dans un environnement fortement institutionnalisé et codifié, ils peuvent être conflictuels. Cette conflictualité atteste de la représentativité de l'assemblée et de ce qu'elle ne constitue pas juste un rouage d'un Léviathan bureaucratique, gouverné par l'expertise et les arrangements discrets. À cet égard, le PE est peut-être davantage capable d'être reconnu comme une instance représentative par les citoyens européens quand il est le lieu d'esclandres, de phrases assassines et de passes d'armes, que lorsqu'il est une paisible instance de validation d'accords préalablement négociés. Plus cyniquement, on remarquera aussi que le PE n'accède à la médiatisation que lorsque des incidents s'y produisent ; ils sont en quelque sorte le prix à payer pour que les citoyens soient alertés de son existence et de ses activités. L'insulte, en d'autres termes, constitue un risque à courir pour affirmer la représentativité d'une institution.

Olivier Costa
Directeur de recherche CNRS
en science politique
Sciences Po, CEVIPOF

Olivier Rozenberg
*Associate Professor*
en science politique
Sciences Po, CEE

DEUXIÈME PARTIE

# L'INSULTE COMME ARME POLITIQUE

# DE L'ATTAQUE *AD HOMINEM* À L'INSULTE

## durant la campagne présidentielle française de 2017 sur Twitter

Si chaque élection présidentielle est singulière, celle de 2017 est marquée du sceau de l'agressivité[1]. Ce chapitre propose d'explorer un aspect de cette hostilité en s'intéressant à la place et au rôle des attaques *ad hominem*, allant de la critique à l'insulte, entre les candidats sur Twitter. La négativité est considérée comme une stratégie rhétorique dont le but est de décrédibiliser l'adversaire pour asseoir sa propre crédibilité et mobiliser ses sympathisants[2]. Twitter apparaît comme un espace propice à la construction de l'*ethos* des candidats sous l'angle de la négativité en raison de la proéminence du discours informel, de l'injonction à la concision et des possibilités d'interactions directes et publiques, qui favorisent le discours polémique[3]. Il est alors intéressant de se pencher sur l'emploi d'attaques visant la personne, par opposition à ses idées, et ses formes dans le cadre de la campagne présidentielle française de 2017.

L'objectif est de déterminer dans un premier temps la propension des candidats à l'emploi d'arguments *ad hominem*. Dans un second temps, nous nous penchons sur la nature des attaques ainsi que leur degré de virulence, celles-ci pouvant aller de la mise en avant d'incohérences entre des propos ou des comportements à des mises en cause de la personne ou de son comportement sans lien avec la politique, voire à l'insulte. La

---

1 Maarek P. et Mercier A. (dirs.), *2017, la présidentielle chamboule-tout, la communication politique au prisme du « dégagisme »*, Paris, L'Harmattan, 2018 ; Perrineau P. (dir.), *Le vote disruptif. Les élections présidentielle et législatives de 2017*, Paris, Presses de Sciences Po, 2017 ; Theviot A. (dir.), « Médias et élections. Les campagnes 2017 : primaires, présidentielle et législatives françaises », Villeneuve d'Ascq, Presses du Septentrion, 2019.

2 Amossy R., *La présentation de soi. Ethos et identité verbale*, Paris, Presses universitaires de France, 2015.

3 Mercier A., « Twitter, espace politique, espace polémique », *Les Cahiers du numérique*, vol. 11, n° 4, 2015, p. 145-168.

mise en lumière de ces logiques rhétoriques donne à voir la manière dont un candidat construit son *ethos* par opposition, plus ou moins agressive, à ses adversaires. Notre analyse se base sur les tweets diffusés durant les trois dernières semaines de campagne de l'élection présidentielle, du 1er au 21 avril 2017, publiés par sept candidats (Emmanuel Macron, Marine Le Pen, François Fillon, Jean-Luc Mélenchon, Nicolas Dupont-Aignan, Philippe Poutou et François Asselineau). Notre corpus comprend un total de 4078 tweets (sans les retweets), réduit à 188 tweets relevant de l'attaque *ad hominem* contre un adversaire.

## L'ATTAQUE *AD HOMINEM* ET SES DEGRÉS DE VIRULENCE

Un candidat en campagne alterne systématiquement entre deux types de messages : les positifs pour se promouvoir et les négatifs pour décrédibiliser les adversaires. Il tente de réduire l'attractivité de ses concurrents en s'en prenant soit à leur politique, soit à leur personne[4]. En argumentation, ce dernier procédé se classe dans la catégorie des arguments *ad hominem*, qui visent l'*ethos* de l'autre. Ceux-ci peuvent présenter différents degrés d'acceptabilité en fonction de leur fondement logique et raisonné[5]. Gilles Gauthier propose une typologie des attaques *ad hominem*, qui illustre la gradation dans le degré de dévalorisation de l'adversaire[6]. Les arguments peuvent être de type *ad hominem* logique et souligner une contradiction entre deux dires de l'adversaire. C'est le cas de l'argument « de la girouette », par lequel un candidat reproche à son adversaire tout changement d'idée ou de politique, de type : « @MLP_officiel [*compte Twitter de Marine Le Pen*], en meeting, elle dit 35h. Et quand elle va au @medef, elle dit 39h » (Jean-Luc Mélenchon).

4 Auter Z. et Fine J., « Negative Campaigning in the Social Media Age : Attack Advertising on Facebook », *Political Behavior*, vol. 38, n° 4, 2016, p. 999-1020.

5 Herman T., « L'argument ad hominem en question : de Gaulle et la désignation de l'ennemi (1940-1942) », *in* Albert L. et Nicolas L. (dir.), *Polémique et rhétorique*, Bruxelles, De Boeck Supérieur, 2010, p. 363-377.

6 Gauthier G., « L'argumentation périphérique dans la communication politique. Le cas de l'argument *ad hominem* », Paris, CNRS Éditions, vol. 2, n° 16, 1995, p. 167-185.

L'argument *ad hominem* « circonstanciel » (*tu quoque* ou le tartuffe) marque l'incohérence entre le dire et le faire, entre une position et un trait de personnalité ou un comportement : « #LePen n'aime pas l'Europe, sauf pour se servir dans ses caisses » (Philippe Poutou). Contrairement aux deux autres cas de figure, l'attaque *ad hominem* « personnelle » ne cherche pas à discréditer une position en s'en prenant à la personne, mais à dénigrer la personne elle-même, sans lien avec ses idées. L'argument « de l'homme de paille » réduit la position du concurrent de manière à la rendre plus contestable ou l'associe à un symbole détesté : « Chez M. Macron, le concept national est démodé. Plutôt que le marketing du vide, je propose l'appropriation d'une vérité dans les cœurs » (François Fillon). L'argument « de la culpabilité par association » vise à discréditer l'opposant en l'associant à une personne ou une idéologie peu estimée ou estimable : « Leurs échecs ont coûté 1 million d'emplois sous Sarkozy-#Fillon, et 1 million d'emplois sous Hollande-#Macron ! » (Marine Le Pen).

Si l'attaque personnelle peut être considérée comme une version abusive de l'argument *ad hominem*[7], l'insulte en est assurément une forme extrême, qui sort du domaine de l'argumentation à proprement parler. Elle se caractérise par la mauvaise foi du locuteur qui pousse son propos dans l'exagération, au-delà de tout raisonnement logique, afin de blesser l'honneur de sa cible et de ternir sa réputation[8]. Il n'est plus question de propos raisonnés, mais d'émotions, voire de pulsions, et de négation de l'autre[9], par exemple « bébé Hollande » pour parler d'Emmanuel Macron chez Marine Le Pen ou « caste dorée de parasites incapables » pour désigner les élites chez Jean-Luc Mélenchon.

7 Herman T., *op. cit.*, 2010.

8 Lagorgette D., « Insulte, injure et diffamation : de la linguistique au code pénal ? », *Argumentation et Analyse du Discours*, vol. 8, 2012, [En ligne] : http://journals.openedition.org/aad/1312 (consulté le 04/05/2021) ; Larguèche E., « Et si l'injure ne se racontait pas ! », *L'Homme*, vol. 198-199, 2011a, p. 355-365.

9 Auger N. *et al.*, « De la violence verbale, pour une sociolinguistique des discours et des interactions », *Congrès Mondial de Linguistique Française*, Paris, 9 juillet 2008. [En ligne] : https://www.linguistiquefrancaise.org/articles/cmlf/abs/2008/01/cmlf08140/cmlf08140.html (consulté le 26/11/2020).

## FONCTION RHÉTORIQUE DE L'INSULTE

L'insulte établit une relation entre un insulteur, un insulté et un public, dans une configuration d'« injure à trois[10] ». Elle exerce la fonction d'argument rhétorique, au même titre que toute attaque, dont l'objectif n'est pas de convaincre l'insulté qu'il serait pourvu de certaines caractéristiques négatives, mais les spectateurs de la querelle[11]. En plus de cette fonction argumentative, les attaques ou les insultes exercent un rôle social et agissent comme des facteurs cohésifs. Elles permettent à l'homme ou la femme politique d'animer la ferveur de ses sympathisants et de détourner les indécis de ses adversaires. L'insulte renforce la cohésion d'un groupe autour de l'insulteur, dont l'insulté est exclu. La stratégie rhétorique de l'insulte sert à polariser le champ politique et à faciliter l'identification partisane, créant une division binaire entre le « nous » et « les autres ». À partir du « nous » se construit l'*ethos* collectif d'un groupe rassemblé à la fois autour d'idées, de valeurs et de représentations partagées par le candidat, contre un ennemi commun[12]. Outre cette dimension fédératrice, en polarisant le débat, l'attaque et l'insulte permettent aux candidats d'incarner simplement et efficacement le désaccord ainsi que d'affirmer leur identité politique. À travers son offensive, l'insulteur dit à la fois quelque chose de son adversaire et de lui-même. La dévalorisation de l'image de l'adversaire entraîne la valorisation de l'image de l'insulteur[13]. Par corollaire, le candidat cherche à incarner le contraire de ce qu'il dénigre chez son opposant.

---

10 Fracchiolla B., Article « injure », *in* Marzano M., *Dictionnaire de la violence*, Paris, Presses universitaires de France, 2011, p. 706-710 ; Larguèche É., *op. cit.*, 2011a ; Larguèche É., « Adresse indirecte et injure ? », *Cahiers de littérature orale*, vol. 70, 2011b, p. 139-156.

11 Auger N. *et al.*, *op. cit.*, 2008 ; Larguèche É., *op. cit.*, 2011b.

12 Orkibi E., « *Ethos* collectif et Rhétorique de polarisation : le discours des étudiants en France pendant la guerre d'Algérie », *Argumentation et Analyse du Discours*, n° 1, 2008. [En ligne] : http://journals.openedition.org/aad/438 (consulté le 25/07/2020) ; Orkibi E., « L'insulte comme argument et outil de cadrage dans le mouvement "anti-Sarko" ». *Argumentation et Analyse du Discours*, n° 8, 2012, [En ligne] : http://journals.openedition.org/aad/1335 (consulté le 06/12/2019).

13 Amossy R., *op. cit.*, 2015 ; Larguèche É., *op. cit.*, 2011b.

## PROPENSION À L'ATTAQUE *AD HOMINEM* SUR TWITTER

L'attaque *ad hominem* est marginale sur Twitter, puisque seuls 188 tweets en comportent sur les 4078 tweets au total (4,6 %). Nous constatons que les candidats ne s'interpellent pas entre eux. La mention (@ suivi du compte de la personne) n'est employée que dans 5,9 % des tweets virulents. Ceux-ci sont des retranscriptions de propos ayant été prononcés dans un autre cadre énonciatif, interview ou meeting, et n'ont pas vocation à interpeller la cible. La situation est donc bien celle de l'« injure à trois » dans laquelle les candidats s'adressent à un public d'internautes.

### ATTAQUER…

Chaque candidat consacre une portion variable de ses tweets à l'attaque personnelle de ses adversaires, le moins virulent étant Emmanuel Macron (0,8 %) et le plus agressif Philippe Poutou (7,8 %). Outre les attaques *ad hominem* des candidats entre eux, nous remarquons une forte récurrence des offensives envers une catégorie générique d'adversaires que nous nommons « élite » et qui renvoie, selon les candidats, à diverses classes dominantes (dirigeants politiques, médias, finance…).

| Proportion de tweets négatifs | |
|---|---|
| Emmanuel Macron | 0,8 % |
| François Fillon | 3,7 % |
| Jean-Luc Mélenchon | 5,9 % |
| Marine Le Pen | 6 % |
| François Asselineau | 6,7 % |
| Nicolas Dupont-Aignan | 7,5 % |
| Philippe Poutou | 7,8 % |

Une première lecture du tableau ci-dessus peut s'effectuer à la lueur des sondages[14]. En tant que favori, Emmanuel Macron a peu intérêt

14 Voir les enquêtes menées par Ipsos : vague effectuée le 3 avril 2017 pour le CEVIPOF, la Fondation Jean Jaurès et Le Monde (Ipsos, « Enquête électorale française 2017 », 3 avril

à recourir à des formes de campagne négative. D'une part, le fait de mentionner le nom d'un adversaire, même pour l'insulter, consiste à attirer l'attention sur lui ; d'autre part, le favori court ainsi le risque que certains électeurs ne cautionnent pas ce type de violence et se détournent de lui[15]. À l'inverse, l'attaque est pour les *outsiders*, crédités de moins de 10 % d'intentions de vote, moins risquée que pour les candidats issus de grands partis, étant donné que leur chance d'être élus est faible[16]. Les possibles pertes de voix sont marginales par rapport aux possibles gains, sans compter que la polémique sur Twitter est un moyen de gagner potentiellement en visibilité auprès des internautes et des médias traditionnels.

Il serait toutefois réducteur de limiter l'explication de l'emploi d'attaques personnelles à la place dans les sondages. Le positionnement dans le champ politique et le style personnel des candidats jouent un rôle déterminant. Emmanuel Macron fait de la bienveillance un des maîtres mots de sa campagne, ce qui rend l'agressivité peu cohérente avec sa posture. Dans la même logique, son positionnement au centre sur l'échiquier politique l'oblige à être le plus consensuel et fédérateur possible afin de rassembler aussi bien les électeurs de droite que de gauche. Quant aux candidats des partis marginaux ou aux extrêmes de l'échiquier politique, la virulence s'explique par une forte propension à attaquer les « élites ». Dans les discours populistes, celles-ci s'opposent de façon manichéenne au peuple et englobent « ceux qui détiennent le pouvoir (qu'il soit politique, économique, médiatique, intellectuel) et qui bénéficient, de fait, d'une position privilégiée dans la société[17] ».

Compte tenu de la prégnance des représentations populistes chez les électeurs français à la veille de l'élection présidentielle de 2017[18], les élites deviennent des cibles peu risquées pour les candidats, car consensuelles au

2017, vague 12bis. [En ligne] : https://www.ipsos.com/fr-fr/enquete-electorale-francaise-vague-12bis-emmanuel-macron-et-marine-le-pen-conservent-leur-avance [consulté le 21/09/2020] et vague préparée le 19 avril 2017 pour le CEVIPOF et Le Monde (Ipsos, « Enquête électorale française 2017 », 19 avril 2017, vague 13. [En ligne] : https://www.ipsos.com/fr-fr/enquete-electorale-francaise-vague-13-lavance-demmanuel-macron-et-marine-le-pen-se-reduit-dans-la [consulté le 21/09/2020]).

15 Auter Z. et Fine J., *op. cit.*, 2016.

16 *Ibid.*

17 Dard O., Boutin C. et Rouvillois F. (dir.), *Le dictionnaire des populismes*, Paris, Les Éditions du Cerf, 2019, p. 87.

18 Ivaldi G., Zaslove A. et Akkerman A. (dir.), *La France populiste ? : L'enquête électorale française : comprendre 2017 – La Note #30 / vague* 7, Paris, CEVIPOF, 2017.

sein de leur groupe politique. La force du populisme varie en fonction de la proximité partisane chez les électeurs, plus grande chez les sympathisants des partis d'extrême gauche, de gauche radicale et d'extrême droite que chez ceux des partis traditionnels. Cette observation explique que les élites soient absentes, ou presque, chez Emmanuel Macron et François Fillon. La critique des élites est plus largement présente chez Jean-Luc Mélenchon que chez Marine Le Pen, car celle-ci désigne Emmanuel Macron comme son adversaire principal, personnalisant ainsi la classe dirigeante.

| Attaques *ad hominem* contre les « élites » / attaques totales d'un candidat | |
|---|---|
| Jean-Luc Mélenchon | 63,2 % |
| Nicolas Dupont-Aignan | 50 % |
| François Asselineau | 40 % |
| Philippe Poutou | 33,3 % |
| Marine Le Pen | 19 % |
| François Fillon | 3 % |
| Emmanuel Macron | 0 % |

### … OU ÊTRE ATTAQUÉ

Le tableau ci-dessous montre la part des attaques dédiées à chacun des candidats. Nous constatons que le rapport entre l'émission de critiques et la réception de critiques est inversement proportionnel : les candidats les moins virulents sont les plus attaqués.

| Proportions des attaques *ad hominem* visant un candidat / nombre total d'attaques | |
|---|---|
| Emmanuel Macron | 52% |
| François Fillon | 26,7% |
| Marine Le Pen | 13,7% |
| Jean-Luc Mélenchon | 5,5% |
| Nicolas Dupont-Aignan | 0,7% |
| Philippe Poutou | 0,7% |
| François Asselineau | 0,7% |

Emmanuel Macron est la victime principale, avec quasiment deux fois plus d'attaques *ad hominem* dirigées contre lui que contre François Fillon. Ce dernier est également presque deux fois plus attaqué que Marine Le Pen, elle-même 2,5 fois plus ciblée que Jean-Luc Mélenchon. Les deux candidats ayant gouverné sont les seuls à essuyer des offensives de l'ensemble des compétiteurs. Outre le fait qu'ils incarnent les élites, ils sont également les candidats portant le plus aisément le flan à la critique. Les affaires qui ont touché François Fillon (des costumes offerts, de présomption d'emplois fictifs de sa femme et ses enfants) l'ont rendu plus « vulnérable », au sens de Skaperdas et Grofman[19], et ont fait de lui une cible facile.

## UNE COMPÉTITION À QUATRE
### Narration et violence verbale

En observant la manière dont les attaques sont réparties entre les candidats (tableau ci-dessous), nous constatons que la compétition se déroule entre les quatre favoris. Même si les candidats issus de partis marginaux dédient un nombre plus grand de leurs tweets à l'attaque que leurs adversaires, ils tweetent dans des proportions moindres. Si Philippe Poutou fait figure d'exception, c'est parce qu'il retransmet largement sur Twitter sa prestation lors du « Grand débat » sur BFMTV, CNews et RMC, prestation durant laquelle il fustige ses concurrents.

19 Skaperdas S. et Grofman B., « Modeling negative campaigning », *American Political Science Review*, vol. 89, n° 1, 1995, p. 49–6.

| | Attaques de l'adversaire | | | | | | | |
|---|---|---|---|---|---|---|---|---|
| Attaqués / Attaquants | Macron | Le Pen | Fillon | Mélenchon | Dupont-Aignan | Poutou | Asselineau | Total |
| E. Macron | / | 4 | 3 | 0 | 0 | 0 | 0 | 7 |
| M. Le Pen | 26 | / | 10 | 5 | 0 | 1 | 0 | 42 |
| F. Fillon | 30 | 1 | / | 0 | 1 | 0 | 0 | 32 |
| J.-L. Mélenchon | 9 | 6 | 7 | / | 0 | 0 | 0 | 22 |
| N. Dupont-Aignan | 2 | 0 | 4 | 0 | / | 0 | 0 | 6 |
| P. Poutou | 2 | 9 | 14 | 2 | 0 | / | 1 | 28 |
| F. Asselineau | 7 | 0 | 1 | 1 | 0 | 0 | / | 9 |
| Total | 76 | 20 | 39 | 8 | 1 | 1 | 1 | 146 |

## COURTOISIE ET OPTIMISME AU CENTRE

Bien qu'Emmanuel Macron évite la polémique, il attaque les deux candidats les plus hostiles à son égard, à savoir Marine Le Pen (57%) et François Fillon (43%). Dans la moitié des cas, ses offensives sont indirectes et sous-entendues. S'il reproche à une reprise à François Fillon l'incohérence entre son bilan et ses promesses actuelles (argument du tartuffe), il privilégie les piques relatives aux affaires. Il souligne sa malhonnêteté : « candidat du déni », sous-entendu qui ne saurait avouer ses fautes, ou de manière plus offensive : « François Fillon a un problème avec la vérité, c'est chaque jour un peu plus manifeste ». Cachée derrière une affirmation positive (« vérité » plutôt que « mensonge »), l'attaque est courtoise[20] pour éviter de froisser les électeurs déçus par la droite traditionnelle susceptibles de se tourner vers le centre. Les attaques *ad hominem* contre Marine Le Pen sont personnelles et renvoient au clivage entre la position libérale du candidat centriste et le protectionnisme de la candidate frontiste, qualifiée de « candidate du repli » et accusée de jouer sur les peurs. L'autre angle privilégié est celui de la filiation entre Marine Le Pen et son père. Emmanuel Macron insinue que le Front national n'a pas changé depuis Jean-Marie Le Pen, en évoquant à demi-mot l'antisémitisme dans les propos de sa rivale sur la non-responsabilité de la France dans la rafle du Vel d'Hiv. Le style édulcoré d'Emmanuel Macron se transforme presque en insulte à une reprise : « Madame Le Pen, vous ressortez les mensonges qu'on entendait dans la bouche de votre père. #Macron2017 #LeGrandDébat ». Cette hostilité dépeint une adversaire fausse et dangereuse qui contraste avec la nouveauté et l'optimisme du candidat centriste.

## L'ORDRE ET LE PROTECTIONNISME DE MARINE LE PEN

Marine Le Pen consacre la moitié de ses attaques à Emmanuel Macron. Candidat libéral, favorable à l'Union européenne et ancien ministre, il est son antagoniste parfait, de même que François Fillon, dans une autre mesure. L'argument du tartuffe sert à mettre en avant une incohérence entre leurs promesses et leur bilan ainsi que leur incapacité à

20 Fracchiolla B. et Romain C., [En ligne], « L'attaque courtoise : un modèle d'interaction pragmatique au service de la prise de pouvoir en politique », *Semen*, n° 40, disponible sur https://journals.openedition.org/semen/10418 (consulté le 23/03/22).

proposer une alternative politique : « "Il n'y a pas de différence dans les politiques menées ces dix dernières années. #Fillon et #Macron, c'est la continuité !" #BourdinDirect ». Marine Le Pen affiche une posture d'*outsider*, ou « hors système », pour plaire à une partie de l'électorat déçue des politiques menées jusqu'alors, constituée d'une classe moyenne qui ne voit pas d'amélioration de ses conditions de vie[21]. Les attaques *ad hominem* personnelles remettent en cause la sincérité de ses deux concurrents et, surtout, leur liberté d'action face à l'Union européenne, en les qualifiant de « vice-chancelier de Mme #Merkel » ou en affirmant « "Tous ceux qui, comme Fillon et Macron, vous font de belles promesses, mais soutiennent l'UE sont des imposteurs !" ». Ce discours europhobe est typique de la rhétorique de la candidate frontiste, qui revendique la souveraineté de la France pour reprendre le contrôle de l'économie et les frontières[22]. L'attaque personnelle permet également à Marine Le Pen d'exprimer son aversion pour la mondialisation : « "Derrière sourire marketing ou masque défait, c'est le plat avarié du mondialisme qu'on nous ressert avec #Fillon et #Macron !" #BordeauxMLP ». Elle dénonce la tromperie de ses opposants qui cacheraient derrière une façade leurs projets mondialistes, fruits d'une « tambouille » politicienne opérée sans considération du peuple. Ce discours aux traits populistes illustre la domination des élites, incarnées par les deux hommes. Les offensives permettent de polariser le débat autour de visions du monde contraires : libéralisme contre protectionnisme, système contre peuple.

De manière plus spécifique, les autres attaques contre Emmanuel Macron sont personnelles et visent à réduire sa position à une stratégie marketing vide et floue soutenue par un système médiatico-politique (31% des attaques contre Emmanuel Macron). En plus d'être le « candidat du système », il est l'opposé du patriotisme que revendique le Front national : « Je ne peux plus supporter d'entendre #Macron insulter la France, dire qu'il veut vous "chasser", vous, patriotes de France ! #BazocheGouët ». À ce reproche se joint une accusation de complaisance vis-à-vis de l'Islam radical : « Non M. Macron, on ne peut pas être adepte de l'islam radical et "un type bien". MLP #MohamedSaou ». Repris par trois fois, cet exemple dénonce le laxisme et l'angélisme,

21 Dard O., Boutin C. et Rouvillois F., *op. cit.*, 2019.

22 Alduy C. et Wahnich S., *Marine Le Pen prise aux mots : Décryptage du nouveau discours frontiste*, Paris, Éditions du Seuil, 2015.

menaçant à la fois la sécurité nationale, l'ordre et l'identité française ; et il renforce par corollaire la position autoritaire et identitaire de Marine Le Pen. Les diverses accusations se cristallisent autour de quatre insultes, visant à décrédibiliser Emmanuel Macron : « #Macron est le candidat du rien, le candidat du vide, de mots accolés les uns aux autres, mais qui ne veulent rien dire ! », « Malgré le vide qu'il incarne, les médias nous vendent leur chouchou Macron comme une nouveauté à essayer ! », « Comment croire aux promesses de #Macron, ce bébé Hollande, l'un des principaux ministres d'un quinquennat désastreux ? » et « #Macron est le concentré des politiques mondialistes qui ont été menées depuis des décennies, et qui ont affaibli les Français ». « Chouchou Macron » et « bébé Hollande » infantilisent le candidat centriste, rappelant autant son manque d'expérience politique que sa filiation avec François Hollande ou le soutien du « système ». Ces propos donnent l'image d'une marionnette manipulée par les élites politiques et médiatiques pour conserver le pouvoir. À travers cette insulte de « concentré de politiques mondialistes », Marine Le Pen le désigne comme l'homme à battre et personnifie un mal abstrait.

Quant à Jean-Luc Mélenchon, Marine Le Pen le critique sur son absence de carrure, car elle le considère comme incapable de tenir tête à l'Union européenne, désapprouvée dans les deux camps. Ses autres attaques personnelles lui permettent de souligner l'absence de patriotisme de son adversaire de manière frontale – « il n'y a rien de national chez #Mélenchon, il est un peu comme #Poutou qui a dit qu'il s'en foutait des Français » – ou indirecte en mettant en avant l'« horreur » de Jean-Luc Mélenchon pour les crèches de Noël. La défense de l'héritage chrétien et de la nation est une réponse aux craintes de ceux qui se sentent menacés culturellement par les phénomènes migratoires, thématique qui distingue l'électorat des deux pans extrêmes de l'échiquier politique[23]. Marine Le Pen va jusqu'à formuler deux insultes, non pas dirigées contre le candidat lui-même, mais contre des stéréotypes de la gauche radicale, à savoir les « zadistes » : « Je ne vous propose pas, comme #Mélenchon, de faire gouverner la France par les hirsutes de "Nuit debout", par les zadistes ! #MarineÀParis ». Le mot « zadiste », axiologiquement neutre, devient ici une insulte par le mépris, évoqué également par le qualificatif « hirsute ». Ces insultes évoquent le chaos

23 Dard O., Boutin C. et Rouvillois F., *op. cit.*, 2019.

que représenterait son adversaire quand la candidate frontiste prétend, elle, défendre l'ordre et la sécurité. La différence est marquée par l'antagonisme des valeurs et nous retrouvons chez Marine Le Pen les marqueurs de l'extrême droite populiste, tels que le traditionalisme, l'autoritarisme et le nationalisme[24]. L'affirmation du clivage entre la droite et la gauche populiste se développe également dans les tweets contre les élites, désignées par les formules « le pouvoir politique », « un vieux système », « élites » ou « nos dirigeants ». Selon la candidate frontiste, les élites politiques ont abandonné le peuple et cherchent par tous les moyens à garder le pouvoir. Elles sont constituées d'une classe dirigeante qui, craignant le peuple, utiliserait la peur pour asseoir sa domination. Les insultes cristallisent ces différentes accusations. Il n'est alors plus question de dirigeants, mais de « caste », d'« oligarchie » ou d'« élites asservies » des mains desquelles Marine Le Pen délivrerait le « peuple » pour lui rendre sa souveraineté : « Ma candidature, c'est celle du peuple contre les élites asservies, celle des gens libres contre le prêt-à-penser médiatique. #MarseilleMLP ».

### L'IDENTITÉ NATIONALE DE FRANÇOIS FILLON

François Fillon concentre 91% de ses offensives contre Emmanuel Macron, qui est à la fois favori des sondages et susceptible de lui disputer les électeurs du centre droit. Ses attaques envers Emmanuel Macron relèvent à deux reprises d'arguments *ad hominem* logiques qui visent à dénoncer l'inconstance de son adversaire (la girouette). La critique devient personnelle lorsqu'elle touche la carrure du candidat : incapable de garder son calme, inexpérimenté et opportuniste, par opposition à un François Fillon capable de supporter la pression, expérimenté et dans le paysage politique depuis des années. Ces problèmes de carrure ou de consistance ne sont qu'une facette d'une critique *ad hominem* personnelle plus large de la position d'Emmanuel Macron, accusé de faire du marketing et d'être contre la nation. Le marketing renvoie à l'artifice, mêlant superficialité et tromperie. L'agressivité est élevée, frôlant à plusieurs reprises l'insulte, mais énoncée de façon indirecte, par exemple : « La campagne de M. #Macron, c'est du plastique. Sa présidence serait celle du blabla. #FillonLille ». En outre, le marketing s'oppose à l'idée de la nation et de

24 Ivaldi G., « Populisme et choix électoral. Analyse des effets des attitudes populistes sur l'orientation du vote », *Revue française de science politique*, vol. 68, n° 5, 2018, p. 847-872.

la culture française : « Chez M. Macron, le concept national est démodé. Plutôt que le marketing du vide, je propose l'appropriation d'une vérité dans les cœurs ». Les propos font écho à ceux tenus par Emmanuel Macron lors de meetings, disant qu'« il n'y a pas une culture française » ou sa déclaration en Algérie lorsqu'il a qualifié la colonisation de crime contre l'humanité. Le candidat centriste prête ainsi le flanc à la critique et François Fillon s'en sert pour l'associer à une position à la fois superficielle et opposée à la France, selon la logique de l'« homme de paille ».

Un autre angle d'attaque est celui de l'argument de culpabilité par association : « Monsieur #Macron fait beaucoup d'effort pour paraître nouveau. Mais quelle est la différence entre lui et M. Hollande, à part l'apparence ? ». Emmanuel Macron serait l'héritier de François Hollande, président sortant très impopulaire et de gauche. Cet argument se rapproche de l'insulte lorsque François Fillon déclare : « Faites tomber les masques d'Emmanuel Hollande ! Nos compatriotes se moquent de ce bal masqué politique. #FillonCorse ». Le surnom « Emmanuel Hollande » apparaît presque comme une insulte, car il associe le candidat d'En Marche ! non seulement à la gauche, mais à l'échec du gouvernement. Rempli de mépris, François Fillon remet en question l'indépendance de son rival. Sur la critique de l'« anti-français », nous retrouvons également un tweet à la limite de l'insulte : « Par quelle faiblesse de l'esprit peut-on en arriver à dire “je ne connais pas d'art français” et “il n'y a pas de culture française” ? ». Outre une remise en question des capacités intellectuelles de son rival, François Fillon dénonce l'aveuglement idéologique d'Emmanuel Macron et interprète ses propos comme une louange du multiculturalisme. Le vocabulaire choisi évoque un aveuglement, voire un déni, autour de l'identité nationale et de sa défense qui sont posées comme éléments fondateurs chez François Fillon. L'agressivité se transforme en franche insulte lorsque François Fillon évoque la supposée machination secrète d'une classe politique faible et inefficace pour accéder au pouvoir : « La conjuration des impuissants, c'est le hollandisme qui se continuera dans son jeune héritier. #FillonParis ». La candidate frontiste est également désignée appartenir à cette « conjuration des impuissants ». En qualifiant ses adversaires de la sorte, François Fillon entretient l'idée d'une collusion qui serait non plus directement liguée contre lui, comme il s'en plaint au vu des affaires qui le poursuivent, mais également contre le pays. Cette accusation résonne avec la seule attaque du leader républicain contre les « élites » : « Merci à vous toutes et à vous tous de foncer avec moi vers la victoire qui surprendra tout le microcosme ! #FillonMontpellier ». À la limite de l'insulte, ce qualificatif renvoie à l'idée d'un monde médiatico-politique parisien renfermé sur lui-même, nombriliste et déconnecté des Français.

### JEAN-LUC MÉLENCHON, LA VOIX DU PEUPLE CONTRE LES ÉLITES

Les adversaires principaux de Jean-Luc Mélenchon sont les élites. Dans 13,9% des attaques contre les élites, il recourt à l'argument du tartuffe en direction des « riches » : « Les riches, en France, vivent au-dessus de nos moyens ! #JLMMarseille ». Les mots gagnent en violence lorsqu'ils catégorisent les élites de « tyrans » et de « maîtres » (en citant respectivement La Boétie et Jack London). Le style est grandiloquent, « Regardez-les, les nantis, les puissants, les importants, vous faire la leçon, vous appeler encore à des sacrifices. #JLMMarseille ». Il exprime le mépris jusqu'à basculer dans l'insulte à quatre reprises : « il faut que soit mis un terme à cette caste dorée de parasites incapables ! #JLMMarseille » ou « nous serons d'autant plus unis si nous ne sommes pas dans la main d'une caste de puissants qui décide de tout. #JLMFrance2 ». L'adresse devient à deux reprises directe et vulgaire avec l'emploi de l'impératif : « Dégagez ! Dégagez ! ». Cet appel au dégagisme peut exercer un écho favorable auprès de son électorat composé principalement d'employés et d'ouvriers, bien que relativement « interclassiste[25] », qui voient leurs conditions de vie dégradées avec la mondialisation (emplois instables, revenus à la baisse). Par ses attaques et ses insultes, Jean-Luc Mélenchon illustre l'inversion des rapports domination : le peuple méprisé chasse les élites méprisantes. La critique évoque également la redistribution des richesses, facteur dominant dans le vote pour les populismes de gauche radicale en Europe[26], associé au principe de justice sociale.

Si l'agressivité est parfois élevée contre les candidats ayant gouverné et faisant figure d'« élites », elle reste modérée contre Marine Le Pen : incohérence sur le temps de travail (girouette) ou affinité avec un État autoritaire alors qu'elle lui fait précisément ce reproche (argument du tartuffe énoncé également contre François Fillon et Emmanuel Macron).

25 *Ibid.*, p. 859.

26 *Ibid.*

De façon plus personnelle, Jean-Luc Mélenchon dénonce l'appétence de sa rivale pour les polémiques inutiles ou lui associe la peur. Les attaques personnelles contre Emmanuel Macron tournent autour de la référence à sa position libérale. Il rappelle son passé de banquier et lui associe l'arrogance et la cupidité, liées elles aussi à la représentation individualiste du capitalisme. Ces caractéristiques sont dénoncées avec mépris ou moquerie, comme « Monsieur #Macron, comment avez-vous osé dire que les jeunes des quartiers populaires préféraient faire Uber que dealer ? #LaForceDuPeuple » ou « Monsieur #Macron a gagné 3 millions € en vendant une entreprise à des Suisses. Déjà ça commence mal, il aurait pu la vendre à des Français ». Le mépris inverse les rapports de domination quand la moquerie crée une connivence avec le public en riant aux dépens d'un adversaire commun[27]. Outre des attaques classiques de corruption ou de déconnexion des quartiers populaires, Jean-Luc Mélenchon frôle à une reprise l'insulte en moquant François Fillon : « Je dis à monsieur #Fillon, qui aime les beaux habits, que le peuple va lui offrir une veste électorale cousue main ! #JLMToulouse ». Ce jeu de mots, en référence aux costumes offerts à François Fillon qui lui valurent une enquête judiciaire, illustre la sanction du peuple contre les élites corrompues.

### EN MARGE ? LA VIRULENCE DES « PETITS » CONTRE LES « GRANDS »

Philippe Poutou, le plus virulent des candidats issus de partis marginaux, dirige son agressivité principalement contre la classe politique et ses adversaires concernés par des affaires. François Fillon est sa cible principale (37,8%), suivi par une catégorie générique rassemblant les hommes et femmes politiques professionnels (27%) et Marine Le Pen (24,3%). La plupart des tweets ont été émis pendant sa performance lors du Grand Débat du 4 avril 2017 sur BFMTV, CNews et RMC. L'argument du tartuffe est mobilisé pour mettre en avant l'incohérence entre les postures autoritaires de François Fillon et Marine Le Pen, prônant la rigueur et l'ordre, et leurs agissements illégaux présumés : « #Fillon nous explique qu'il faut l'austérité alors qu'il pique dans les caisses de l'État #LeGrandDebat ». La tonalité est méprisante et moqueuse, ce qui lui confère une certaine violence. Les attaques personnelles gagnent en

27 Larguèche É., *op. cit.*, 2011b.

virulence : « voleurs », « menteurs » ou « corrompus ». Elles restent toutefois toujours à la limite de l'insulte, car formulées de manière indirecte ou sous forme de propos rapportés : « Ce soir au #GrandDebat, je serai à côté de voleurs et de menteurs, pour montrer que la #Politique ça peut être autre chose. @franceculture ». Marine Le Pen et François Fillon servent d'exemples pour dénoncer la corruption de la classe politique dans son ensemble, dont Philippe Poutou se distingue en tant qu'ouvrier. La seule insulte proférée vise à dévaloriser un adversaire, dont nous pouvons aisément déduire qu'il s'agit de tous les hommes et toutes les femmes politiques de profession : « Au #legranddebat, on a pu montrer que ce sont eux les clowns ! On a exprimé la dignité et la colère du monde du travail ». Les attaques restantes (23%) s'en prennent de manière plus classique à la carrure de ses adversaires : manque de crédibilité de François Fillon en raison de son bilan, héritier de François Hollande et banquier pour Emmanuel Macron, complotisme et révisionnisme pour François Asselineau ainsi qu'incapacité de Jean-Luc Mélenchon à renverser le capitalisme.

La cible préférée de François Asselineau est Emmanuel Macron, favori et Européen convaincu, auquel il s'oppose naturellement en tant que « candidat du Frexit ». Les attaques sont personnelles et s'en prennent principalement à la carrure de l'adversaire centriste : naïf, inexpérimenté et sans substance. Il peut se montrer moqueur (33,3% des tweets), comme dans ce pique en référence au passé de banquier d'affaires de son rival : « La bulle #Macron serait-elle en train de se dégonfler ? », mais ne bascule jamais dans l'insulte. Les candidats issus de partis de gouvernement ont également une place importante parmi les cibles de François Asselineau (36%). Il leur reproche leurs échecs, leur peur de débattre et leur malhonnêteté de ne pas admettre qu'ils sont à la solde de l'Union européenne.

Finalement, Nicolas Dupont-Aignan dirige la moitié de ses attaques contre les candidats ayant gouverné ou étant crédités de plus de 10% d'intention de vote. En employant l'argument du tartuffe, il pointe l'incohérence entre leur bilan au gouvernement et leurs promesses : « ce ne sont pas ceux qui ont créé les problèmes qui vont les résoudre ». Cela lui permet d'incarner le changement. Les attaques se transforment en insultes lorsqu'il les qualifie d'« oligarchie » et d'« ânes ». Il dénigre une élite politique supposée bête et docile par opposition à un peuple sage et fougueux. De manière plus spécifique, Nicolas Dupont-Aignan attaque François Fillon (33%) en lui reprochant d'être un traître et un lâche. Quant aux arguments contre

Emmanuel Macron (17%), ils sont de type « culpabilité par association » et visent à l'associer à François Hollande d'une part ; et à d'anciennes élites utopistes et gauchistes, déconnectées de la réalité d'autre part. Il tweete : « #BHL entre #EnMarche avec #Macron, le candidat des soixante-huitards hors-sol qui se trompent depuis 30 ans : Attali, Minc, etc. ».

## CONCLUSION

Bien que l'attaque *ad hominem* soit une pratique marginale durant l'élection présidentielle de 2017, elle permet toutefois aux candidats d'affirmer leur *ethos* en polarisant le débat autour de valeurs opposées. Une partie des attaques personnelles et des insultes portent la marque du populisme avec, aux extrêmes de l'échiquier politique, la remise en cause des élites. L'attaque se cristallise rarement dans l'insulte et force est de constater que l'expression du « dégagisme[28] » ne passe pas par une violence verbale débridée. La confrontation directe est évitée afin de préserver au mieux l'*ethos* présidentiable des hommes et femmes politiques. Toutefois, il suffit d'explorer la section des commentaires pour entrevoir que les internautes se chargent d'alimenter la polémique. L'insulte envers le candidat attaqué ou attaqueur est alors franche et vulgaire : « pauvre con », « minable », « crevure », « ta gueule salope »… Par leur force illocutoire, les attaques *ad hominem* et insultes cristallisent les systèmes de valeurs des candidats et participent à la construction de leur *ethos*. De manière perlocutoire, elles suscitent des réactions chez les internautes, positives ou négatives, et remplissent leur fonction de cohésion de groupe contre un adversaire commun.

Élodie BERTHET
Doctorante en sciences de
l'information et de la communication
Université Paris Panthéon Assas,
CARISM

28 Maarek P. et Mercier A., *op. cit.*, 2018.

# « TOUS DES FILS DE PUTES[1] ! »

## De l'usage de l'insulte en politique dans les halls de cité

Ce chapitre d'ouvrage a pour objectif de restituer des entretiens directs et informels effectués auprès de jeunes dans un ancien quartier de « banlieue rouge » au début des années 2000 au sujet des insultes envers le personnel politique. Il s'agit de revenir sur les discours et propos entendus lors de notre travail d'observations, le plus souvent participantes, dans les espaces résidentiels occupés par les jeunes dans une ancienne cité ouvrière. Sur ce terrain, nous avons certes rencontré des adolescents pour qui la politique n'est pas leur préoccupation première, mais aussi des jeunes adultes voire des trentenaires dont l'expérience avec la politique reste difficile. En effet, nous avons constaté que l'image des hommes politiques, de gauche comme de droite d'ailleurs, est écornée, voire discréditée auprès des jeunes. Derrière ce discrédit généralisé de l'homme politique, nous avons pu repérer l'existence d'un fort sentiment d'injustice qui structure les représentations sociales des adolescents et des jeunes adultes rencontrés sur le terrain[2]. Et dans la plupart des discours, l'homme politique censé régir la vie et les lois de la cité est perçu comme l'acteur principal du malheur rencontré par ces jeunes confrontés au racisme, aux discriminations et à la relégation sociale. En effet, que ce soit chez les étudiants de la cité orientée vers une perception « antisystème » de la société ou chez les « galériens » et les « délinquants » qui voient l'homme politique comme un personnage hypocrite et corrompu, nous pouvons affirmer que le politique au sens large est fortement décrié et stigmatisé. Comment l'insulte permet-elle de renverser les codes du pouvoir et de subvertir l'ordre social pour

---

1 Expression couramment utilisée pour désigner le personnel politique chez les jeunes d'un quartier étudié la fin des années 1990 du temps de la « banlieue rouge » déclinante.

2 Marlière É., *La France nous a lâchés ! Le sentiment d'injustice chez les jeunes de cité*, Paris, Fayard, 2008.

beaucoup de jeunes en situation précaire et incertaine évoluant pourtant dans une société démocratique ? L'insulte constitue pour ces jeunes un moyen de qualifier à la fois la fonction, mais aussi la personne qui incarne la fonction. Il nous paraît donc indispensable de nous interroger de manière plus approfondie sur les pratiques sociales de l'insulte chez ces jeunes stigmatisés par les médias et le politique en général et en quoi l'injure en constitue la contrepartie.

Il est donc question de comprendre l'importance de certaines insultes les plus courantes chez les jeunes rencontrés sur nos terrains comme « bâtard », « fils de pute » ou « salope ». Quel est donc le rôle de l'injure dans l'imaginaire collectif de ces jeunes ? Dans quelle mesure les insultes formulées subrepticement ici nous renseignent-elles sur la perception du politique par une certaine jeunesse des quartiers populaires urbains ? Afin d'appréhender au mieux le sens de l'insulte ou des jurons en politique dans les « quartiers », nous reviendrons tout d'abord sur l'importance de l'insulte comme « banalité du mal » dans les halls. Ensuite, nous examinerons la perception du et/ou des politiques chez les jeunes rencontrés à l'époque et nous verrons dans quelle mesure les insultes expriment de manière spontanée et instantanée une conception négative du politique et de son personnel.

## INSULTER LES POLITIQUES DANS LES HALLS

Lors de nos enquêtes de terrain se déroulant de juin 1999 à mai 2002, nous avons occupé l'espace d'une cité afin de reconstruire les trajectoires sociales des jeunes dans un quartier post-industriel en voie de recomposition économique et sociale depuis la fin du monde ouvrier et de son système social[3]. Ainsi nous avons partagé le quotidien des jeunes durant deux ans. C'est pourquoi nous avons observé des tensions à l'égard des institutions que ce soit la police, les travailleurs sociaux, les enseignants, etc., mais aussi le politique et ses représentants. En effet,

3 Marlière É., *Jeunes en cité. Diversité des trajectoires ou destin commun ?*, Paris, L'Harmattan, 2005. Du point de vue sociohistorique, voir Marlière É., *Des métallos aux jeunes des cités. Sociohistoire d'une banlieue ouvrière en mutation*, Paris, Éd. du Cygne, 2014.

nous avons noté une hostilité certaine envers le politique en général que ce soit pour les élus au niveau national ou local.

> Honnêtement les politiques, ils ne travaillent pas pour le peuple. Ça se voit, non ? C'est clair comme de l'eau de roche… Celui qui n'a pas compris ça, il n'a rien compris que c'est tous des chiens ! (32 ans, manutentionnaire en intérim, fils d'ouvriers français depuis plusieurs générations, entretien effectué le 12 avril 2002).

Ces propos quelque peu génériques sur le politique se résument à considérer l'homme politique comme un « chien » qui trahit le peuple, et ce quelle que soit la couleur politique. Cet entretien effectué en 2001 montre déjà le désenchantement qu'inspire le politique à l'époque pour un trentenaire en difficulté du point de vue de l'insertion professionnelle et sociale.

Mais le politique peut aussi être appréhendé comme quelque chose de plus négatif même. Quelque chose de nocif qui intervient dans le quotidien de ces jeunes dans la mesure où ces jeunes se perçoivent comme les « boucs-émissaires » des politiques :

> Que ce soit la gauche ou la droite, c'est nous qui faisons les frais ! Les cités, les banlieues, les Arabes, etc. Toutes les mesures répressives c'est pour nous ! On est des boucs émissaires ! Et ça les beaufs ils ne comprennent pas ! Pour moi, que ce soit la gauche ou la droite, c'est tous des fils de putes ! (29 ans, fils d'immigré algérien, travaille à Air France, célibataire, entretien effectué le 17 mars 2001)

Cette personne met directement les « pieds dans le plat ». Pour lui, le politique, de gauche comme de droite, renforce le racisme et la stigmatisation au quotidien. Il pense d'ailleurs que la politique au sens général est nocive dans la mesure où l'homme politique légifère à l'encontre des banlieues populaires urbaines. Les jeunes rencontrés s'estiment en quelque sorte dans la ligne de mire des politiques publiques légiférées par les politiques. C'est pourquoi le personnel politique s'avère néfaste au quotidien pour ce petit délinquant qui se plaint des contrôles de police à répétition :

> Sur la vie de ma mère, c'est des gros enculés ! Je te jure… Nous, pour du business de shit, il nous casse les couilles ! Hier, ils m'ont contrôlé deux fois et fouillé le hall ! Par contre eux, quand ils détournent du fric, mentent, volent, les flics ils ne sont pas là à leur casser les couilles ! C'est des gros bâtards,

> ces enculés ! (19 ans, petit trafiquant de cannabis, fils d'immigré marocain, célibataire, entretien effectué le 21 janvier 2000)

Pour ce jeune, les tensions à répétition avec la police sont la conséquence des lois « liberticides » qui l'empêchent de travailler et de faire son « business ». Ainsi l'homme politique est traité d'« enculé », de « batard », car c'est un menteur et un hypocrite. Pour notre interviewé, l'homme politique est un hypocrite, car lui-même est supposé mentir et voler. Les insultes sont ainsi courantes lorsque ces jeunes s'expriment au sujet de la politique en général.

Pour d'autres jeunes rencontrés dans la cité, il existe des nuances entre la gauche et la droite, mais ces nuances ne suffisent pas à combler le désespoir qui anime l'interlocuteur suivant :

> Quand c'est la droite, c'est chaud pour nous ! Quand c'est la gauche, c'est la manipulation totale qui retombe sur nous à la fin quoiqu'il arrive ! Donc nous n'avons pas d'alliés en vrai... C'est ça qu'il faut se dire ! L'homme de droite est un facho, le mec de gauche un manipulateur ! (26 ans, Diplôme d'un DESS Banque/finance, fils d'immigré algérien, célibataire, entretien effectué le 18 juin 2000)

Pour notre interrogé, il existe une autre nuance, celle qui différencie l'homme politique de droite et de gauche : ainsi l'homme de droite fustige les banlieues, car il stigmatise les immigrés et les étrangers tandis que l'homme de gauche manipule les habitants des quartiers pour son profit électoral.

Certes les tensions entre une partie des habitants des quartiers populaires et les hommes politiques pourraient ainsi se généraliser avec l'ensemble des classes populaires depuis le milieu des années 1980. En effet, le désamour progressif entre classes populaires et partis politiques remonte à l'acceptation des valeurs économiques néolibérales des partis de droite et surtout ceux de gauche au début des années 1980[4]. Mais il semblerait toutefois que les déceptions soient plus amères envers les partis de gauche que de droite chez les habitants des quartiers populaires urbains dans la mesure où les attentes étaient plus prononcées en direction des partis socialistes et communistes[5]. Cette mise en retrait

---

4 Michelat G., Simon. M., *Les ouvriers et la politique. Permanence, ruptures, réalignements*, Paris, Presses de Sciences Po, 2004.

5 Rey H., *La gauche et les classes populaires. Histoire et actualité d'une mésentente*, Paris, La Découverte, 2004.

ne se fait pas en fonction seulement d'une dépolitisation en matière de mobilisation électorale[6]. Elle est due également à un désenchantement envers le personnel politique perçu au mieux comme inefficace, au pire comme malveillant et corrompu.

L'homme politique local peut également faire l'objet de stigmatisation. En effet, chez certains jeunes, pour des raisons diverses et variées, l'inimitié envers le Maire et ses adjoints renvoie davantage aux enjeux de proximité en raison d'intérêts spécifiques :

> Mon frère s'est marié. Ça fait cinq ans déjà qu'il a fait sa demande de logement. Il travaille et il a des fiches de paie. Toujours aucune réponse. Le céfran qui habite au-dessus de chez moi, il travaille de temps en temps... Eh bien ils lui ont proposé un logement la semaine dernière. C'est des bâtards à la Mairie ! Ils sont soi-disant communistes, mais regarde... C'est du pipeau tout ça ! (23 ans, fils d'immigré marocain, petit revendeur de cannabis, célibataire, entretien effectué en 5 mars 2000)

Les griefs contre les élus de la Mairie sont légion dans les entretiens informels. Que ce soit pour les services du logement, de l'aide sociale ou de jeunesses et sports, les élus locaux sont appréhendés comme des personnes faisant du favoritisme en fonction de la couleur de peau, des affinités familiales ou amicales ou encore en fonction de l'appartenance politique. Les insultes ici résument le comportement estimé abject des hommes politiques en général qui maltraitent les banlieues, mais aussi les élus locaux faisant du favoritisme en fonction de l'idéologie ou de l'intérêt personnel.

> Il n'y a rien pour nous ici ! C'est toujours les mêmes qui se partagent la part du gâteau. Les élus en Mairie... Nous nos parents ouvriers ont travaillé comme des chiens. Qu'est-ce qu'ils ont ? Rien ! Regarde les avantages qu'ils ont... Je vois le Maire circuler en vélo ! Cette bonne blague, c'est des escrocs ! Faut qu'ils arrêtent de parler au nom des ouvriers surtout ! (33 ans, fils d'immigré algérien, éducateur et militant associatif, marié, entretien effectué le 3 juillet 1999)

Dans ses propos, les attaques concernent directement une supposée corruption des édiles municipaux qu'ils traitent d'escrocs en raison des malversations qu'ils supputent aux élus. Certes nous avons un trentenaire qui connaît le milieu associatif et qui exerce lui-même le métier

---

6 Domargen J-Y., Braconnier C., *La démocratie de l'abstention. Aux origines de la démobilisation électorale en milieu populaire*, Paris, Folio, 2007.

de travailleur social. Mais d'autres jeunes n'hésitent pas à nommer des élus responsables des descentes de police :

> On est devant l'association du quartier. Bon, on fait nos affaires… Et c'est bizarre, dès que la maire adjointe passe devant nous pour sortir son chien, allez 10 minutes après y a les condés qui passent et nous fouillent… Cette vieille pie, de quoi elle se mêle ? Franchement qu'elle s'occupe de ses magouilles à la Mairie ! (21 ans, petit délinquant, enfant d'ouvrier français depuis plusieurs générations, célibataire, entretien effectué le 11 mars 2000)

Nous voyons bien à travers l'ensemble des entretiens formels mais aussi informels restitués ici que l'insulte constitue un palliatif pour compenser la supposée maltraitance des hommes politiques qui, d'après nos jeunes interrogés ou écoutés dans un hall, légifèrent des lois iniques à leur insu et sont à l'origine de la situation difficile des habitants des quartiers populaires urbains.

## DÉNIGRER LE PERSONNEL POLITIQUE POUR RÉPONDRE AUX SENTIMENTS D'INJUSTICE ?

Dans un grand nombre d'entretiens, les jeunes « des quartiers », quelles que soient les trajectoires sociales, ont des expressions négatives pour qualifier les hommes politiques qu'ils considèrent comme responsables de leurs souffrances : « kelbs[7] », « bâtards », « ratailles[8] » ou encore « fils de pute ». Des injures, plus ou moins quotidiennes, sont formulées le plus souvent par les jeunes lorsqu'ils commentent un fait d'actualité relatant un homme politique qui stigmatise l'Islam, les immigrés ou les jeunes des cités en général. De tels sobriquets peuvent être également prononcés pour fustiger un homme politique local qui ne donne pas suffisamment d'argent pour une association de quartier, lorsqu'il ferme un créneau de football en salle ou vante les mérites d'une politique sécuritaire. Ce regard amer et par moment conflictuel envers les institutions en général et les hommes politiques en particulier est la

7 « Chiens » en arabe dialectal.

8 « Homosexuels » en arabe dialectal.

conséquence d'un fort sentiment d'injustice partagé chez beaucoup de jeunes. Le sociologue Robert Castel, au milieu des années 2000, appelait déjà de ses vœux à conjurer l'accumulation des inégalités structurelles à la fois raciales, sociales et territoriales à laquelle les habitants et les jeunes des « quartiers » sont confrontés en proposant des formes de « discrimination positive[9] ».

> C'est un pays d'hypocrites. Tout est faux. Quand t'es un Arabe et ben tu restes en bas ! Et tu as vu comment ils nous crachent dessus les politiques ! Même les partis de gauche, s'ils voient que t'es pas comme eux, ils te dégagent comme les autres ! (34 ans, fils d'immigré d'origine marocaine, ancien animateur de la ville, marié, entretien effectué le 14 avril 2002)

Cet animateur municipal qui a grandi dans la cité est désabusé de la politique menée par la gauche. Figure locale, encartée pourtant au parti communiste, il ne fait pourtant aucun cadeau aux élus municipaux. Le mot « hypocrite » est encore mobilisé dans les propos ici. La perception de l'injustice dans « les quartiers » trouve sa source dans le souhait de réussite sociale parmi les classes moyennes françaises. Être Arabe, avoir grandi dans une cité stigmatisée et avoir subi des discriminations de toutes sortes vous construit comme un indésirable dans la société[10] comme l'exprime notre prochain interlocuteur :

> J'ai la panoplie du parfait petit délinquant. La police protège les gens des jeunes comme nous. Mais qui nous protège de la police, hein ? Pas le politicien du coin qui s'en fout plein les poches et qui fait d'Arabes comme nous son « gagne-pain ! (28 ans, parents d'origine marocain, délinquant et bagarreur, décédé en prison en 2006, entretien effectué le 14 avril 2002)

> Pour eux, je suis une petite racaille ! Pas faux… Mais franchement, je n'ai pas de leçons à recevoir de ses escrocs et tchatcheurs en costard-cravates qui prennent du cash pour un logement ou une épicerie ! » (23 ans, petit trafiquant de cannabis et recéleur, célibataire, « issu de » grands-parents originaires du Maroc, entretien effectué en 5 mars 2000)

Habiter une cité et avoir un faciès d'« arabe » dessine votre destin de futur délinquant. Pour ces deux jeunes la fatalité ethnique l'emporte sur les possibilités de réussite. Et pour eux, l'homme politique est ainsi responsable de la situation non seulement en n'agissant pas ou

9 Castel R., *La discrimination négative. Citoyens ou indigènes ?*, Paris, Le Seuil, 2007.
10 Talpin J. *et al.*, *L'épreuve de la discrimination. Enquêter dans les quartiers*, Paris, PUF, 2021.

a contrario en renforçant le stigmate en temps d'élections à l'encontre des « quartiers ».

En effet, pour beaucoup de jeunes adultes rencontrés à l'époque, l'ethnicité et la racialisation semblent imposées par les institutions qui renforcent les déterminismes sociaux. C'est pourquoi nous avons repéré une sorte d'économie morale spécifique pour une partie des habitants des quartiers populaires urbains. Et les problématiques identitaires semblent plus importantes pour beaucoup de jeunes, car elles les confrontent aux discriminations à l'école, sur le marché du travail ou pour l'accès au logement :

> Pour être honnête, un nom et une tête d'Arabe eh bien tu rames au quotidien. Il vaut mieux être un blanc d'en bas qu'un Arabe avec un diplôme moi je te le dis ! À compétence égale, ce n'est même pas la peine d'en parler ! (29 ans, fils d'immigré marocain, titulaire d'un Master finance, travail comme courtier dans une assurance, célibataire, habite chez ses parents dans cité, entretien effectué le 25 mai 2002)

Ce jeune qui est resté trois ans au chômage malgré ses diplômes témoigne ainsi que dans son quotidien, la question « ethno-raciale » est centrale dans la mesure où, selon lui, elle conditionne sa situation d'exclus malgré ses diplômes. C'est pourquoi cette économie morale est orientée davantage sur les luttes contre les discriminations que les inégalités sociales en tant que telles dans les quartiers populaires[11]. Ces évolutions récentes ont ainsi façonné une forme de construction identitaire chez les adolescents et jeunes adultes souvent en « porte-à-faux » avec les autres groupes sociaux qui composent la société française. En effet, ces jeunes sont confrontés à des difficultés et problématiques qui les ont, dans une certaine mesure, singularisés dans la société française : déshérités de la classe ouvrière, tributaires du passé migratoire familial (parfois lourd à porter et à gérer) et héritiers d'une histoire sociale au sein des « quartiers » teintés de chômage, de violence, de discrimination et de racisme ordinaire. Et même si ces jeunes et moins jeunes – qui appartiennent à la deuxième voire à la troisième « génération » – sont français, il semble que leur présence dans la société française soit sans cesse remise en cause voire hypothéquée à la moindre actualité ou à la première difficulté. C'est pourquoi, le sentiment d'injustice formate

11 M. Kokoreff, D. Lapeyronnie, *Refaire la cité. L'avenir des banlieues*, Paris, Le Seuil, 2013.

l'identité collective et structure la perception sociale de la plupart des « jeunes de cité » et/ou « de banlieue ». Mais ces relents d'amertume et de colère ont comme revers de la médaille également la construction d'un malaise collectif orienté sur la peur de l'autre, des institutions, de l'État dans la mesure où ces jeunes se sentent perçus par la société environnante comme des « ennemis de l'intérieur[12] » tant ils se voient persécutés, diabolisés et mis à l'index par l'ensemble du corps social.

Pour comprendre cette situation qui semble critique au fur et mesure que les effets de la crise s'annoncent, nous pouvons nommer six facteurs importants au moins qui sont à l'origine de la détérioration des modes de vie dans les « quartiers populaires » : 1/ la fin de l'encadrement de la jeunesse populaire liée au déclin des syndicats et des socialismes d'une manière générale ; 2/ la construction politique d'un nouvel ennemi intérieur véhiculé par les « jeunes de cité » notamment issus de l'immigration maghrébine et d'Afrique subsaharienne, appréhendés comme musulmans ; 3/ la relégation sociale de ces enfants d'ouvriers et d'immigrés qui ne peuvent devenir ouvriers et sont, de surcroît, perçus comme inutiles et surtout, dangereux pour la cohésion nationale ; 4/ le fait d'habiter dans des logements sociaux paupérisés et enclavés qui fait que les « classes moyennes » et les milieux populaires supérieurs ont déserté les « quartiers sensibles », ce qui renforce le stigmate et le sentiment d'abandon dans les constructions identitaires des jeunes observés dans les cités populaires ; 5/ des tensions à répétition avec les forces de l'ordre en raison d'un traitement « d'exception » dans les quartiers populaires qui remonte aux années 1970 et qui se traduit ces deux dernières décennies par des violences ritualisées et des rancunes personnalisées plus tenaces ; 6/ un manque de débouchés politiques et donc de perspectives susceptibles de canaliser les contestations, les colères et les mécontentements des générations post-ouvrières des quartiers populaires urbains[13].

---

12 Voir à ce sujet les travaux du socio-historien Mathieu Rigouste qui, en réalisant une comparaison avec les procédés militaires pendant la guerre et la manière de se comporter de la police actuelle, met en relief la construction d'un ennemi intérieur « arabo-musulman », *cf.* Rigouste M., *L'ennemi intérieur. Des guerres coloniales au nouvel ordre sécuritaire*, Paris, La Découverte, 2009.

13 Voir la conclusion de Marlière É., *op. cit.*, 2008.

## L'INSULTE COMME RÉPARATION SYMBOLIQUE

Dans un grand nombre d'entretiens, les jeunes « des quartiers », quelles que soient leurs trajectoires sociales, ont des expressions négatives pour qualifier les hommes politiques. Des injures avilissantes sont formulées de manière quotidienne par les jeunes dans l'espace public du quartier à l'encontre de celles et ceux qui font les lois et qui gouvernent.

> Je ne comprends pas pourquoi ça met autant de temps à péter dans les quartiers. Honnêtement, ils nous considèrent comme de la merde ici ! Franchement, nos parents ont travaillé comme des oufs pour que dalle ! Et nous ils ne veulent pas qu'on s'en sorte…. (26 ans, parents d'origine algérienne, manutentionnaire intérimaire à Air France, célibataire, vit chez ses parents).

Comme le montrent les propos de notre interlocuteur, la colère est toujours présente chez ces jeunes qui se sentent méprisés par les institutions et floués par le « système ». D'ailleurs, il remet en cause les possibilités d'intégration par le haut des institutions républicaines. Des institutions qui restent, dans la tête des jeunes, orientées par les politiques :

> Il n'y a aucune volonté politique pour changer les choses ! Quels que soient les partis au pouvoir, les hommes politiques ne servent que leur ambition personnelle. C'est pour ça que pour moi ce sont des chiens et des salauds ! Ils ont salopé la démocratie. Ils sont des traîtres aux intérêts de la nation ! (30 ans, fils de Français « de souche » ayant grandi dans la cité, mécanicien, célibataire, vit chez ses parents, entretien effectué le 5 juin 2002).

Les propos sans concessions de notre dernier témoin chargent les hommes politiques de tous les maux. Ambitieux et corrompus, selon lui, ils ont détruit la démocratie : c'est pourquoi notre trentenaire les traite de « chiens », de « salauds » et de « traitres ». Des propos prérévolutionnaires qui appellent à l'insurrection et à la vengeance contre des élites appréhendées comme iniques par un jeune qui a grandi dans la cité « sans histoires ». Ainsi l'ensemble de toutes ces insultes ont pour objectif à la fois de délégitimer des hommes politiques estimés responsables d'institutions qui, pour ces jeunes, les ont discriminés à l'école, sur le marché du travail et du logement. En injuriant un homme politique de chien ou de bâtard, certains jeunes rabaissent le politique au stade de sous-homme. Il s'agit donc de renverser les pouvoirs hiérarchiques en insultant des personnages publics symbolisant en somme les « élites » de la République. Ainsi les insultes montrent la défiance qui existe entre certains jeunes et les représentants du pouvoir aujourd'hui.

Revenir sur un terrain d'enquête de presque vingt ans maintenant permet de comprendre rétrospectivement les tensions entre les jeunes dits des quartiers et les dépositaires de l'autorité en montrant les signes avant-coureurs d'un discrédit grandissant envers les représentants de l'institution depuis la fin des années 1990[14]. Remonter le temps est en effet un moyen de mieux saisir la situation dégradée des jeunes qui évoluent dans les quartiers populaires où nous sommes passés de la marche pour l'égalité et contre le racisme au début des années 1980 aux émeutes vingt ans plus tard[15]. Et depuis 15 ans maintenant la situation se serait détériorée davantage, selon l'anthropologue Alain Bertho au sens où nous serions passés du temps des révoltes à celui de la radicalisation qualifiée d'islamique[16]. S'il nous faut prendre des distances parfois avec les raccourcis dans la mesure où ces analyses ne prennent pas suffisamment en compte la pluralité des trajectoires parmi les jeunes évoluant « en bas des tours[17] », force est de constater que la situation politique, économique et sociale ne s'est guère améliorée dans les quartiers populaires urbains. En effet, ces différentes générations de jeunes constituent en quelque sorte les témoignages de plusieurs générations d'expérience de la discrimination, du racisme et donc de l'échec[18].

Autrement dit, la portée symbolique de l'insulte est réelle dans la mesure où beaucoup de jeunes interviewés sont nés dans des familles des milieux populaires le plus souvent issues de l'immigration imprégnées de traditions familiales religieuses et puritaines : insulter une mère de

14 Marlière É., « "Ca fait quarante ans qu'on est des gilets jaunes, nous !". Le mouvement des gilets jaunes vu par les habitants des quartiers populaires urbains », *Migrations Sociétés*, 3, 181, 2020, p. 141-155.

15 Beaud S., Masclet O., « Des marcheurs de 1983 aux émeutiers de 2005. Deux générations sociales d'enfants d'immigrés », *Annales, Histoires, Sciences sociales*, 4, 61, 2006, p. 809-843.

16 Bertho A., *Les enfants du chaos. Essai sur le temps des enfants martyrs*, Paris, La Découverte, 2016.

17 Marlière É., *Jeunes en cité. Diversité des trajectoires ou destin commun ?*, Paris, L'Harmattan, 2005.

18 Boubekeur A., « La "petite histoire" d'une génération d'expérience. Le mouvement beur aux banlieues de l'Islam », *in* Boubeker A., Hajjat A. (dir.), *Histoire politique des immigrations (post)coloniales, France, 1920-2008*, Paris, Amsterdam, 2008, p. 179-192.

prostituée est donc perçue localement comme un blasphème. L'insulte permet, dans une certaine mesure, de renverser les codes du pouvoir et de subvertir l'ordre social pour beaucoup de jeunes en situation précaire et incertaine dans une société pourtant démocratique. D'une autre manière que les révoltes urbaines[19] ou les formes de manifestations infrapolitiques qualifiées d'incivilités ou de provocations par les institutions, elle traduit en formes verbales les violences symboliques, institutionnelles et parfois physiques subies par cette jeunesse populaire tout en manifestant la dépolitisation de leur situation économique et sociale[20] Le renversement du stigmate est opéré dans des entretiens formels ou lors de conversations informelles dans les halls permettant à la personne interrogée ou aux groupes de jeunes en discussion de restaurer leur dignité tant dévoyée par les politiques et de gauche comme de droite.

## CONCLUSION

Cette restitution empirique de notre travail de thèse qui remonte à vingt ans maintenant nous permet de comprendre ce qui s'est joué et se joue parmi les jeunes des quartiers populaires urbains. Si les jeunes interrogés à l'époque sont aujourd'hui des quadragénaires voire des quinquagénaires, le sentiment d'injustice reste présent même si avec l'âge le ressentiment est moins visible. Au début des années 1990, après une décennie de tumultes avec la police, de précarisation montante avec la fermeture des usines du quartier et les conséquences ravageuses de la drogue, les trentenaires, les jeunes adultes et les adolescents révèlent des attitudes cyniques à l'égard des institutions de proximité. Les rébellions, incivilités et autres provocations qui se déroulent dans le quartier à cette époque – il y a environ trente ans maintenant – rappellent l'attitude défiante des jeunes, urbains ou paysans, dans l'Ancien Régime à l'encontre de la monarchie et de ses privilèges.

19 Beaud S., Pialoux M., *Violences urbaines, violence sociale. Genèse des nouvelles classes dangereuses*, Paris, Fayard, 2003.

20 Boucher M., *Repolitiser l'insécurité. Sociographie d'une ville ouvrière en recomposition*, Paris, L'Harmattan, 2004.

En effet, l'historien Jean Nicolas montre l'agacement des nouvelles générations dans les années 1750-1760 pour un « système bloqué » à travers des rébellions et des tensions avec les autorités du Roi et du parlement[21]. Si comparaison n'est pas raison, les descriptions effectuées par l'historien au sujet d'un mendiant rappellent des scènes observées dans ce quartier dans les années 1990 : « La foule s'agglutine, curieuse, finalement très disposée à soutenir la victime [...] tout d'un coup la police apparaît comme l'instrument d'une insupportable tyrannie[22] ». Nous pouvons faire un parallèle avec les révoltes urbaines déclenchées par la présence des policiers venus chercher un trafiquant dans une cité populaire de Sochaux-Montbéliard au début des années 1990[23]. Ainsi, dans ce quartier, nous avons assisté à des scènes semblables à la fin des années 1980 comme le blocage d'une cité voisine par une vingtaine de cars de CRS venus arrêter des « braqueurs » et récupérer un ensemble de motos et de scooters volés dans les caves : la résistance de certains locataires invectivant les forces de l'ordre et lançant des ustensiles de cuisine, des cailloux ou des pommes de terre via les balcons démontre déjà le fort rejet des forces de l'ordre représentant un ordre social perçu comme inique. Mais nous nous rendons compte que les jeunes qui ont pris leur place – la troisième génération des cités post-ouvrières – sont confrontés aux mêmes difficultés même si les postures sont nettement plus individualistes : la révolte est toujours présente dans cette génération plus consumériste, mais aussi plus connectée que la génération précédente, même si elle peut se matérialiser à travers des formes de rage temporaire et aléatoire contre la police, la voiture du voisin ou contre la société pour certains à travers la radicalisation soudaine.

Autrement dit, ce chapitre d'ouvrage tente de montrer que la mobilisation de l'insulte chez les jeunes de quartier rencontrés au début des années 2000 malgré le caractère brutal et spontané des références dépréciatives révèle des représentations sociales beaucoup plus profondes. Si ces entretiens remontent à plus de vingt ans aujourd'hui, les enquêtés manifestent déjà à l'époque une aversion pour les politiques de tout bord, de gauche comme de droite. Ils témoignent en quelque

21 Nicolas J., *La rébellion française. Mouvements populaires et conscience sociale, 1661-1789*, Paris, Folio-Essais, 2008.

22 *Ibid.*, p. 534.

23 Beaud S., Pialoux P., *op. cit.*, 2003.

sorte de signes avant-coureur d'une rupture entre une partie des classes populaires évoluant dans les cités urbaines paupérisés et une partie des dirigeants politiques. En effet, derrière les sobriquets de « fils de pute », de « chiens », d'« enculés », d'« escrocs », de « traîtres », etc., nous percevons la manifestation d'une désillusion réelle plus ou moins commune à ces jeunes d'une société appréhendée comme hypocrite à leur encontre. Une société démocratique qui ne l'est pas vraiment pour des adolescents et des jeunes adultes rencontrés sur nos terrains. Une société perçue comme un « système » dirigé par des politiciens vus comme corrompus, vils et égoïstes. En effet, la perception de la société dans les « quartiers » étudiés se résume le plus souvent à un « système » agencé par une élite politique corrompue, occulte, malveillante et peu disposée à servir loyalement les institutions et l'intérêt commun. Cette hostilité à l'encontre des institutions de la République de la part de certains jeunes rencontrés dans les halls est liée à une histoire sociale et une expérience collective et personnelle faite d'injustice, d'inégalité, de discriminations, de maltraitances multiples, etc. Et cette colère est renforcée par une frustration sociale qui trouve ses racines dans ce que ces adolescents et jeunes adultes aperçoivent comme un mensonge de la République avec sa devise « Liberté, Égalité, Fraternité ». C'est pourquoi les insultes désignent le plus souvent des personnes – en l'occurrence le personnel politique – qui sont censées incarner les institutions et qui, pour la plupart des jeunes rencontrés, les discriminent au quotidien. On pourrait d'ailleurs se demander si une partie des habitants des banlieues, notamment les jeunes dits « des cités », ne sont pas les précurseurs d'une forme de rupture entre les classes populaires et les « élites » politiques en raison du sentiment d'injustice qui les animaient à l'époque et qui s'est étendu depuis à d'autres franges de la population ?

Éric Marlière
Professeur des Universités
en sociologie
Université de Lille, CeRIES

# JUPITER ET LES FAINÉANTS

## L'invective dans les écrits contestataires des Gilets jaunes

Depuis son émergence en octobre 2018, le mouvement des Gilets jaunes a retenu l'attention des chercheurs et chercheuses en sciences humaines et sociales, qui ont tenté d'appréhender ses logiques d'émergence, ses revendications, ses rejets, ses formes de sociabilité et d'expression, ses modes de régulation et de perpétuation, ses choix en matière de représentativité, l'efficacité et les limites de son action dans le contexte sociopolitique français contemporain[1]. L'une des difficultés d'analyse de ces éléments procède du caractère fuyant d'un mouvement qui, comme le note Laurent Jeanpierre, « a refusé de toutes ses forces d'être parlé, et souvent de parler, de parler en se conformant aux formes attendues dans l'espace public[2] », mais aussi à son hétérogénéité. Rappelons que les premiers rassemblements de Gilets jaunes procédaient d'une volonté de contester l'annonce de l'augmentation de la taxe intérieure de consommation sur les produits énergétiques (TICPE), avant que d'autres éléments tenus pour symptômes d'une crise sociale et politique ne nourrissent leurs revendications (exigence de rétablissement de l'impôt sur la fortune (ISF), maintien des services publics, hausse du pouvoir d'achat, volonté d'amélioration de la démocratie représentative, etc.).

---

1 Voir notamment Bonin L. et Liochon P., « Gilets Jaunes : des fractions de classes particulièrement mobilisées, comment l'expliquer ? », sur *Lundi Matin*, #209, 23 septembre 2019. [En ligne] : https://lundi.am/Gilets-Jaunes-Des-fractions-de-classes-particulierement-mobilisees-comment-l (consulté le 13/08/2022) ; Bourmeau S. (éd.), *« Gilets jaunes » Hypothèses sur un mouvement*, AOC, Cahier #1, Paris, La Découverte, 2019 ; Collectif d'enquête sur les gilets jaunes, « Enquêter *in situ* par questionnaire sur une mobilisation en cours », *in Revue française de science politique*, volume 69, n° 5-6, 2019, p. 869-892 ; Confavreux J. (éd.), *Le Fond de l'air est jaune. Comprendre une révolte inédite*, Paris, Seuil, 2019 ; Jeanpierre L., *In Girum. Les leçons politiques des ronds-points*, Paris, La Découverte, 2019.

2 Jeanpierre L., *op. cit.*, 2019, p. 14.

Parmi les spécificités de cette « révolte inédite » comptaient, d'une part, sa population hétéroclite, unie par le sentiment d'être laissée-pour-compte, mais rassemblant des personnes issues de différentes couches de la société, aux statuts socioéconomiques variables[3] et aux affinités idéologiques multiples ; d'autre part, sa résistance déclarée totale au système politique français – tant par le refus de se définir en regard d'une tradition de gauche ou de droite[4] que par la défiance généralisée à l'égard de la classe politique et des institutions (syndicats et partis d'oppositions y compris) –, laquelle contribuait à l'hétérogénéité d'un ensemble ne bénéficiant pas des effets unificateurs traditionnels d'une révolte supportée par un parti, un syndicat ou une idéologie strictement définie[5]. Les Gilets jaunes se sont aussi distingués par leur rapport original à l'espace et au temps : disséminés sur la totalité du territoire français, ils n'ont pas appelé à la grève, privilégiant la planification d'actions selon une temporalité double, faisant « altern[er] temps faibles et temps forts afin d'"optimiser" l'usage des énergies sollicitées[6] ». Les « temps faibles » correspondaient à l'occupation des ronds-points de Province, quasi-non-lieux préférés aux traditionnelles barricades : parce qu'ils régulent le trafic et qu'on y tourne en rond, ils renvoient autant à l'ordre qu'à la routine – deux valeurs à subvertir. Mais les ronds-points sont aussi des espaces de peu : en les investissant, les Gilets jaunes transformaient ces lieux invisibles en territoires et affirmaient leur propre capacité de perturbation (« Enfin les ronds-points servent à quelque chose », avance l'un des multiples graffitis ironiques qui ont accompagné le mouvement). Les « temps forts » étaient eux marqués par une mobilisation massive à l'occasion des manifestations hebdomadaires du samedi, dans les grandes villes françaises et en particulier au cœur de la capitale, que de

3 « Cette colère provient en effet à la fois de salariés du privé intégrés, mais au revenu modeste, d'agents peu valorisés des services publics, d'artisans, commerçants ou petits entrepreneurs à la peine, de retraités proches du seuil de pauvreté, de travailleurs précarisés inquiets face à l'avenir, et elle semble s'étendre progressivement aux agriculteurs, mais aussi aux lycéens et aux étudiants. » (Paugam S., « Face au mépris social, la revanche des invisibles », *in* Bourmeau S. *(éd.)*, *op. cit.*, 2019, p. 37.)

4 Refus dont on peut se demander s'il n'est pas fonction de la modification du jeu politique opérée par Emmanuel Macron avec la création de *La République en Marche*, censée dépasser ce dualisme ; l'ironie étant que ce parti censément ni de gauche ni de droite soit la cible principale de ce mouvement refusant également de se définir en ces termes.

5 Hayat S., « L'économie morale et le pouvoir », *in* Confavreux J. (éd.), *op. cit.*, 2019, p. 20-21.

6 Laugier S. et Ogien A., « Samedi, j'ai insurrection : neuf leçons à tirer d'un mouvement intermittent », *in* Bourmeau S. *(éd.)*, *op. cit.*, 2019, p. 64.

nombreux Gilets jaunes gagnaient ponctuellement pour faire entendre la colère de ceux qui n'y vivent pas.

Dans un essai sur l'immixtion des obsessions de l'extrême droite dans le discours social[7], Philippe Corcuff a consacré un chapitre à la fois solide et sévère aux Gilets jaunes, estimant que ces derniers ont bénéficié d'un traitement trop favorable de la part des médias, des chercheurs en sciences humaines et de la gauche radicale, en dépit d'un nombre important de dérives et contradictions. Le sociologue pointe notamment la tendance au conspirationnisme observée sur les réseaux socionumériques associés au mouvement et distingue cinq éléments tendant à faire des Gilets jaunes les adjuvants d'une veine confusionniste : « l'importance du référent "national" », « une vision unifiée du "peuple" », « une diabolisation assez indifférenciée des "médias" », l'adhésion à « la thèse selon laquelle la France serait ou deviendrait "une dictature" » et un relativisme axiologique plus global[8]. Corcuff recense par ailleurs ce qu'il désigne comme des « dérapages », en reprenant l'expression médiatique et en concédant qu'ils ont été limités, c'est-à-dire des agressions physiques et verbales à caractère homophobe ou raciste, avec, comme possible point culminant, l'épisode infâme qui a vu un petit groupe de Gilets jaunes de Flixecourt harceler six migrants découverts dans un camion-citerne avant de les dénoncer à la gendarmerie[9]. De même, le sociologue relève justement la présence d'avanies antisémites – dont témoignent l'usage du nom Rothschild comme antonomase dépréciative (en référence au passage de Macron dans la banque d'affaires de 2008 à 2012) ou les insultes adressées à Alain Finkielkraut en marge des manifestations du 16 février 2020[10]. Ces réalités ont beau être minoritaires dans les actions des Gilets jaunes (et Corcuff le souligne à plusieurs

7 Corcuff P., *La Grande confusion. Comment l'extrême droite gagne la bataille des idées*, Paris, Textuel, 2020.

8 *Ibid.*, p. 327-329. On peut discuter les deux derniers points, en évoquant la dimension hyperbolique du terme « dictature » (bien qu'il faille concéder que l'usage de l'expression s'est développé et durci au moment où ont été imposées les mesures et restrictions liées à la pandémie de Covid-19) et en regrettant l'impétuosité du dernier argument (« en s'en prenant massivement aux radars routiers, au détriment de la vie des individus en plus grande insécurité routière, des secteurs des "gilets jaunes" ont contribué à nous enfoncer un peu plus dans la confusion et le relativisme des valeurs. » — *ibid.*, p. 329).

9 *Ibid.*, p. 323-325.

10 *Ibid.*, p. 332-336. Voir aussi Sonia et Nadia Meziane, « Ligne rouge et gilets jaunes », dans *Lignes de crêtes*, 18 novembre 2018, [En ligne] : https://www.lignes-de-cretes.org/ligne-rouge-et-gilets-jaunes/ (consulté le 13/08/2022).

reprises), il importe de les prendre en considération ; elles témoignent de la force de pénétration des pratiques et poncifs de l'extrême droite, et de leur banalisation[11]. Il ne s'agirait pas, pour autant, de verser dans la lecture inverse en réduisant les Gilets jaunes à une déferlante rouge-brune : que des pratiques identitaires et réactionnaires aient pu s'observer au sein du mouvement était en réalité prévisible – comment aurait-il pu en être autrement dans un pays où la candidate du RN a dépassé les 10 millions de voix aux présidentielles de 2017 ? Tout au long des manifestations, on a pu observer des heurts entre antifas et partisans de l'extrême droite (plusieurs figures ou groupuscules fascistes étant fréquemment expulsées *manu militari* des manifestations, à l'image de factions de l'Action française ou du militant du parti nationaliste Yvan Benedetti), ce qui témoigne d'une certaine labilité du signifiant *gilet jaune* et de l'hétérogénéité d'un mouvement dont Philippe Corcuff a raison de souligner qu'il a pu fonctionner comme un vecteur confusionniste.

L'analyse des Gilets jaunes déployée dans *La Grande confusion* apporte une nuance nécessaire aux lectures focalisées sur le progressisme du mouvement sans pour autant nier la portée émancipatrice de certaines réflexions et expériences que ce dernier a amorcées, comme en témoigne l'envoi du sixième chapitre[12]. J'aimerais revenir sur trois points qui me semblent moins pris en compte dans le traitement que Philippe Corcuff réserve au mouvement et qui apparaissent pourtant cruciaux : relatifs à la constitution d'une image de collectivité oppositionnelle fédérée, au dialogue de sourds entretenu avec et par Emmanuel Macron et à la virulence de la répression policière, ils peuvent être saisis à travers des discours vifs énoncés par les Gilets jaunes.

---

11 Bodin F., « Gilets jaunes et extrême-droite », dans *Les Utopiques*, n° 11, Gilets jaunes, autour d'une révolte sociale, 2019, [En ligne] : https://www.lesutopiques.org/gilets-jaunes-et-extreme-droite/ (consulté le 13/08/2022).

12 Corcuff note que « les "gilets jaunes" constituent tout à la fois une partie de la solution possible (interruption égalitaire de l'ordre social inégalitaire, souci de la justice sociale, sens de la dignité retrouvée pour les groupes sociaux dominés, appui sur les sociabilités ordinaires, formes d'auto-organisation, critique des risques oligarchiques des institutions représentatives, dispositifs de démocratie directe et participative…) pour une gauche d'émancipation à venir *et* une partie des problèmes auxquels elle devrait se confronter (zones ultraconservatrices, brouillages confusionnistes, conspirationnisme, nationalisme, conception unitaire du "peuple-nation" et de la démocratie aplatissant le pluralisme et la conflictualité, ambiguïtés antifiscalistes quant au néolibéralisme économique, dénonciation de l'"assistanat", marginalisation des enjeux écologiques…). » (Corcuff P., *op. cit.*, 2020, p. 351.)

Pour appréhender ces trois éléments, je me fonderai sur un corpus de plusieurs centaines d'écrits sauvages de la contestation[13] – tags et graffitis, affiches, pancartes, banderoles, messages sur les gilets – témoignant d'une dynamique collective et anonyme favorisant l'émergence de discours de lutte, remplissant tour à tour, sinon simultanément, des fonctions fédératrices, récréatives, cathartiques et parégoriques. Ces écrits sauvages se fondent en partie sur une poétique de l'invective[14] au sein de laquelle l'insulte se révèle forcément prépondérante, soit qu'elle interpelle une cible dont elle souhaite corriger les modes de fonctionnement ; soit qu'elle remette en scène et reconfigure (ou « se contrapproprie[15] ») une insulte qui lui est initialement destinée. À partir des écrits sauvages liés au mouvement, il est possible de reconstruire en partie l'imaginaire des Gilets jaunes, et de saisir certains motifs, thèmes et questions qui les animent – en se gardant de tenir un seul message peint à la hâte sur un mur comme emblématique de l'ensemble de la mouvance, mais en étant attentif aux effets de série, aux reprises de certaines formules, à leur viralité, aux réseaux isotopiques et à la cohérence de certains procédés rhétoriques.

---

13 Selon l'expression de Jacques Dubois, qui appelle « littératures sauvages » ces discours « qui ne participent d'aucun des réseaux [traditionnels] de production-diffusion, qui s'expriment de façon plus ou moins spontanée et se manifestent à travers des canaux de fortune. » (Dubois J., *L'Institution de la littérature*, Labor, « Espace Nord », 2005, p. 192). Le corpus ici exploité a été constitué par Louise Moulin, d'une part, créatrice du Tumblr *Plein le dos !* réunissant des photographies des gilets personnalisés portés par les participants (« Pour une mémoire populaire, la rue contre le mépris » ; voir www.pleinledos.org et https://desarmons.net/ [consulté le 13/08/2022]), et par l'équipe responsable du site *La Rue ou rien*, d'autre part, qui collecte depuis mars 2016 les messages politiques surgissant dans l'espace public. Je me permets également de renvoyer au projet d'Observatoire des Littératures Sauvages que je porte à l'Université de Namur et, en particulier, au chantier dédié aux écritures de la contestation (https://olsa.unamur.be/ [consulté le 13/08/2022]).

14 Se plaçant dans le sillage des travaux d'Austin, Marie-Hélène Larochelle propose de tenir l'invectif pour un régime singulier de performativité, qui implique une médiation langagière du combat et transforme ce dernier en joute fictionnelle. Larochelle M.-H., « La chasse au monstre », *Études littéraires*, vol. 39, n° 2, *Esthétiques de l'invective*, 2008, p. 31-45.

15 Butler J., *Le Pouvoir des mots. Discours de haine et politique du performatif*, Paris, Amsterdam, 2017, p. 37.

## « MACRON, T'AS LA JAUNISSE » : ÉMERGENCE D'UNE COLLECTIVITÉ

Parmi les griefs formulés contre la réception et l'analyse des Gilets jaunes, Philippe Corcuff pointe l'« unification symbolique du mouvement », qui a conduit à lisser des divergences idéologiques au sein de la mouvance (rapportables aux couleurs politiques des différentes régions[16]), « comme s'il fallait qu'il y ait bien *un* mouvement derrière le nom commun "les gilets jaunes"[17] ». Cette unification de l'extérieur appuie une dynamique interne qui visait à assurer la fédération des membres de la mouvance – partant, à participer à forger l'image d'une insurrection légitime, davantage capable d'unir les Français que n'importe quel parti politique. On peut ici tenir pour une manière d'effet perlocutoire la représentation partagée des Gilets jaunes comme collectif soudé : celle-ci est fonction de discours et pratiques qui ont permis à l'ensemble d'*apparaître* comme tel dans l'espace public. Les disparités des acteurs et actrices de l'insurrection ont d'abord été largement éclipsées par le symbole fédérateur faisant office d'étendard ou d'uniforme qu'ils ont choisi et qui trouve son origine dans l'opposition fondatrice au TICPE ; métonymie du véhicule personnel visé par la taxe annoncée, il exploite la fonction première du gilet, qui consiste à protéger celui qui le porte en améliorant sa visibilité.

Le développement du mouvement s'est accompagné d'une expansion de la valeur symbolique du gilet et de sa couleur, les slogans et tags fonctionnant comme autant de signatures inscrivant le signe de ralliement dans les représentations de l'époque : dès les premiers rassemblements, on observe de cette façon des écrits contestataires fondés sur des expressions contenant le mot *gilet* ou le mot *jaune* (« Mets ton gilet, on quitte le navire », « Pas de vaccin pour la fièvre jaune », « Beau comme un gilet jaune à Paris », « Les gilets jaunes recrutent, engagez-vous ! »),

---

16 Comme l'observent Sandra Laugier et Albert Ogien, « si les blocages du Sud-Est et du Nord peuvent être attribués à la puissance locale du Rassemblement national (drapeaux français, Marseillaises, propos racistes, méchoui de porc, etc.), ceux du Sud-Ouest peuvent l'être à l'implantation des réseaux d'extrême gauche, et ceux de Bretagne à une autre alliance des forces, etc. ». (*op. cit.*, 2019, p. 61.)

17 Corcuff P., *op. cit.*, 2020, p. 316.

sur le détournement d'expressions proverbiales (« Le fond de l'air est jaune », « La vie en jaune ! » ou « Jaune de rage ») et sur des *inside jokes* tirant parti de la pop culture (« We are all in a yellow submarine » ; « Full Metal Yellow Jacket » ; « Gilet jaune is coming » et son revers « Winter is burning » ; « Yellow Is the New Black »). D'une part, ces écrits sauvages ludiques permettent d'instaurer et entretenir une forme de convivialité au sein de la mouvance et d'alléger, fût-ce temporairement par le fait même de la camaraderie, le poids du ressentiment à l'origine de l'insurrection ; d'autre part, ils contribuent à l'unification et au rayonnement du mouvement grâce à des formules percutantes et des plaisanteries qui, si elles ne garantissent pas l'adhésion de ceux qui n'en sont pas, attirent leur attention et gagnent peut-être leur sympathie.

C'est également cette double fonction que remplissent une série de slogans fondés sur une apostrophe n'impliquant pas forcément une menace, mais où l'invective se mâtine d'irrévérence potache : on trouve de cette façon des tags comme « Macron t'as la jaunisse », « Jaune devant Macron derrière » et des références contemporaines comme « Plutôt Rick et Morty que RIC et Macron[18] » ; « Roule un Macron, fume un Macron, charge un Macron » (détournement du titre « Dragon » des rappeurs Vald et Sofiane) ; « Hé Manu, tu descends ? » (emprunt à un sketch des Inconnus) ; « Octogone avec Macron », évocation du cadre du combat planifié par les rappeurs Kaaris et Booba. Insultants, mais plus ludiques que virulents, ces slogans se fondent sur des emprunts à la « culture ordinaire[19] » (séries, sketchs, chansons, etc.) – leur fonction d'inclusion paraît de cette façon plus nette que celle des banderoles, graffitis et affiches de Mai 68, où les références mobilisées favorisaient les *inside jokes* d'étudiants lettrés ; comme l'écrit Sandra Laugier à propos du cinéma, le réalisme ordinaire de ces productions culturelles ne participe pas tant de leur esthétique ou de leur système narratif, mais de leur « inclusion dans la vie réelle[20] », c'est-à-dire, notamment, du rôle

18 Cet écho à la série animée de Justin Roiland et Dan Harmon, qui a ici la préférence sur le Référendum d'Initiative Citoyenne refusé par le Président en fonction, est ambivalent : soit il n'est pas un tag *de* gilet jaune (dans la mesure où le RIC fait partie des revendications de la mouvance), soit il témoigne d'une adhésion approximative (le bon mot étant ici privilégié à la logique).

19 Laugier S., « Vertus ordinaires des cultures populaires », *Critique*, n° 776-777, janvier-février 2012, p. 48-61.

20 Laugier S., *Nos vies en série*, Paris, Flammarion, 2019, p. 51.

qu'elles jouent dans les imaginaires, dans les façons dont des individus les mobilisent pour dire comment ils voient et pensent le monde.

Une autre série d'écrits sauvages, relevant aussi d'une stratégie de constitution imaginaire d'une collectivité fédérée, mise sur l'inscription de cette dernière dans une histoire révolutionnaire : si les commentateurs des Gilets jaunes ont souvent tenté, pour circonscrire le mouvement, de le comparer à d'autres révoltes qui ont marqué la France contemporaine (de la révolte des Canuts à celle de Mai 68, en passant par la Commune de Paris), les acteurs de la mouvance ont eux-mêmes revendiqué ces filiations par le biais de slogans. Nombreuses sont de cette façon les banderoles et inscriptions renvoyant à l'article 35 de la Déclaration des droits de l'homme et du citoyen ou à la date emblématique de 1871[21]. Cette inscription symbolique dans le sillage de soulèvements majeurs peut s'envisager comme une tentative d'assurer la légitimité du mouvement. Le registre de l'invective n'échappe pas à cette poétique de l'analogie, comme en témoignent les tags « Macron=Louis XVI », « 1871 raisons de niquer Macron » ou « Bouteflikons Macron », qui promet au président en fonction une éviction similaire à celle vécue en avril 2019 par le chef d'État algérien.

## « CEUX QUI NE SONT RIEN SONT PARTOUT » : RIPOSTES

Dans *La République injuriée*[22], Olivier Beaud livre une analyse historico-juridique fouillée des offenses faites aux présidents qui se sont succédé depuis la III^e^ République : l'un des impensés de cet essai tient à la question inverse, c'est-à-dire aux injures prononcées par les chefs d'État. Philippe Corcuff ne s'y arrête pas non plus dans son analyse des Gilets jaunes : si le sociologue a tout à fait raison de souligner la focalisation excessive subie par l'occupant de l'Élysée depuis le mandat de Nicolas

21 Je me permets sur ce point de renvoyer à mon article « 1871 raisons d'y croire », *in* St. Clair R. et Whidden S. (éd), *« La Commune n'est pas morte… »*, *Nineteenth Century French Studies*, vol. 49, n° 3-4, 2021, p. 374-395.

22 Beaud O., *La République injuriée. Histoire des offenses au chef de l'État de la III^e^ à la V^e^ République*, Paris, PUF, 2019.

Sarkozy (focalisation qui conduit à survaloriser les mérites et faiblesses d'un individu qui, pour capital que soit son rôle, n'est qu'un maillon d'une chaîne du pouvoir politique[23]), il faut convenir que cette attraction est aussi fonction d'une *manière* d'occuper cette position, qu'illustrent notamment plusieurs saillies dérogeant au statut présidentiel. La multiplication de ces dernières procède en partie de la surexposition impliquée par les médias et moyens de communication contemporains (impossible de laisser échapper une « déclaration malheureuse » à l'heure des réseaux socionumériques), mais il s'agit aussi d'une manière d'orienter le débat, sinon de le verrouiller délibérément[24].

On se souvient du tollé provoqué par la saillie prononcée par Jacques Chirac, alors président du RPR et maire de Paris, sur « le bruit et l'odeur », lors du dîner-débat du RPR à Orléans, le 19 juin 1991. Le candidat Nicolas Sarkozy lui a emboîté le pas des années plus tard, en 2005, en proposant de nettoyer une cité de La Courneuve « au kärcher », puis en promettant de « débarrasser [Argenteuil] de la racaille » – avant de glisser, quelques années plus tard, le fameux « casse-toi pauv' con ! » à un citoyen qui refusait de lui serrer la main au salon de l'Agriculture. À en croire Valérie Trierweiler, François Hollande raillait de son côté « les sans-dents », insulte d'inspiration hugolienne qui n'a cependant jamais été prononcée en public. Cependant, aucun président français ne s'est autorisé autant de déclarations injurieuses ou méprisantes qu'Emmanuel Macron ; à tel point qu'on est en droit de se demander dans quelle mesure ces piques et « maladresses » macroniennes, corollaires d'une volonté de céder des formules à l'histoire[25], seraient autre chose que des

23 Corcuff P., *op. cit.*, 2020, p. 305-306.

24 Dans *Dialogues de sourds*, essai devenu classique, Marc Angenot prend acte du décalage existant entre la définition commune de la rhétorique comme « art de persuader par le discours » et un constat d'échec empirique, en vertu duquel « les humains argumentent constamment, certes, et dans toutes les circonstances, mais à l'évidence ils se persuadent assez peu réciproquement, et rarement. » De cette observation naît une réflexion sur l'impossibilité de la conciliation, non pas tant entre des adversaires capables de débattre et d'exposer leurs thèses respectives, mais dans des situations où « l'on ne peut pas accepter la manière adverse de soutenir sa thèse, où l'on ne parvient pas à voir sur quoi elle "repose" ni à en suivre le fil » (Angenot M., *Dialogues de sourds*, Paris, Mille et une nuits, 2008, p. 7 et 10). La crise des Gilets jaunes et sa gestion par l'État français sont emblématiques de cette incapacité non pas à persuader l'adversaire, mais, plus fondamentalement encore, à nouer un dialogue permettant de faire évoluer des positions antagonistes.

25 Certaines singularités lexicales d'Emmanuel Macron détonnent si nettement avec son usage ordinaire qu'elles semblent motivées par leur signifiant plus que par leur

artifices rhétoriques visant à maintenir l'attention en surface et à éviter des critiques plus profondes de ses choix politiques.

Reste que ce sens du slogan a favorisé le développement d'une poétique du contre-slogan, fondée sur un principe parodique : les écrits sauvages des Gilets jaunes ont souvent visé à répondre aux déclarations caustiques du président, renvoyant l'insulte à son émetteur ou la détournant pour se la réapproprier. Un slogan tel que « Ceux qui ne sont rien sont partout », tagué fréquemment sur les murs des grandes villes, répond de cette façon à l'expression employée par le président le 29 juin 2017 au moment de l'inauguration de la Station F installée dans la halle Freyssinet, à Paris : « Une gare, c'est un lieu où l'on croise les gens qui réussissent et les gens qui ne sont rien. » On peut, selon le modèle proposé par Jean-Jacques Lecercle, penser ce tag comme une manière de « contre-interpellation[26] », réfutant à la fois la subjectivation et l'assujettissement imposés par le Président Macron à la faveur d'un énoncé lourd en présupposés idéologiques et en effets classants et déclassants. De même, le graffiti « La meilleure façon de se payer un costard, c'est de piller chez Zadig et Voltaire » est une réaction à un échange survenu lors de la visite d'une école numérique de Lunel, le 27 mai 2016 : accueilli par des opposants à la loi Travail, celui qui était alors candidat à l'élection présidentielle est apostrophé par un « Vous, avec votre pognon, vous achetez des costards ! », auquel il avait rétorqué : « Vous n'allez pas me faire peur avec votre t-shirt. La meilleure façon de se payer un costard, c'est de travailler ». Le tag « Le revenu des fainéants, c'est le dividende » réagit à une allocution prononcée le 8 septembre

---

signifié – comme si le président en fonction cherchait à égaler l'« abracadabrantesque » emprunté par Chirac à Macron. Ainsi lors du débat de l'entre-deux-tours de l'élection présidentielle, le 3 mai 2017, Macron utilise l'expression, désuète, mais déjà employée par Jacques Chirac pour décrédibiliser Valéry Giscard d'Estaing en 1979, de « poudre de perlimpinpin », pour disqualifier les propositions de Marine Le Pen en matière de contrôle des frontières (« Ce que vous proposez, comme d'habitude, c'est de la poudre de perlimpinpin »). Le 1er mai 2020, il semblait vouloir faire écho au Général de Gaulle en usant d'une expression à la fois désuète et méprisante pour tourner en dérision les luttes sociales, le refus de « la chienlit » se transformant en l'espoir de retrouver « des premiers mai chamailleurs » après la période de confinement. Le 6 mai 2020, en pleine pandémie de Covid 19, il incitait des artistes à « enfourcher le tigre ». Lors du débat de l'entre-deux-tours des élections présidentielles de 2022, il indiquait à Marine Le Pen « On peut décider de ripoliner tout seul la façade, mais c'est une copropriété », manière de fustiger le positionnement individualiste de son adversaire à l'égard de l'Europe.

26 Lecercle J.-J., *De l'interpellation. Sujet, langue, idéologie*, Paris, Amsterdam, 2019.

2017 à l'École française d'Athènes, à un moment où une manifestation contre la loi Travail se mettait en place : « Je serai d'une détermination absolue et je ne céderai rien, ni aux fainéants, ni aux cyniques, ni aux extrêmes »). Le slogan « Ok Manu, on traverse », lui aussi devenu classique, donne suite à la réponse adressée le 16 septembre 2018 par Emmanuel Macron à un jeune chômeur lui expliquant ses difficultés à trouver du travail : « Il faut y aller ! Maintenant, hôtels, cafés, restaurants, je traverse la rue, je vous en trouve ! »). Enfin, des tags comme « Des efforts ? On en fait, on vient tous les samedis » et « Le goût de l'effort peut-être, mais pas celui du charbon » réagissent au discours prononcé le 11 janvier 2019 à l'occasion de la traditionnelle galette des Rois de l'Élysée, dans lequel le président déplorait que « beaucoup trop de nos concitoyens pensent qu'on peut obtenir sans que cet effort soit apporté » et promouvait le « sens de l'effort ».

Ailleurs, le président est pris au piège de l'image de lui qu'il a tenté d'imposer : nombreux sont de cette façon les tags (« Vas-y Jupiter, fais briller la caillasse », « Jupiter dégage », « Jupiter tu saignes le peuple », etc.) faisant référence à l'interview donnée en octobre 2016 au magazine *Challenges*, dans laquelle celui qui n'était alors que candidat suggérait, par opposition à la posture adoptée par Hollande, que sa propre gestion de l'État pourrait être « jupitérienne ». Défendant les « premiers de cordée » (dans le grand entretien accordé à LCI et TF1 en octobre 2017) et fustigeant les « gaulois réfractaires au changement » (face à la reine du Danemark Margrethe II, fin août 2018), le président en fonction s'est construit un *ethos* paternaliste et narquois qui prête le flanc à la satire – nombreux aussi, les montages vidéos qui comparent ses interventions à celles du personnage caricatural d'OSS 117 dans les films de Michel Hazanavicius[27]. Comme l'écrit Judith Butler en un passage qui prolonge les observations de Bourdieu sur les mécanismes de la violence symbolique, « l'un des arguments les plus forts en faveur de la règlementation

27 Cette fictionnalisation d'Emmanuel Macron devrait faire l'objet d'une étude spécifique ; elle participe d'une histoire des figures satiriques du chef d'État qui a notamment vu Louis-Philippe se métamorphoser en poire sous le crayon de Philippon et Daumier (voir Erre F., *Le Règne de la poire*, Seyssel, Champ Vallon, 2011) et Nicolas Sarkozy devenir un diablotin dans les dessins de Cabu ; Napoléon III être réduit au maçon Badinguet par ses détracteurs (comme en témoignent, notamment, les écrits de Zola et de Huysmans) et Jacques Chirac gagner en popularité grâce à sa marionnette flegmatique dans Les Guignols de l'info.

étatique des discours de haine est que certains types d'énoncés, quand ils sont formulés par ceux qui occupent des positions de pouvoir au détriment de personnes subordonnées, ont pour effet de redoubler la subordination de ceux auxquels ils sont adressés[28] ».

## « NI D'YEUX NI MAÎTRE »

Dans *La Grande confusion*, Philippe Corcuff n'évoque que brièvement la « brutale, voire en certains cas sanglante, répression du mouvement[29] », pour indiquer que la désignation confusionniste de l'État français comme *dictature* n'est pas seulement liée à cette question. Il s'agit pourtant là d'une dimension cruciale de cette insurrection : au fil des mobilisations des Gilets jaunes, le Gouvernement, sans s'émouvoir outre mesure des graves blessures infligées à des manifestants par la Brigade anti-criminalité (BAC) et les Compagnies républicaines de sécurité (CRS), a eu beau jeu de dénoncer la violence des rassemblements, les cassages et les pillages qui ont pu s'y observer. Les écrits sauvages des Gilets jaunes ont pu revendiquer cette violence, en la nimbant d'une joyeuse ironie participant à l'énergie jubilatoire de la révolte (comme en témoignent les tags d'inspiration soixante-huitarde : « Sous les pavés la BAC ! » et « Nous sommes les forces du désordre ! ») ; une telle rhétorique accentue le contraste entre cette violence pensée comme festive et celle, froide et normative, exercée par les appareils répressifs d'État. Après l'attaque du ministère occupé par le Secrétaire d'État et porte-parole du gouvernement, Benjamin Griveaux, par des Gilets jaunes équipés d'un engin de chantier, le 5 janvier 2019, on voit de cette façon surgir des graffitis comme : « Encastrer la préf' au transpalette », « Demain s'ouvre au Fenwick ! », « Génération Fenwick ! », « Rendez-nous le tractopelle ! », « Macron démission, Transpalette à Matignon » et « Nous sommes transpalette », reprise ironique de la structure du slogan « Je suis Charlie ». De même, les heurts et dégradations sont assumés par manière de dérision, au détour de rimes délibérément naïves (« Acte

28 Butler J., *op. cit.*, 2017, p. 52.
29 Corcuff P., *op. cit.*, 2020, p. 328.

neuf : vole un bœuf », « Acte dix : nique la police », « 2019, mange un keuf »), et d'aphorismes ou formules figées au second degré (« On ne fait pas d'omelettes sans casser de keufs », « Pour Noël, ne faites pas les vitrines, cassez-les »).

Cet usage de l'invective contre les forces de l'ordre possède une dimension récréative : les graffitis susmentionnés misent sur une recherche, même minimaliste, du calembour et de l'effet comique qui ne président pas aux slogans habituels contre les forces de l'ordre (du type « ACAB » ou « CRS SS »). Au fur et à mesure des mobilisations, ces écrits ont aussi pris en considération les violences policières commises contre celles et ceux qui participaient aux manifestations : de nombreuses archives ont permis de mesurer comment la répression du mouvement s'est déclinée en gueules cassées, éborgnements, tabassages et mains arrachées, sans que l'État ne s'en émeuve – Emmanuel Macron allant jusqu'à oser déclarer, le 26 août 2019, qu'un tel déploiement armé procédait des dégâts commis par les manifestants et que le maintien de l'ordre n'avait pas été accompagné de « violences irréparables » contre ces derniers. Dans le film *Un pays qui se tient sage* de David Dufresne (2020), la militante Mélanie N'Goye-Gaham se demande si ces saillies ne constituent pas la première des formes de violences qui se sont abattues sur les Gilets jaunes (« Quand notre président dit qu'il n'y a rien d'irréparable qui a été fait aux Gilets jaunes, c'est pas violent ? »).

Sur les banderoles et tags des Gilets jaunes, les réactions à l'usage des grenades de désencerclement et aux tirs de LBD se sont souvent énoncées sur le ton de l'humour, délaissant cette fois l'invective au profit d'un rire portant la couleur des gilets – rire jaune, on le sait, c'est feindre de rire, c'est accepter temporairement de rire avec les autres de ses propres malheurs, en présentant un masque réjoui pour mieux dissimuler son ressentiment. De nombreuses traces en témoignent, qui laissent deviner l'endurance d'un mouvement à travers des formules parodiques : « Liberté, égalité, flashball », « Borgne to be free », « La police fait mal son travail, ça crève les yeux », « J'avais d'beaux yeux, tu sais » ou encore « Ni d'yeux ni maître ». Sur ce thème, un tag en particulier, repris sur différents supports dans la capitale, mérite d'être épinglé : « La "foule haineuse" porte l'uniforme ». Subvertissant le discours prononcé le 31 décembre 2018 par le président Macron, qui fustigeait à cette occasion « les porte-voix d'une foule haineuse », il témoigne autant d'une lassitude que de la capacité de ces écrits sauvages à rétablir un équilibre à partir de la reprise ironique d'un discours dominant.

La crise sanitaire qui a frappé l'Europe au printemps 2020 a logiquement modifié les possibilités de la manifestation et a favorisé l'adaptation et la réinvention de certaines pratiques. Pendant le confinement, les pancartes et tags des manifestants ont de cette façon été remplacés par des banderoles accrochées par des particuliers sur leurs balcons, façades et fenêtres. L'une d'elles a suscité la polémique ; affichée par une jeune femme sur la façade de sa maison, à Toulouse, elle était traversée par la question rhétorique : « Macronavirus, à quand la fin ? » Le mot-valise, déjà employé en couverture du numéro de *Charlie Hebdo* du 29 janvier 2020, a valu à l'autrice d'être arrêtée pour « outrage à personne dépositaire de l'autorité publique » et de passer quatre heures en garde à vue, le 23 avril 2020. La censure de la banderole a provoqué de nombreuses indignations et marques de soutien[30], en plus de générer un véritable « effet Streisand », puisque le mot-valise prohibé a depuis lors été largement repris, sur les réseaux socionumériques et sur d'autres banderoles. Si l'atteinte à la liberté d'expression est d'autant plus injustifiée que le délit d'offense au chef de l'État a été abrogé[31], la raison de l'indignation face à cette arrestation était aussi fonction de la situation d'énonciation partagée entre le domaine privé et le domaine public : s'il existe des restrictions en matière d'affichage dans le cadre de certaines copropriétés (suivant le règlement établi collégialement par les propriétaires), la police n'a théoriquement pas à statuer sur l'affichage privé, pourvu qu'il ne tienne pas de la provocation publique à la discrimination, à la haine ou à la violence raciale, qui relève du pénal.

30 La section toulousaine de la Ligue des droits de l'homme dénonçant sur *Twitter* « un procureur ridicule, mais dangereux », tandis qu'un ensemble d'associations et partis locaux cosignaient une tribune fustigeant « un cas grave de remise en cause de la liberté d'expression comme du droit à critiquer le pouvoir, y compris par la caricature ».

31 Voir Beaud O., *op. cit.*, 2019, p. 591-suiv.

## CONCLUSION

La période de confinement n'a pas contribué à réconcilier le président et son gouvernement avec ses électeurs, comme l'ont montré, parmi d'autres, les mobilisations contre la LPPR, pour le refinancement du secteur des soins de santé et contre les violences sexuelles et de genre. Le mouvement des Gilets jaunes, de son côté, s'est étiolé. Pour terminer ce parcours, il faut encore nuancer la « survalorisation publique » d'un mouvement doté d'« une image sympathique » soulignée par Philippe Corcuff[32] : il est frappant de constater que, depuis l'émergence de la mouvance, l'expression « gilet jaune » peut elle-même, dans certains milieux et dans certaines configurations, fonctionner comme une insulte. Il faudra mener une analyse de ce discours-là, qui a été rendu possible par des figures médiatiques bien en cour usant elles-mêmes de stéréotypes et essentialisations confusionnistes : ainsi de la proposition ordurière de Christophe Barbier, directeur de la rédaction de *L'Express*, de supprimer la redevance télé pour contenter (et endormir) les Gilets jaunes qui « regardent la télé, parce qu'ils n'ont pas beaucoup d'autres distractions dans la vie » (émission *C dans l'air*, 30 novembre 2018) ; ainsi des dessins aporophobes de Xavier Gorce publiés dans *Le Monde*[33] ; ainsi de l'écrivain Sylvain Tesson, qui vantant la gestion française de la crise sanitaire dans un entretien paru dans *L'Obs* le 8 avril 2020, ironisait « Subitement, on a moins envie d'aller brûler les ronds-points, non ? » – et se permettait ensuite de passer *Un été avec Rimbaud* sur France Culture, sans se rendre compte que ce poète-là ne détestait rien autant que les formes bourgeoises de mépris pour la colère des moins nantis.

Denis SAINT-AMAND
Chercheur qualifié,
Professeur de littérature française
FNRS, Université de Namur

32 Corcuff P., *op. cit.*, 2020, p. 310-311.

33 Voir le florilège composé par Perrenot P., « "Dessine-moi un gilet jaune". Le mépris selon Xavier Gorce », *Acrimed*, 29 janvier 2019, [En ligne] : https://www.acrimed.org/Dessine-moi-un-gilet-jaune-le-mepris-selon-Xavier (consulté le 13/08/2022).

# LES VOIES/VOIX DE L'INJURE DANS LE MOUVEMENT *HIRAK* EN ALGÉRIE

Cet article porte sur les mutations politiques que traverse l'Algérie contemporaine. Il a pour objet l'analyse des injures orientées vers la discréditation du pouvoir politique dans les pratiques discursives du *Hirak* ainsi que sur leurs modalités de diffusion et de circulation, en particulier sur les médias sociaux qui jouent un rôle indéniable dans ce mouvement dit « 2.0 ». Dans un pays où la contestation politique est fortement réprimée, je tenterai de montrer comment cette parole permet aux opposants du système d'exercer leur pouvoir par le maniement de stratégies rhétoriques et pragmatiques. Dans la lutte pour la transition démocratique à laquelle ils se livrent, comment usent-ils de l'injure pour renverser les rapports de force ? Quels sont les effets déclenchés par l'injure ? Comment ces usages politiques de l'injure participent-ils à la consolidation de formes de domination ou à leur subversion ?

Dans le champ politique, l'injure a souvent pour spécificité d'*être « dissymétrique*[1] », elle met en jeu une relation de type « inégalitaire[2] », lorsque les cibles, ou référents de l'injure sont dépositaires du pouvoir. Elle apparaît dans ce cas comme une arme de dominés, ce que je définis comme un « contre-pouvoir[3] » qui permet de critiquer, de dénoncer voire

1 Fuligni B. (éd). *Petit dictionnaire des injures politiques*, Paris, L'Éditeur, 2011.

2 Larguèche É., *Injure et sexualité : Le corps du délit*, Paris, Presses Universitaires de France, 1998 ; Larguèche É., « L'injure comme objet anthropologique », *Revue des mondes musulmans et de la Méditerranée*, 2004, p. 103-104, 29-56 ; Laforest M., *Les interactions asymétriques*, Québec, Éd. Nota Bene, 2006.

3 Khichane S., « Ethnographie des conflits domestiques en Kabylie : injures, commérages, malédictions ». *Thèse de doctorat en anthropologie*, Paris, Sorbonne Nouvelle-Paris3, 2018 ; Khichane S., « La malédiction : pouvoir de faibles ou redoutable pouvoir ? », *Cahiers de littérature orale*, 2019, p. 85, 81-117. [En ligne] : https://doi.org/10.4000/clo.5884 (consulté le 06/08/2022).

de renverser le système symbolique dominant par le maniement des stratégies indirectes qui dessinent une véritable « culture de la ruse[4] ».

L'injure politique a également comme spécificité d'*être délocutive*[5] ou « indirecte[6] », elle s'adresse à un injuriaire (ou témoin) à propos d'un injurié absent, configuration à rapprocher de la médisance où l'on parle « sur le dos de[7] ». La visée de l'injure porte plus, dans ce cas, sur le témoin (l'opinion publique nationale ou internationale) qu'il s'agit de convaincre et de rallier à sa cause, que sur l'injurié (les élites dirigeantes et leurs soutiens) qu'il faut offenser. La prise en compte du rôle du tiers écoutant est alors capitale dans l'identification de « l'effet injure[8] », qui peut prendre diverses valeurs (humiliation, discréditation, etc.).

L'objectif de cette recherche n'est donc pas d'étudier de manière décontextualisée des énoncés d'injures, mais bien de comprendre les jeux de pouvoir tels qu'ils s'expriment au sein d'une lutte politique. Dans ce contexte, pour saisir la dynamique de l'injure dans le *Hirak*, la cerner dans toute sa complexité, on ne peut se limiter à l'analyse du fait linguistique en lui-même, mais il faut l'appréhender sous l'éclairage des faits sociaux et culturels.

## LE *HIRAK*, UN MOUVEMENT AUX MULTIPLES FACETTES

En février 2019, l'Algérie devient le théâtre de plusieurs rassemblements massifs, initiés chaque vendredi et mardi sous le nom de « *Hirak*[9] », terme

4 Yacine T., *Chacal ou la ruse des dominés : aux origines du malaise culturel des intellectuels algériens*, Paris, La Découverte, 2001.

5 Moïse C., *La violence verbale – tome 1 : Espaces politiques et médiatiques*, Paris, L'Harmattan, 2008.

6 Larguèche É., *L'effet injure : de la pragmatique à la psychanalyse*, Paris, Presses universitaires de France, 1983.

7 Rosier L. & Mailleux C., « Dire du mal de : étude linguistique d'une énonciation médisante », *Faits de Langues, 19*, 2002, p. 245-254.

8 Larguèche É., *op. cit.*, 1983.

9 Ces manifestations hebdomadaires ont été suspendues en mars 2020 en raison de la pandémie liée à la covid-19 jusqu'au 22 février 2021 où elles ont repris timidement après des appels à manifester lancés sur la toile pour le deuxième anniversaire du soulèvement populaire, mais ont été très vite étouffées par des manœuvres répressives visant des

qui vient de l'arabe, *haraka*, qui signifie littéralement, « mouvement ». Ce mouvement de contestation populaire s'est levé, dans un premier temps, contre la candidature à un cinquième mandat de l'ancien président de la République Abdelaziz Bouteflika, puis dans un deuxième temps après sa démission le 2 avril 2019, pour le départ de ses dignitaires, dits « le système » ou le « gang » (*al-ɛiṣāba*) sous le mot d'ordre *« yetneḥḥaw gāɛ ! »* (« qu'ils partent tous »), et la mise en place d'une transition démocratique par la nomination d'un président légitime et d'un gouvernement de consensus[10]. Ce mouvement révolutionnaire « d'une ampleur inédite dans l'histoire du monde contemporain[11] » ne possède pas d'institutions formalisées ni d'organes spécifiques, il ne répond pas à l'appel d'une force politique, syndicale ou sociale qui en revendique la paternité[12]. Le *Hirak* rassemble des femmes et des hommes de tous âges et issus de différentes classes de la société (travailleurs, retraités, écrivains, artistes, journalistes, etc.) et de diverses minorités culturelles (kabyles, mozabites, chaouis, etc.)[13] et religieuses (laïques, catholiques, évangélistes, ibadites)[14].

Le mouvement connaît cependant des clivages avec principalement d'un côté les conservateurs arabisants, parfois islamistes, et de l'autre, les progressistes laïques défenseurs de la dimension berbère du pays. Les tenants du slogan « *Badissia-Novembria* », conservateurs, néo-baathistes, prônent lors des manifestations un État algérien « *arabe, novembrien et*

activistes pacifistes, des journalistes, des syndicalistes autonomes, etc. Selon Amnesty International, le nombre de détenus d'opinion, dans le cadre des manifestions du *Hirak*, est estimée à 266 en juillet 2022.

10 Les manifestants appellent à l'application des articles 7 et 8 de la Constitution algérienne : – Article 7 : « Le peuple est la source de tout pouvoir. La souveraineté nationale appartient exclusivement au peuple. » – Article 8 : « Le pouvoir constituant appartient au peuple. Le peuple exerce sa souveraineté par l'intermédiaire des institutions qu'il se donne. Le peuple l'exerce aussi par voie de référendum et par l'intermédiaire de ses représentants élus. Le président de la République peut directement recourir à l'expression de la volonté du peuple. »

11 Benderra O. & Zineb A. (éd), *Hirak en Algérie : l'invention d'un soulèvement*, Paris, La Fabrique, 2020, p. 7.

12 Aït-Hamadouche Dris L. & Dris C., « Le face à face hirak-pouvoir : La crise de la représentation », *L'Année du Maghreb*, *21*, 2019, p. 57 68. [En ligne] : https://doi.org/10.4000/anneemaghreb.5129 (consulté le 06/08/2022).

13 Tilmatine M., « Interdiction des emblèmes berbères et occupation des espaces symboliques : amazighité versus algérianité ? », *L'Année du Maghreb*, *21*, 2019, p. 149 64. [En ligne] : https://doi.org/10.4000/anneemaghreb.5435 (consulté le 06/08/2022).

14 Zemirli, Z. A. « Quelle place pour le pluralisme religieux dans le mouvement de protestation algérien de 2019 ? », *L'Année du Maghreb*, *21*, 2019, p. 91 104. [En ligne] : https://doi.org/10.4000/anneemaghreb.5231 (consulté le 06/08/2022).

*badissien*[15] » contre les ennemis de la nation (autrement dit, les berbérisants qualifiés aussi péjorativement de « zouaves[16] »). Ils sont cependant soupçonnés par les *Hirakistes*, mais également par de nombreux spécialistes et historiens[17], d'être manipulés par le régime dans l'optique d'affaiblir le *Hirak* en le divisant. Ces néo-baathistes sont chassés des manifestations sous les cris de : « *mā kān ɛilmānī, mā kān islāmī, kāyen ɛiṣāba tesreq ɛinānīi* » (« Il n'y a ni islamistes, ni laïques, mais uniquement une mafia "le régime" qui malverse en toute impunité »).

Le *Hirak* est un mouvement à la fois sans tête – puisqu'il ne possède pas de leader[18] – et aux multiples facettes, mais la volonté de faire table rase de tout ce qui s'apparente au passé fait consensus. Les hymnes, les slogans, les illustrations, les graffitis et les affiches, qui accompagnent la libération de l'énonciation politique et la réappropriation de l'espace public[19], puisent, à la fois, dans la tradition humoristique algérienne, dite « *tmesẖīr* », notion un peu fourre-tout qui va de la blague populaire « *ḥkāya*[20] » à l'humour noir[21], ou encore au trait d'esprit et à des registres moins nobles de l'espace social tels que l'injure politique, dont il sera question dans cet article, qui vise les discours, les actes officiels, ainsi que les mœurs financières et sexuelles des hommes et femmes politiques, de leurs partisans et de leurs familles, afin de renverser ces tenants du pouvoir, mais également leurs soutiens (citoyens, oligarques, média,

15 Pour plus de détails sur les origines de ce courent, voir l'article d'Aït-Hamadouche & Dris, *op. cit.*, 2019.

16 Soldat algérien, à l'origine kabyle, appartenant à un corps d'infanterie légère de l'armée française.

17 Lire à ce propos l'article de Nadir Iddir « Ses promoteurs veulent faire main basse sur le *hirak* : "Badissia-Novembria" : l'imposture », publié le 20 juin 2019 dans le journal *El Watan*.

18 Cette forme de mobilisation sans « leader » a permis, selon Frédéric Volpi (Volpi F., « Le mouvement protestataire algérien de 2019 à la lumière de la théorie des mouvements sociaux et des Printemps arabes », *L'Année du Maghreb*, 21, 2019, p. 27 36. [En ligne] : https://doi.org/10.4000/anneemaghreb.5039 [consulté le 08/08/2022]), d'éviter la répression en amont de la part du régime.

19 Depuis les émeutes du « Printemps Noir » en Kabylie qui ont fait 126 morts et près de 5000 blessés en 2001, le pouvoir algérien a pris la décision d'empêcher tout rassemblement dans la capitale. Cette proscription, à priori encadrée par un décret, n'a jamais été levée, pas même lorsque l'état d'urgence instauré en 1992 pour lutter contre le terrorisme islamiste a pris fin en 2011.

20 Dahak B., *Les Algériens : le rire et la politique de 1962 à nos jours*, Tizi-Ouzou, Éditions Franz Fanon, 2018.

21 Khelladi A., « Rire quand même : l'humour politique dans l'Algérie d'aujourd'hui », *Revue des mondes musulmans et de la Méditerranée*, 77, 1, 1995, p. 225-237.

etc.). Ce mouvement contestataire se dote également de ses propres espaces discursifs comme les stades de football, s'appuie sur des supports rendant possible la diffusion sociale des différentes pratiques performatives, notamment par le biais des réseaux socio-numériques à travers lesquels j'ai pu observer les moyens engagés et les premiers impacts de ce processus de discréditation du pouvoir politique. En effet, le milieu virtuel donne le pouvoir à la masse en offrant à chacun l'opportunité d'échanger d'exprimer sa créativité, de partager ses opinions et d'étaler son art., etc. Cet espace de communication créé par l'interconnexion mondiale des individus échappe au pouvoir politique qui perd de son autorité et de sa légitimité au profit d'une nouvelle génération d'acteurs dotée d'une parole porteuse et amplifiée par la multiplicité des contacts qu'elle peut atteindre de manière simultanée et par la vitesse de sa propagation puisqu'elle peut être adressée ou reçue de n'importe où et à tout moment et quelle que soit la distance.

Le corpus d'injures rassemblées dans ce travail (voir encadré ci-dessous) relève de l'arabe populaire algérien « *dderğa*[22] », plus précisément de la variété parlée dans la capitale qui est utilisée comme langue véhiculaire. Néanmoins, pour être bien compris, il doit être replacé dans un contexte plurilingue. L'analyse du corpus révèle un nombre significatif d'emprunts faits à des langues parlées sur le territoire, en particulier à l'arabe standard et au français et parfois à l'anglais. Ainsi, le corpus comprend des formules injurieuses, avec des emprunts intégrés par divers procédés, lexicalisation, adaptation phonologique, juxtaposition de mots issus de langues différentes. Dans le dialecte algérien, l'injure connaît plusieurs dénominations : *sseb* (forme intrinsèquement insultante)*, lemεāyra* (moquerie méchante, raillerie), *ṭyāḥa* (injure obscène) et *mεūn* (allusion malveillance, sous-entendu à valeur injurieuse). Dans la sous-culture des jeunes Algériens, celle de la rue – qui sont en première ligne et qui guident ce mouvement de contestation – les modalités d'injures dites *lemεāyrat* servent de support aux formes de sociabilité du groupe par la pratique de la vanne, en arabe algérien, « *tqāεed*[23] »

22 Le linguiste Abdou Elimam (1997) parle de *maghrébi* pour désigner l'arabe parlé en Afrique du Nord qui est utilisé comme une langue véhiculaire (Elimam A., *Le maghribi, langue trois fois millénaire : explorations en linguistique maghrébine*, Alger, ANEP, 1997).

23 Le « *tqāεed* » se présente comme une *mεāyra* (moquerie méchante), mais s'en distingue dans l'intention qui ne traduit pas une volonté de blesser son énonciataire, mais plutôt celle se divertir et de divertir autrui.

ou « *tniz*[24] ». C'est cette modalité d'injure réinvestie dans le *Hirak* qui retiendra notre intérêt.

CORPUS

Pour comprendre les rapports de forces qui traverse la scène politique algérienne, je m'appuierai sur l'étude de l'injure en situation à travers les diverses « voix » (ou acteurs) annonciateurs et porteurs des valeurs du *Hirak* et les différentes « voies » (ou supports « réels ou virtuels » et pratiques discursives : podcast, mèmes, commentaires en ligne, etc.) utilisées comme des armes de résistance, de revendication et de contestation de relations de domination à partir d'un corpus de données virtuelles. Dans ce présent article, mon attention sera portée à la catégorie de ceux que je qualifie de « faiseurs d'opinion », du fait de l'influence qu'ils exercent comme producteurs et propagateurs de contenus sur les réseaux socionumériques de même qu'à leur capacité d'influence vis-à-vis des autres internautes présents sur des plateformes numériques comme YouTube et Facebook et Instagram :

Les humoristes, podcasters et comédiens algérois Anes Tina et Dz Joker qui sont connus pour faire des vidéos sur Internet inspirées du quotidien des Algériens et de l'actualité du pays dont plusieurs réalisations fustigeant le pouvoir.

La page Facebook du cyberactiviste dit « Amir Dz[25] », exilé en France, constituera également un terrain d'étude en ligne intéressant. Il participe au façonnement des opinions en ligne et enflamme quotidiennement la toile algérienne grâce à ses révélations scandaleuses commentées sur un ton grivois, souvent au moyen d'allusions malveillantes, voire d'insultes et de moqueries. Son nom est d'ailleurs décrié lors des manifestations pour dénoncer la corruption de la justice à travers le slogan : « *win-ek win-ek ya 'adala, Amir dz dayer hala* » (« Où est donc la justice, Amir Dz fait un malheur »)[26].

---

24 Dans le contexte arabophone oranais, Hadj Miliani relève également « *tqāɛed* » dans le sens de vanner et « *tanz* » ou « *temasskhîr* » traduit par moquerie chez Nefissa Zerdoumi (Miliani H., « Des 'mauvaises' manières de parler des mères aux vannes des jeunes », *in* A. Tauzin (éd.), *Insultes, injures et vannes en France et au Maghreb*, Paris, Karthala, 2008, p. 61-76 ; Zerdoumi N., *Enfant d'hier : l'éducation de l'enfant en milieu traditionnel algérien*. Paris, François Maspero, 1970). Dans le contexte kabylophone j'ai relevé, pour ma part, le terme « *ttiha* » qui signifie « se moquer de » (Haddadou M.A., *Dictionnaire de tamazight – Parlers de Kabylie*, Alger, Berti Éditions, 2014). Cette pratique pourrait se rapprocher de ce que Pierre Larrivée et Dominique Lagorgette nomment des insultes de solidarité ou hypocoristiques et qui désignent des axiologiques négatifs qui servent à marquer la solidarité dans un groupe de pair (Lagorgette D. & Larrivée P., « Interprétation des insultes et relations de solidarité », *Langue française*, 144, 4, 2004, p. 83-103).

25 [En ligne] : https://www.facebook.com/amirdzofficiel1 (consulté le 26/07/2022). En 2018, la page Facebook de Amir Dz a été fermée après des plaintes déposées par le PDG du Groupe Ennahar, Anis Rahmani, auprès de l'Administration Facebook. Il est souvent victime de compagne de signalement par ceux que les internautes nomment « les mouches électroniques » *(al-aḏubā al-iliktrūnī)*.

26 [En ligne] : https://www.youtube.com/watch?v=aaYKr7fv0XA (consulté le 26/07/2022).

## L'HUMOUR AU SERVICE DE L'INJURE
### Une rhétorique d'un mouvement pacifique

*Lemɛāyra* (pluri. *mɛāyrāt*), du verbe ɛāyr[27] dont les acceptions renvoient à « se moquer, critiquer, vilipender » est un type spécifique d'injure qui vise à porter atteinte à autrui en spécifiant son attaque, en la particularisant au plus près du vérifiable[28]. L'injurieur dépeint au plus juste celui qu'il s'agit de dévaloriser et de rabaisser, en appuyant son argumentation sur des figures de rhétorique comme la métaphore, la métonymie, l'hyperbole et autres procédés tropiques.

Pour la métaphore, citons l'exemple suivant : affaibli depuis 2013 par un accident vasculaire cérébral qui affecte son élocution et sa mobilité, le président Abdelaziz Bouteflika disparaît peu à peu de la scène politique. Ses rares apparitions télévisuelles deviennent des machinations mises en scène qui servent à dissiper les rumeurs sur son état de santé. À la même époque apparaît l'injure « *sḥāb ššīta* » (Litt. « les camarades

27 Ces différentes acceptions s'observent également chez d'autres auteurs. En hassanya, la racine ƐYR – de laquelle dérive le terme *m'āyra* – renvoie selon Catherine Taine-Cheikh dans ses différentes formes de dérivation à des termes relevant du registre de l'amical. Comme elle le précise, « ɛyāṛa signifie même, par extension, "amusement" » (Taine-Cheikh C., « De l'injure en pays maure ou "qui ne loue pas critique" », *Revue des mondes musulmans et de la Méditerranée*, n° 103-104, 2004, p. 108. [En ligne] : https://doi.org/10.4000/remmm.1201 [consulté le 08/08/2022]). Mais elle ajoute que, dans les dialectes maghrébins, le terme ɛāyer a souvent le sens de « insulter, injurier ». Dans les textes arabes de Takroûna, Arlette Roth relève à partir de la racine ƐYR des termes qui associent les notions d'examen et de jugement critique avec celle d'injure. Ɛâyir signifie « couvrir qqn. de honte, l'injurier en lui énumérant ses tares, en lui attribuant des tares » (Roth A., « Entre les contraintes de l'éthique musulmane et du système de l'honneur, peut-il y avoir un usage toléré de l'injure ? », *Revue des mondes musulmans et de la Méditerranée*, n° 103-104, 2004, p. 85. [En ligne] : https://doi.org/10.4000/remmm.1200 [consulté le 08/08/2022]). En kabyle, la *tamɛayert* du verbe ɛayer dont les acceptions renvoient à « se moquer, critiquer, vilipender » (Haddadou M.A., 2014, *op. cit.*)est employée comme une « raillerie méchante »(Khichane, 2018). Dans un village marocain (Ineda Ouzal), Souad Azizi a relevé un chant accompagnant le rite d'union des mariés sur le seuil du domicile conjugal et qui se présente comme un dialogue courtois entre deux représentantes des deux familles qui peut dégénérer en joute oratoire appelée *lǝmɛyar*, terme qui renvoie selon l'auteur à « insulte » ou bien « moquerie » (Azizi S., *Cérémonies de mariage en changement dans le Grand Agadir (Sous, Maroc)*, thèse de doctorat en anthropologie sociale et ethnologie, École des hautes études en sciences sociales, Paris, 1998.)

28 Larguèche É., *op. cit.*, 1983.

de la brosse[29] »). Le *šyāt* (plur. « *šyātin* ») est employé au sens métaphorique pour désigner une personne qui chercherait à en flatter une autre ou à se comporter de façon à lui plaire et obtenir quelque chose d'elle. En 2014, Anes Tina reprend cette injure dans un podcast intitulé « *El Chita Et El Chiyatine*[30] » (Litt. « brosse à reliure », « brosseur ») dans lequel il retrace le parcours d'un « *šyāt* » (de la brosse a reliure qui lui tombe sur la tête, ses premières apparitions à la télévision nationale, à sa nomination aux Oscars de la « *ššita* en or » et en fin, sa mort tragique dans des toilettes publiques). Dans un second podcast, « Message aux parlementaires[31] », pour moquer le gouvernement algérien, lors de la compagne pour les législatives algériennes du 4 mai 2017, qui n'a cessé d'inciter la population à voter en masse avec le slogan « *semmaɛ ṣūtek* » (« fais entendre ta voix »), il adresse un message aux parlementaires algériens en publiant sur YouTube une parodie de la version arabe du film « *Al Rissala* », titré en français, « Le Message », sur la vie du prophète de l'Islam réalisé en 1976 par Moustapha Akkad. La vidéo commence par montrer le porte-parole de la « tribu du peuple » (interprété par Anes Tina) en colère qui lance en arabe classique employé sur un ton burlesque, mêlé d'arabe algérien :

> Il ne nous reste qu'une solution. Écrivons le message [...] Message d'Anes Ibn Tina porte-parole officiel et chargé de l'information de la tribu du peuple au vicieux, dissolu, malfaisant, impudent, hypocrite, le maudit et débauché... Émir de la tribu des *ẖarlamāneyyin* (« merdéputés »).

Le message annonce au nom de tous les dieux dont celui de la « *ššita* » (litt. « de la brosse à reluire ») que la tribu du peuple boycottera la « campagne électorale » des « *merdéputés* », « *n'achètera pas leurs produits* » et ne « *se mariera pas avec eux* ». Quelques jours après la publication d'Anes Tina, le podcaster Dz Joker réagit également à ce slogan « *semmaɛ ṣūtek* »

29 Suivant le même procédé, nous retrouvons également l'expression « *sḥāb lkāšīr* » (« les camarades du cachir »). Le cachir qui est un saucisson algérien a pris un caractère politique lors de la campagne présidentielle en 2014 pour le quatrième mandat de Bouteflika. Pour attirer un auditoire dans les meetings, les organisateurs offraient des sandwichs au cachir et une petite somme d'argent. Ce saucisson apparaît dès les premières semaines du *Hirak* comme symbole de la soumission zélée au pouvoir ; il est brandi par les manifestants comme moyen de railler les partisans du pouvoir.

30 [En ligne] : https://www.youtube.com/watch?v=cQDf_Soef70 (consulté le 26/07/2022).

31 [En ligne] : https://www.youtube.com/watch?v=o4MWN3tkLcw&t=338s (consulté le 26/07/2022).

dans un clip intitulé « *Mansotich*[32] » (« Je ne vote pas » qui est aussi un jeu de mots qui signifie « je ne saute pas », sous-entendu à la mer en référence au sort des migrants clandestins) qui sera classé première au Top tendance des vidéos algériennes sur YouTube.

Ce slogan a suscité l'indignation populaire. D'une part, demander à un Algérien de faire entendre sa voix parait ironique tant il n'a cessé de la crier auprès des pouvoirs publics : « pourquoi tu ne veux entendre ma voix qu'à l'approche des élections ? » interroge Dz Joker dans sa vidéo. D'autre part, elle est interprétée, et à juste titre, comme une injonction infantilisante, venant des représentants du pouvoir qui ne paraissent pas concernés par le vote[33]. À la suite de ces appels au boycott, vivement relayés sur les réseaux socionumériques par de nombreux internautes, ces deux humoristes seront victimes d'une violente campagne de dénigrement par la chaine pro-pouvoir « EnnaharTV[34] » qui les accusera, entre autres, de se faire de l'argent sur la misère du peuple. Ce à quoi rétorquera Dz joker dans une lettre ouverte intitulée « DzjokerClash[35] » :

> Je ne touche pas de rémunération pour mes vidéos sur YouTube, mais un jour j'espère, ça sera le fruit de mon travail et non pas comme toi, grâce à « la brosse en or » (*ššita aḏḏahabya*)[36].

Cette expression utilise l'image d'une personne passant la brosse à reluire sur une autre pour la faire « briller ». Par extension et dans un sens plus figuré, la « *ššita* » ou « *šiyyātīn* » (« les brosseurs »), est employée

32 [En ligne] : https://www.youtube.com/watch?v=tcqvHqbQV94 (consulté le 26/07/2022).

33 La réponse est très vite venue dans les réseaux socionumériques et la répartie populaire a été : « *bda b rūḥek* » (« commence par toi-même »).

34 Cette chaine pro pouvoir est aussi qualifiée péjorativement sur les réseaux socionumériques d'« *Al-ḥimār* TV » (l'âne TV), mais également de « *qānāt al-ɛār* »

35 [En ligne] : https://www.youtube.com/watch?v=yXqDYbnmBsU (consulté le 26/07/2022).

36 Le prix de « la *ššita d'or* » est souvent discernée sur les réseaux socio-numériques à des personnalités proches du pouvoir ayant témoigné d'une soumission zélée au président déchu. C'est le cas notamment du footballeur Islam Slimani qui a offert son Ballon d'or le consacrant meilleur joueur algérien de l'année 2013 au Président, Abdelaziz Bouteflika et de la présidente de l'Organisation nationale pour la promotion de la paix Fatima Bousbaâ. Pour désamorcer l'image infligée par les internautes, cette dernière déclarait fièrement dans une conférence de presse dans une stratégie de retournement du stigmate : « J'ai remporté le premier prix de la *ššita* en Algérie, devant Ould Abbes et Si Ghoul (Amar) et tous les autres partis politiques partisans de la continuité [...] je suis une *šiyyāta* pour le moudjahid Abdelaziz Bouteflika ». ([En ligne] : https://www.tsa-algerie.com/video-jai-remporte-le-premier-prix-de-la-chita/ [consulté le 26/07/2022]).

péjorativement pour qualifier les soutiens (citoyens, ministres, oligarques, média, etc.) de l'ancien président déchu qui lui avaient prêté allégeance à partir de son troisième mandat et avaient tenté en vain de redorer son blason malgré son état physique.

La péjoration peut être formulée par la combinaison de deux démarches sous forme de métonymie secondairement métaphorisée comme dans l'expression « *leḥḥāsīn* rangers » (lèche-rangers) apparue après la destitution de Bouteflika. Alors que le commandement de l'armée algérienne avait promu la candidature de ce dernier à un cinquième mandat, Ahmed Gaïd Salah, chef de l'état-major, exige et obtient, sous la pression du *Hirak*, la démission du vieux président[37]. Dans la foulée, il assume la réalité du pouvoir et entend maintenir un système dont il est le pilier en guidant le processus de transition. La majeure partie de la rue l'accuse de « retournement de veste » et voit dans les élections à venir une manœuvre de survie du régime, tandis qu'apparaît une frange de la société qui lui assigne le beau rôle de « sauveur » qui a répondu à l'appel du peuple et a accompagné l'Algérie vers sa transition démocratique. Cette position leur vaudra le surnom de « *leḥḥāsīn* rangers » qui utilise la même image que l'expression française « lèche-botte » et qui évoque l'attitude des chiens qui viennent parfois lécher leur maître pour obtenir quelque chose de lui. Autrement dit, elle renvoie à une personne servile « *leḥḥās* » envers des détenteurs de pouvoir représentés par les « rangers », mot qui désigne par métonymie le haut commandement de l'armée.

La forme la plus canonique de *lemεāyra* (moquerie méchante, raillerie) se présente sous la forme d'adjectifs dénominaux, c'est-à-dire d'adjectifs issus de noms construits à l'aide du préfixe masculin /bu/ d'origine arabe. Il s'agit, par exemple, de former un adjectif sur une partie du corps de la personne visée. C'est le cas de « *būṣbaε lezreg* » (celui au doigt bleu) qui apparaît sur les réseaux socionumériques au lendemain des présidentielles du 12 décembre 2019 imposées par le Général d'état-major. Dans ces élections catégoriquement rejetées par le *Hirak*, les électeurs sont perçus comme des antipatriotes puisqu'ils sont en faveur du « système » à qui ils donnent le moyen de se régénérer. Le terme « *būṣbaε* » désigne par métonymie l'électeur qui appose sont emprunte digital pour authentifier son vote à l'encre indélébile bleue d'où la qualification « *lezreg* ». Celle-ci

37 En demandant l'application de l'article 102 de la Constitution qui prévoit l'empêchement du Président.

désigne à la fois la couleur de l'encre, mais également dans le dialecte algérien une personne crédule, sans connaissance, ignorante.

## L'INJURE POLITIQUE : UNE ASSIGNATION IDENTITAIRE

Sur les plateformes numériques de l'activiste Amir Dz, les injures confèrent un relief à l'actualité qu'il commente et aux informations qu'il livre à ses abonnés, qu'il nomme « *al-aḥrār* » (les libertaires). En effet, dans ses publications, les tenants du pouvoir ainsi que leurs soutiens sont souvent les cibles de l'injure, soit par voie directe (ou interpellative) ou par voie indirecte (ou référentielle)[38]. Dans les deux cas, la visée de l'injure porte plus sur les internautes présents sur les plateformes numériques qu'il s'agit de convaincre en attirant leur attention sur les défaillances du régime en place que sur l'injurié. Par exemple, pour dénoncer les malversations de généraux algériens, Amir Dz interpelle au moyen du vocatif « *yā* » (oh) les électeurs du Président Abdelmadjid Tebboune comme suit :

> Regarde avant que la page ne soit signalée Oh, *būṣbaɛ* (celui au doigt) et découvre quelques richesses des fils des généraux[39]… (15 juil. 2022).

Ou bien encore pour relayer un message sous forme de hashtags auprès de sa communauté d'abonnées, il titrera par ironie :

> Viens voir de tes propres yeux Oh, *būṣbaɛ* (celui au doigt) #pour_ne_pas_être_dupée l'empire# de Sellal[40] parmi l'argent#volé pour lequel il n'a pas été jugé[41] (24 juil. 2022).

Ou bien encore :

> Tout le monde s'est éveillé sauf les *šiyyātīn* (brosseurs) de Bouteflika et les amoureux des *rangers* et des généraux #République_sans_public[42] (6 sep. 2021).

38 Larguèche É., *op. cit.*, 1983.

39 « شاهد_قبل_السينيال شاهد يا بوصبع و تعرّف على بعض ممتلكات ابناء الجنرال… »

40 Ancien premier ministre sous Abdelaziz Bouteflika.

41 « رواح تشوف بعينك يا بوصبع #حتى_لا_يخدعوك امبراطورية #سلال من الاموال #المنهوبة التي لم يحاسب عليها… »

42 « الدنيا كامل فاقت إلا كمشة الذباب و شياتين بوتفليقة السابقين عشاق رونجاس الجنرالات »

Et à propos de la gestion de la pandémie de la covid 19, il apostrophe les sympathisants du pouvoir en ces termes :

> Sois satisfait de *al-ɛiṣāba* (gang) Oh, *būṣbaɛ* (celui au doit), qui a importé délibérément la pandémie oh, *leḥḥās* (lécheur) puant[43] (30 mars. 2020).

Néanmoins, cette modalité d'injure dite *lemɛāyra* agit comme une étiquette, voire un surnom. D'ailleurs, on emploie également comme synonyme de *lemɛāyra* le terme « *lāqeb* » du verbe « *laqaba* » qui signifie : « se moquer de, traiter de, donner un surnom ». Elle s'inscrit de ce fait dans une dynamique de construction identitaire subie et assignée[44]. C'est le cas notamment de « Naïma *fāyḥī* » (Naïma la puante) qui est une déformation du nom de « Naïma Salhi », présidente du Parti islamiste de l'équité et de la proclamation (PEP) et députée à l'Assemblée populaire nationale. Cette injure a été révélée dans une publication d'Amir Dz intitulée :

> Dz et les avantages perçus par Naïma *Faihi* (la puante) du gouvernement des malfrats suivez-moi[45]… (18 janv. 2020).

Celle-ci rétorque par vidéo interposée sur Facebook dans laquelle elle apparaît dans un véhicule accompagné de son époux et sa fille. Elle conteste les accusations portées contre elle et accuse Amir Dz de diffamation. Elle tient par ailleurs des propos haineux à l'égard de la langue amazigh. Cette vidéo sera reprise par le cyberactiviste lors d'une vidéo en direct annoncée comme suit :

> Il n'est pas le père de ses enfants, la fille qui apparaît sur la vidéo est la seule qu'elle a eue avec lui, etc., etc. uniquement pour ceux qui vont me suivre. Merci[46] (20 janv. 2020).

Dans cette seconde vidéo, il y dénonce sa relation adultère avec l'ancien ministre algérien et président du Mouvement de la société pour la paix (ancien Hamas), AbouDjerra Soltani, avec lequel elle aurait eu un enfant hors mariage. La vidéo sera republiée un mois plus tard sous le titre :

43 « اشبع بالعصابة يا بوصبع منتن ، من استورد الوباء عمداً يا لحاس لفايح »

44 Rosier L. & Ernotte P., *Le lexique clandestin : La dynamique sociale des insultes et appellatifs à Bruxelles*, Bruxelles, Duculot, 2000.

45 « امير ديزاد و ماذا استفادت نعيمة فايحي من نظام العصابات ترقبوني »

46 « هو راجل امهم نعيمة و له مع نعيمة ابنة صغيرة واحدة التي ظهرت نعيمة الفيديو سابقا و تتكلم عن ابنتها و االمازيغية ووو توضيح فقط للمتابعين. »

> Mes salutations à Naïma *fāyḥī* (la puante) *būfūḥa* (celle à la puanteur) la *fūḥiste* (la puante)[47] (20 fév. 2020).

Ces termes issus de l'arabe algérien « *fūḥa* » (puanteur) désignent d'abord une personne sale et malpropre, avant d'opérer un glissement pour définir une femme débauchée, de mœurs dépravées. Le discrédit porte dans un premier temps sur la pureté sexuelle de la femme (Naïma Salhi), autour de laquelle s'érigent son honneur et celui de son époux, ce qui permet dans un second temps, de remettre en cause ses convictions religieuses et positions politiques de tendance islamo-baathiste (tenante de la *badissiya-novemberia*) au nom desquels elle incite à la haine raciale et à l'extermination des Kabyles à travers des publications et des vidéos sur la page Facebook officielle de son parti. Une publication qui va comptabiliser des milliers de *likes* et de commentaires dans lesquels l'injure sera récurrente comme nous pouvons le voir dans les exemples suivants :

*Brahim Ka :* « Puante (*fāyḥa*), cochonne et vive les libertaires[48] »
*Birhim Fa :* « Le dicton dit : "si tu es impudique fais comme Naïma la puante (*fāyḥī*)"[49] »
*Adal Bri :* « Poubelle puante (*fāyḥa*) sur laquelle est tombé Abouddjerra Soltani[50] »
*Badis Ti :* « Tu n'as pas d'homme qui te commande[51] »
*Hissam Ra :* « Oh Naïma, oh toilettes, avec Amir Dz tu demeureras dans les ténèbres, nous t'avons oubliée, il nous a rappelé, ton jour est venu, bientôt ton foyer sera vidé[52] »
*Min ajl afdhal :* « Parce qu'il (Amir Dz) t'as dénoncé, oh toilettes, n'importe quelle botte peut te porter, même les sandales des hammams[53] »

La portée de ces injures ne s'arrête pas à la situation qui les a vu apparaître, mais se réactualise à la moindre occasion de sorte qu'elle prend le dessus sur les autres composantes de l'identité de l'interpellée et devient comme un sobriquet.

47 « تحياتي نعيمة فايحي بوفوحة لافوحيس »
48 « فايحة خنزيرة ياو حيا الله الاحرار »
49 « تقول الحكمة : ان لم تستحي فافعل مثل نعيمة فايحي »
50 « الزوبية الفايحة الناتنة لي كان طايح فيها ابوجرة سلطني »
51 « نتي ما عندكش راجل يحكم فيك »
52 « يا نعيمة يا بتلما مع اميرتعيشي فالظلمة غابوخبارك و طلع نهارك و راهي قريب تخلا دارك »
53 « على خاطر فضحك يا بيت الماء ليبوط الي يجي يلبسك و لا بشماق الحمام »

## CONCLUSION

L'injure politique telle qu'elle est observée dans ces différents types de performances discursives et artistiques apparaît comme un « sismographe » des montées des tensions entre un peuple aspirant à faire entendre sa voix et un pouvoir politique cantonné dans son refus de se démocratiser. Elle relève d'une rhétorique à la fois esthétique : l'injure se présente comme une formule synthétique (elle résume l'actualité et les grands événements du pays) et attractive (elle s'appuie sur des procédés tropiques et puise dans la culture populaire) ; mais aussi pragmatique : elle cible son objet de manière détournée par le jeu de la métaphore et de la métonymie, qui en fait une arme puissamment subversive, et par la nature de ses canaux de circulation qui la rend incontrôlable par le pouvoir politique.

La rhétorique des injures permet à chaque segment de ce mouvement de s'allier entre eux en s'incluant dans l'échelle des valeurs en vertu desquelles la qualification injurieuse a été formulée (« *hirakistes* », « *aḥrār* », « les libertaires ») en rejetant, par là même, les antagonistes en dehors de ce mouvement (« *šš̌yātin* », « *leḥḥāsin rangers* », « *būṣbaɛ lezreg* », « les *Badissiens-Novembriens* », etc.). Elle répond également à cet appel à la civilité « *silmyya* » (Litt. « pacifique ») en canalisant les tensions qui entraînerait le régime dans son terrain de jeu de prédilection, l'exercice de la violence physique légitime[54]. En effet, en plus d'*être un espace d'*expression, la rhétorique qui sous-tend l'injure est un exutoire de violence potentiellement efficace. Que ce soit au niveau du contenu soulevé, que des stratégies discursives mobilisées, les acteurs du *Hirak* expriment leur colère ou leur haine de manière ludique, sous une forme acceptable, grâce à la dérision et au détournement que leur position sociale autorise.

Samia KHICHANE
Chercheuse postdoctorale
en anthropologie, LACITO-CNRS

54 Rappelons que la répression sanglante par le régime des révoltes dans la région algérienne de Kabylie en 2001 a fait au moins 126 morts.

TROISIÈME PARTIE

# LES RÉCEPTIONS ET LES EFFETS POLITIQUES DE L'INSULTE

# LE « PAUV'CON », LES « SANS-DENTS » ET « CEUX QUI NE SONT RIEN »

## L'insulte comme construction politique collective[1]

Les trois derniers présidents français sont les auteurs de formules auxquelles ils sont durablement associés : Nicolas Sarkozy avec « Casse-toi pauv'con », François Hollande et les « Sans-dents », et Emmanuel Macron « Ceux qui ne sont rien ». Différentes par leurs constructions lexicales, leurs statuts, leurs niveaux de langue, leurs formes de violence verbale et l'imaginaire social et politique auxquels elles renvoient, elles ont toutes été considérées comme des insultes. Ces formules[2] qui prennent place dans le flot de paroles que ces trois dirigeants ont été amenés à prononcer au cours de leurs mandats ont acquis une place particulière tant par leur exceptionnel et paradoxal succès que par les multiples appropriations politiques et sociales auxquelles elles se sont prêtées. Objets d'un nombre incalculable de commentaires, de reprises, de parodies et de détournements sur de nombreux supports (jeux de société, T-shirts, titres de presse, mèmes, etc.), elles bénéficient désormais d'une notice dans l'encyclopédie Wikipédia et la recherche sur Google propose plus de 150 millions de réponses pour les « sans-dents » et « ceux qui ne sont rien », un peu moins pour le « pauv'con » dont l'orthographe est plus incertaine. Peu de temps après avoir été rendues publiques, elles sont devenues virales, se retrouvant en tête des tendances sur les réseaux socionumériques, quelles que soient par ailleurs leurs façons de dénombrer et leurs modalités de référencement.

---

1 L'auteur remercie Valérie Bonnet, Christian Le Bart et Sylviane Rémi-Giraud pour leur lecture attentive et les conseils qui ont grandement contribué à améliorer ce texte.

2 Nous employons ici le terme de formule dans son sens courant tel qu'il est défini par le dictionnaire *Le Petit Robert* : « mode d'expression considéré dans sa valeur stylistique », et non tel qu'il a pu être défini par une approche savante (*cf.* Krieg-Planque A., *La notion de « formule » en analyse du discours. Cadre théorique et méthodologique*, Besançon, Presses Universitaires de Franche-Comté, 2009). Pour une approche transversale des différentes dimensions de l'insulte : Lagorgette D. Larrivée P., « Introduction », *in Langue française*, n° 144, 2004, p. 3-12.

Aucune de ces formules n'a pourtant été prononcée dans un moment majeur de la vie politique, bien au contraire. « Casse-toi pauv'con » a été enregistrée le 23 février 2008[3] presque à l'insu d'un journaliste qui suivait le Président Sarkozy lors d'une visite au Salon de l'agriculture, pendant une de ces séquences à la fois ritualisées et « informalisées[4] » que constituent les bains de foule présidentiels[5], en réponse à l'apostrophe d'un citoyen (jamais identifié) qui refusait de serrer la main que le Président lui tendait[6]. L'expression « Les sans-dents » est tirée du livre que la compagne de François Hollande a consacré à leur relation après leur séparation[7], c'est donc une parole rapportée. Présente une seule et unique fois dans l'ouvrage, elle a été mise en valeur dans les « bonnes feuilles » que le quotidien *Le Monde* publie le 3 septembre 2014 pour le lancement de l'ouvrage, concluant un passage qui témoigne du mépris avec lequel François Hollande aurait considéré, dans l'intimité de son couple, la famille modeste de la journaliste. Enfin la formule opposant « les gens qui réussissent et ceux qui ne sont rien » est issue d'un discours public le 29 juin 2017, pour l'inauguration d'un « incubateur de start-up », à Paris, devant un parterre d'entrepreneurs. Elle apparaît dans un discours improvisé, au sein d'un passage confus[8] pouvant donner lieu à de multiples interprétations.

3 La plus ancienne de ces trois formules se situe dans un contexte où les systèmes d'échange et de partage sur les réseaux socionumériques, loin d'être embryonnaires sont moins développés et moins diversifiés que lors de la publicisation des autres formules. Le réseau Twitter (créé en 2006) particulièrement utilisé aujourd'hui pour partager et commenter l'actualité est encore à l'époque dans une phase de développement.

4 Wouters C., « Formalization and Informalisation : changing tension balances in civilizing processes », *Theory, Culture an Society*, vol. 3, 2, 1986, p. 1–18.

5 Mariot N., *Bains de foule. Les voyages présidentiels en province, 1888-2002*, Paris, Belin, 2006. La visite présidentielle au salon de l'agriculture est considérée par les médias comme un rituel témoignant de l'attention au monde paysan, dont les éléments (longueur de la visite, stands visités, personnalités rencontrées, accueil, etc.) seraient politiquement signifiants.

6 Refus accompagné de la phrase « touche-moi pas, tu me salis ».

7 Trierweiler Valérie, *Merci pour ce moment*, Paris, Les Arènes, 2014.

8 Comme le montre le verbatim de l'intervention : « Ne pensez pas une seule seconde que si demain vous réussissez votre investissement ou votre start-up la chose est faite. Non. Parce que vous aurez appris dans une gare et une gare, c'est un lieu où on croise les gens qui réussissent et les gens qui ne sont rien. Parce que c'est un lieu où on passe. Parce que c'est un lieu qu'on partage. Parce que la planète où nous sommes aujourd'hui, parce que cette ville, parce que notre pays, parce que notre continent ce sont des lieux où nous passons, et si nous oublions cela, en voulant accumuler dans un coin, on oublie d'où on vient et où on va ». Transcription d'après : https://www.youtube.com/watch?v=B-SBJjIjqYY&feature=emb_err_woyt (consulté 08/08/2022).

Ces formules pourraient témoigner d'un franc-parler et d'une familiarité avec une culture « populaire » souvent « travaillée » sous de multiples formes par les dirigeants politiques[9]. En cela elles n'ont rien d'exceptionnel : chacun des locuteurs est connu selon des modalités différentes pour avoir usé de registres étendus. Le langage présidentiel est en effet considéré comme un marqueur de la personnalité du Président et de son action et est à ce titre largement décrypté tant dans l'univers politique, médiatique, que savant. Ainsi Nicolas Sarkozy a souvent été remarqué pour ses formules à l'emporte-pièce, révélateur de son volontarisme politique (comme le fameux *karcher* quand il était ministre de l'Intérieur[10]). François Hollande pour ses prudentes litotes[11], son humour et son sens de la répartie (en privé comme en public)[12], il apparaît comme un homme subtil apprécié pour cela par les journalistes[13]. Emmanuel Macron se distingue par l'étendue des registres empruntés allant d'un langage relâché (le « pognon de dingue », « foutre le bordel », le « costard »), sans détour et brutal (les « illettrés », les « fainéants et les cyniques », le « Kwassa-Kwassa », « les Gaulois réfractaires »), parfois désuet (« la poudre de perlimpinpin », « croquignolesque », « carabistouille »), et enfin, ce qui est plus original, par l'usage du langage managérial (*start-up nation, bottom-up*[14]), sans compter quelques formules savantes mises au crédit de sa formation philosophique[15]. D'une façon générale, les observateurs professionnels de la politique tout comme aujourd'hui des masses de

9 Hourmant F., Lalancette M., Leroux P. (dir.), *Selfies & stars, Politique et célébrité en Europe et en Amérique du Nord*, Rennes, PUR, 2019.

10 Sur la récurrence de la formule : https://www.liberation.fr/checknews/2018/03/21/nicolas-sarkozy-a-t-il-vraiment-utilise-le-mot-karcher_1653412 (consulté 08/08/2022).

11 [En ligne] : https://www.lepoint.fr/politique/les-tics-semantiques-de-francois-hollande-29-07-2012-1490717_20.php (consulté 08/08/2022).

12 [En ligne] : https://www.lemonde.fr/politique/article/2017/11/29/l-humour-de-francois-hollande-recompense-par-un-prix_5221935_823448.html (consulté 08/08/2022).

13 Un jury de journaliste lui a décerné à plusieurs reprises le prix de l'humour politique.

14 « La démocratie est le système le plus bottom-up de la terre », aurait déclaré Emmanuel Macron selon *Les Échos* cité dans https://www.rtl.fr/actu/politique/perlimpinpin-bottom-up-et-jupiter-le-langage-d-emmanuel-macron-decrypte-7793130116 (consulté 08/08/2022). *Cf.* également Fretel J., « Un parti sans politique. Onomastique d'une innovation partisane : En Marche ! », *Mots*, n° 120, juillet 2019, p. 57-70.

15 « Ipséité, palimpseste, irénisme, anomie… tous ces termes ont été utilisés par le président. "*Cela donne l'impression à l'auditeur qu'il est débile ou inculte*", a fait un jour remarquer un proche du chef de l'État. Pas ébranlé, Emmanuel Macron a répondu en souriant : "*Tant mieux si tu apprends quelque chose et tu ne seras pas le seul…*" ». [En ligne] : https://www.lesechos.fr/2018/04/bilan-macron-les-trois-langages-du-president-989200 (consulté

profanes sur les réseaux socionumériques portent un grand intérêt à la créativité langagière des présidents, considérant que celle-ci permettrait d'éclairer l'action et les intentions politiques du Président.

Les trois formules sont rapidement apparues aux yeux des commentateurs moins comme des écarts individuels comme auraient pu l'être une gaffe ou un lapsus[16] (dont l'auteur révèle malgré lui – pour le lapsus – ou par maladresse – la gaffe – ce qui ne doit pas être dit), que comme des transgressions politiques majeures au regard de la fonction des locuteurs.

Le panoptisme numérique[17] allié aux principes contemporains de circulation des informations[18] a contribué à la construction de ces insultes, en tant que telles, en les politisant. Si les circonstances, le registre et le lexique utilisés montrent clairement l'asymétrie[19] entre le puissant émetteur (Président) et l'humble *i. e.* le peuple – incarné par un individu générique (« le pauv'con ») ou des collectifs (« les sans-dents », « ceux qui ne sont rien ») –, les positions et le stigmate ont rapidement pu être inversés[20], l'insulte étant rapidement revendiquée par des commentateurs se considérant comme des membres ou des porte-parole de ce « peuple » méprisé, dans les commentaires qui ont circulé, notamment sur les réseaux socionumériques.

Après nous être intéressés dans une première partie à la construction de ces formules en tant que telles puis au processus interprétatif de politisation qui en a fait des insultes, nous analyserons dans la seconde partie les principaux registres d'analyse politico-médiatiques empruntés par les commentateurs : l'atteinte portée au « peuple », l'insuffisante maîtrise du rôle, et la manifestation d'un moi authentique.

---

08/08/2022). *Cf.* également Darrigrand M., « Emmanuel Macron en dix mots », *Études*, 2017/9, p. 21-32.

16 Le Bart C. et Teillet P., « Erreur, lapsus, gaffes, fautes : le discours politique comme genre », *in* Ringoot R. et Robert-Demontrond R. (dir.), *L'analyse de discours*, Rennes, Apogée, 2004, p. 53-85.

17 Hourmant F., Lalancette M., Leroux P., *op. cit.*, 2019, p. 25.

18 Leroux P. et Riutort P., « La politique médiatisée » *in* Lafon B., *Médias et médiatisation. Analyser les médias imprimés, audiovisuels, numériques*, Grenoble, Pug, 2019, p. 219-240.

19 À l'image des relations analysées dans Larguèche É., *Injure et sexualité. Le corps du délit*, Paris, Puf, 1997.

20 Goffman E., *Stigmate. Les usages sociaux des handicaps*, Paris, Minuit, 1975.

## LA CONSTRUCTION DES FORMULES : DE LA PUBLICISATION À LA POLITISATION

Bien qu'elles apparaissent avec la distance temporelle dans toute la force de leur brièveté, ces trois formules sont les produits d'opérations successives qui témoignent d'un ensemble de transformations de la relation médiatisée à la politique et doivent être situées dans un contexte plus général. La circulation accélérée des informations, l'élargissement des débouchés (livres, rubriques des journaux, réseaux, etc.) et le poids qu'occupent les profanes comme producteurs, consommateurs, veilleurs et prescripteurs au sein d'une économie symbolique de l'attention spécifique à l'information politique ont bouleversé la hiérarchie des nouvelles dans le domaine politique. Alors que la dimension institutionnelle de la politique s'est depuis longtemps amoindrie[21], une place plus grande à une vision de *la* politique largement incarnée par les personnalités et de plus en plus individualisée est progressivement montée en puissance[22]. L'activité de communication des acteurs politiques (avec en arrière-plan la professionnalisation des fonctions de communication dans l'entourage des principales personnalités politiques[23]) a elle-même contribué à alimenter les boucles informatives (des agrégateurs de contenus aux comptes individuels les plus suivis, en passant par les reprises des médias institutionnalisés), tandis que l'angle de la « personnification » (dans l'univers politique comme médiatique[24]) a offert une place grandis-

21 Kaciaf N., *Les pages « Politique ». Histoire du journalisme politique dans la presse française (1945-2000)*, Rennes, PUR, 2013. On trouverait d'autres témoignages du phénomène dans les portraits que les médias (notamment la presse écrite) consacrent aux membres du personnel politique au même titre qu'aux producteurs culturels de tous ordres ou aux célébrités du moment.

22 Le Bart C., *L'égo-politique. Essai sur l'individualisation du champ politique*, Paris, Armand Colin, 2013.

23 Eymeri-Douzans J.-M., Bioy X., Mouton S. (dir.), *Le règne des entourages. Cabinets et conseillers de l'exécutif*, Paris, Presses de Sciences Po, 2015.

24 Sur ce principe *cf.* nos analyses : Leroux P. et Riutort P., « Les partis victimes de la personnification de la vie politique ? », *in* Martinache I. et Sawicki F., *La fin des partis ?*, Paris, PUF, 2020, p. 41-52 ; Leroux P. et Riutort P., « Construire la célébrité en politique », *in* Hourmant et al. (dir.), *op. cit.*, 2019, p. 147-165 ; Leroux P. et Riutort P., « Emmanuel Macron, une increvable bulle médiatique et sondagière » *in* B. Dolez et al. (dir.), *L'entreprise Macron*, Grenoble, PUG, 2019, p. 53-63 ; Leroux P. et Riutort P.,

sante à l'examen de l'engagement individuel et des affects du personnel politique. Le travail de veille médiatique de la politique se trouve ainsi nourri par une plus grande variété d'informations et de sources et les centres d'intérêt des profanes les plus réactifs sont par nature différents de ceux des *insiders* de l'univers politique, se déportant plus volontiers vers les aspérités les plus visibles et les plus potentiellement polémiques du discours politique ainsi que sur les faits et gestes des acteurs politiques.

Ainsi, il n'est pas étonnant que les formes de dissonances communicatives des personnalités politiques puissent désormais se faire une place de premier plan dans le commentaire politique. Dans les cas étudiés ici, le fonctionnement médiatique – au sens large, c'est-à-dire en incluant les réseaux socionumériques – a contribué à extraire la formule de tout contexte d'énonciation physique, spatial et temporel qui en amoindrirait la force. Plus encore que par le passé[25], les modalités numériques de mise en valeur et de circulation de l'information valorisent la forme brève – et souvent tronquée – au détriment de la contextualisation et de la relativisation, faisant de la formule un raccourci prédisposé à être soumis aux projections interprétatives et à l'exégèse. Dans ce domaine, *Twitter* contribue de manière décisive dans un même mouvement à la circulation accélérée et à la valorisation de la forme brève, bien au-delà du réseau lui-même à travers ses hashtags et à la publicisation de sa mesure du succès instantané dans ses tendances. Les formules condensées dans leur simplicité numérique circulent d'un média à l'autre renforçant l'intérêt médiatique prêté plus globalement au sujet du moment. Les médias traditionnels (presse, radio, télévision) n'ont alors d'autre choix que de s'emparer à leur tour d'un sujet devenu « incontournable » par le succès qu'il rencontre (et qu'il promet pour eux-mêmes) pour en faire à leur tour le commentaire. Ainsi, à la parution des premiers extraits du livre de Valérie Trierweiler, du fait, dans un premier temps, du possible doute quant à la véracité des propos rapportés et au contexte d'énonciation (le cadre domestique), un commentateur en vue, Ivan Rioufol dans son blog du *Figaro*[26] confie le

---

« Accumuler du capital médiatique en un temps record : Emmanuel Macron, ministre de l'Économie (août 2014-août 2016) » *in Un capital médiatique ?*, Rennes, PUR, 2021, p. 27-39.

25 Meynard C. et Vernadaki E., « Introduction » *in Formes brèves. Au croisement des pratiques et des savoirs*, Rennes, PUR, p. 7-57 ; Passard Cédric, *L'âge d'or du pamphlet (1868-1898)*, Paris, CNRS Éditions, 2015.

26 [En ligne] : https://blog.lefigaro.fr/rioufol/2014/09/en-ukraine-une-drole.html (consulté le 08/08/2022).

dilemme que rencontrent les professionnels des médias face à une forme inédite d'information politique validée avant lui par ses concurrents (*Le Monde, Paris Match*) qui ont eu accès au livre en avant-première. Il s'interroge rhétoriquement sur l'intérêt de celle-ci avant d'en situer l'enjeu au plan politique qui justifiera qu'il s'en empare à son tour : « Faudrait-il plutôt ne pas parler de ce livre ? » se demande-t-il. Stigmatisant un « journalisme de trou de serrure et de la presse people », il souligne que « cette charge supplémentaire contre le président, même si elle est basse et mercantile, *a évidemment une dimension politique* » et se fait un devoir d'en analyser les « possibles conséquences » au nom des révélations contenues dans le livre de Valérie Trierweiler : « Selon *Paris-Match*, c'est un personnage sec, cynique, méprisant, déshumanisé par le pouvoir qui est dévoilé dans ce livre ; *c'est-à-dire l'exact contraire du portrait bonhomme et sympathique dressé par les médias* » (souligné par nous). Un processus similaire est à l'œuvre dans les trois cas analysés : le poids médiatique de la nouvelle à l'extérieur de la sphère médiatique institutionnalisée fait que ce n'est plus la question de l'intérêt de la nouvelle, mais celle de la portée politique de la formule qui se trouve posée.

Nouvelle déclinaison à l'ère numérique de la « circulation circulaire » de l'information[27], nos trois formules deviennent ainsi en un temps très court des supports d'un ensemble de projections politiques dans l'espace public numérique, passant de l'écart de langage à l'objet politique. Pour autant, cette politisation s'accomplit en grande partie sans les professionnels de la politique qui ont peu contribué à la popularisation de ces formules (que ce soit par leurs attaques ou simplement leurs commentaires), et ne sont intervenus que très rarement et/ou à l'extrême fin du cycle de publicisation, aucun d'entre eux ne s'estimant sans doute à la merci de tels écarts.

Que nous disent ces trois formules ? Elles sont le témoignage d'une perte de vigilance par des locuteurs rodés à la prise de parole et à l'autocontrôle. Le contexte d'énonciation explique en grande partie leur existence (hors ou à la limite de la prise de parole officielle) : prononcées dans des contextes relativement informels (particulièrement au regard du cadrage officiel permanent de la vie d'un président de la République), elles n'étaient pas, pour au moins deux d'entre elles (le « pauv'con » et les « sans-dents ») destinées à être publicisées. Dans le

27 Bourdieu P., *Sur la télévision*, Paris, Raisons d'agir, p. 22, 1996.

cas du discours improvisé d'Emmanuel Macron[28], c'est probablement un excès de confiance dans sa maîtrise à la fois du genre « discours politique » (le cadre a été prévu pour une prise de parole improvisée, si l'on veut bien accepter cet oxymore), et la volonté de reprendre une forme à laquelle on l'identifie et qu'il a longuement rodée depuis les premiers meetings de sa campagne en 2016 devant les « marcheurs » (*i.e.* ostentatoirement sans note, micro à la main en se déplaçant sur une scène centrale entourée de public). On peut aussi supposer que l'enjeu a pu paraître suffisamment faible pour qu'une telle forme soit utilisée en même temps qu'elle s'accordait à la modernité du lieu et du sujet.

Ces formules, en tant qu'extrait médiatique pertinent de la parole présidentielle, auraient pu rester ce qu'elles semblaient objectivement être, c'est-à-dire des maladresses de langage, sinon sans intérêt pour les médias, du moins sans grande portée politique, dès lors que les locuteurs n'avaient pas envisagé un enjeu de cet ordre au regard du contexte d'énonciation. Ce contexte aurait pu en effet conditionner une tout autre lecture, ou au moins une variété de points de vue plus larges et contradictoires au lieu du paradigme interprétatif politique qui va rapidement s'imposer. Il y eut bien sûr, face à cela, des tentatives pour minorer la portée de ces formules. Dans le cas de Nicolas Sarkozy, c'est l'appel à la compréhension d'une réaction « humaine » à une provocation qui pouvait sauver sa réplique de toute portée politique. S'agissant de François Hollande, c'est l'esprit de jalousie et le désir de vengeance de sa compagne qui aurait conduit celle-ci sinon à inventer cette formule, du moins à la considérer comme stigmatisante[29]. Pour Emmanuel Macron, le contexte et la volonté de tenir un discours simple et direct (comme il en aurait l'habitude) destiné au seul public qu'il rencontrait ce jour-là expliqueraient les mots employés, hors de toute vision sociétale malveillante : les circonstances plaideraient ainsi en faveur de la maladresse et du relâchement excessif. Mais, malgré ces contre-feux allumés par les entourages politiques présidentiels, ces formules ne parviendront

28 L'improvisation était largement préparée. *Cf.*, sur le rapport à ce travail de préparation dans ce cas spécifique Tanguy M., *Confusions*, Paris, J.-C. Lattès, 2020.

29 *Cf. infra* la version de F. Hollande *in* Davet G. et Lhomme F., *Un président ne devrait pas dire ça. Les secrets d'un quinquennat*, Paris, Stock, 2016, et 2017 pour l'édition consultée augmentée d'une préface. Abordant le sujet avec F. Hollande les journalistes qualifient la formule de « sale expression qui le poursuivra longtemps », « souhaitant démêler le vrai du faux » et « aller au bout de cette polémique nauséabonde » (p. 174).

pas finalement à s'inscrire dans un autre registre interprétatif que celui de l'hérésie politique[30] dommageable à l'image publique des locuteurs. Après être passés d'abord par une phase de dénégation puis de minoration, leurs auteurs seront conduits, chacun à leur manière (le président en exercice avec plus de difficultés[31]) à entamer – au regard de la réprobation générale – une phase de contrition qui entérinera la politisation de la formule[32]. Ainsi, en 2017 déjà, à propos d'une autre formule, l'entourage d'Emmanuel Macron assume « le franc parler du Président » et en livre la dimension politique : « ce mode d'expression [permettrait] de ne pas céder de terrain aux populistes, qui prétendent mieux comprendre les Français[33] ».

## LES FORMES DE LA POLITISATION

On peut identifier trois niveaux de transgression dans ces formules sur lesquels vont s'appuyer la plupart des commentaires politico-médiatiques : l'atteinte portée au « peuple », la maîtrise du rôle, la révélation/confirmation psychologique.

30 « Le locuteur politique (…) est condamné à la plus grande vigilance linguistique (…) il ne peut se laisser aller, il doit en permanence veiller à ce que son vouloir-dire stratégique (…) s'inscrive dans le cadre contraignant, mais flou du politiquement dicible ». Le Bart C. et Teillet P., *op. cit.*, 2004, p. 60.

31 [En ligne] : https://www.francetvinfo.fr/politique/les-illettrees-de-gad-macron-presente-ses-excuses-les-plus-plates_1699209.html (consulté le 08/08/2022).

32 L'UMP par l'entremise de son porte-parole Yves Jégo y voit « une volonté de lyncher le chef de l'État », considérant la réaction de ce dernier comme une « réaction humaine ». Nicolas Sarkozy, quant à lui, a tout d'abord assumé pleinement ses propos, déclarant : « J'ai sans doute les défauts de mes qualités, mais il est difficile, même quand on est président, de ne pas répondre à une insulte. Ce n'est pas parce qu'on est le président qu'on devient quelqu'un sur lequel on peut s'essuyer les pieds », estimant cependant au le surlendemain qu'il aurait « mieux fait de ne pas lui répondre », il considère enfin en 2016, dans son livre *La France pour la vie*, qu'en se situant au niveau de son interlocuteur il a « abaissé la fonction présidentielle ». (Voir sur ces points la notice Wikipedia).

33 *Le Figaro* (5 octobre 2017). [En ligne] : https://www.lefigaro.fr/politique/le-scan/2017/10/05/25001-20171005ARTFIG00129-illettrees-faineants-bordel-de-bercy-a-l-elysee-le-langage-choc-de-macron.php (consulté le 08/08/2022).

LE MÉPRIS DU PEUPLE

Le « Peuple » est placé au centre dans la définition canonique de la démocratie. De ce point de vue, l'enjeu interprétatif de ces trois formules tourne autour du mépris à l'égard du Peuple qu'elles formaliseraient. Ce « peuple » méprisé est ici défini dans son acception la plus noble, celle de la masse des gens ordinaires, par opposition « aux dominants qui s'en distinguent, par leur niveau social, culturel ou par opposition aux classes possédantes, à la bourgeoisie : *Un homme issu du peuple*[34] ». Chacune des formules met en scène un rapport asymétrique entre l'élu du peuple et des incarnations de ce « peuple » formellement différentes, mais convergentes dans leurs désignations. L'anonyme – fruste dans sa répartie – qui refuse la poignée de main du Président en représentation est bien désigné au choix comme « pauvre » et « con », c'est-à-dire doublement dominé, sans ressources et inculte ; ou « pauv'con », « pauvre » antéposé ayant une valeur axiologique dépréciative au sens de « méprisable » ou « lamentable ». François Hollande convient plus tard implicitement devant des journalistes qu'il aurait bien utilisé le terme « sans-dent », mais sans intention stigmatisante : « j'ai expliqué ça à Valérie. Quelle est la preuve de la pauvreté ? C'est que les gens sont sans dents[35] ». Devenue une catégorie générique dans le livre de Valérie Trierweiler, elle suffirait, partant d'une caractéristique physique commune à essentialiser les plus dominés. Pour E. Macron, la valorisation de son auditoire d'entrepreneurs de la « nouvelle économie » promis à se faire une place parmi les dominants (« ceux qui réussissent ») passe par un rabaissement de l'ordre du mépris de classe[36] qui invisibilise ceux qui ne sont rien économiquement *donc* pour lui socialement.

34 [En ligne] : https://www.larousse.fr/dictionnaires/francais/peuple/60039 (consulté le 12/06/2019).

35 Davet G. et Lhomme F., *op. cit.*, 2016 et 2017, p. 174. Ainsi rapportée, la situation montrerait un membre de l'élite politique issu de la bourgeoisie apprenant à sa compagne d'origine modeste comment repérer les plus démunis.

36 Défini comme des « jugements moraux [...] qui s'expriment par le dénigrement public ou privé de dominés sur la base de leurs appartenances et propriétés sociales » (Renahy Nicolas et Sorignet Pierre-Emmanuel, « Pour une sociologie du mépris de classe. L'économie des affects au cœur de la domination », *Sociétés contemporaines*, 2020/3 n° 119, p. 5). Mathieu Slama dans *Le Figaro* convoque l'analyse électorale : « ce gouvernement Macron est le gouvernement de la classe dominante élu par la classe dominante ». [En ligne] : https://www.lefigaro.fr/vox/politique/2017/07/03/31001-20170703ARTFIG00167-les-gens-qui-reussissent-et-les-gens-qui-ne-sont-rien-ce-que-revele-la-petite-phrase-de-macron.php (consulté le 08/08/2022).

## UNE INSUFFISANTE MAÎTRISE DU RÔLE ET UN STYLE CLIVANT

Si le rôle[37] est une contrainte forte, l'acteur politique ne peut simplement se contenter de son accomplissement pur et simple : il apparaîtrait aux yeux des commentateurs et des citoyens comme un dirigeant terne, un homme ou une femme *normal*, c'est-à-dire interchangeable. Le parfait accomplissement du rôle impose donc de s'approprier et d'investir les dimensions intrinsèques du rôle tout en saisissant les occasions d'exhiber des marques personnelles distinctives de son propre *style*[38]. Cette tension entre d'un côté la maîtrise attendue et la nécessité – à la marge – de s'en écarter prend sens dans un contexte où la lutte politique se présente comme un affrontement d'individualités autant sinon plus que de représentants de courants idéologiques ou d'appareils partisans. Si l'origine du phénomène est ancienne et en grande partie accentuée en France par l'élection du président de la République au suffrage universel, il est aussi alimenté par des formes contemporaines d'incarnation du rôle : la dimension personnelle et parfois intime y prend plus de place qu'auparavant. Cette nécessaire inventivité a des limites floues qui peuvent facilement prendre forme dans le langage. Ainsi, la prise de rôle présidentiel de Nicolas Sarkozy a-t-elle révélé « une volonté nette de marquer une distance à l'égard du rôle présidentiel dans ses dimensions les plus routinisées et les plus institutionnalisées[39] ». Confronté à une réprobation publique – du fait que certains de ces écarts prennent des formes particulièrement dissonantes[40] – il reviendra à partir des vœux

---

37 « On ne subit pas son rôle. Entretien avec Jacques Lagroye », *Politix*, 1997, p. 7-17. L'apprentissage de cette dimension spécifique du métier politique fait l'objet d'un contrôle fort notamment à travers les épreuves orales qui jalonnent le parcours des élites politico-administratives (Bourdieu P., *La noblesse d'État*, Paris, Minuit, 1989). Les multiples périphrases pour désigner les plus dominés ont eu tendance à s'institutionnaliser euphémisant progressivement jusqu'à les remplacer les formulations plus directes que les partis ouvriers avaient auparavant popularisés.

38 « Le rôle présidentiel offre à son titulaire la possibilité d'exister sur un mode plus *individualisé* que les autres rôles [...] la présidence se définit autant comme choix d'un *style* singulier que comme endossement docile d'un *rôle* » (souligné dans l'ouvrage). Le Bart C., *L'ego politique. Essai sur l'individualisation du champ politique*, Paris, Armand Colin, 2013, p. 48.

39 Lefèbvre R., *Leçons d'introduction à la science politique*, Paris, Ellipse, 2010, p. 48 ; Neveu E., « Chapitre 1. Les politiques de communication du président Sarkozy », *in* Maillard J. de (dir.), *Politiques publiques 3. Les politiques publiques sous Sarkozy, Paris*, Presses de Sciences Po, 2012, p. 47-69.

40 Notamment le 6 novembre 2007 au Guilvinec (Nicolas Sarkozy lance à un marin pêcheur « Descends un peu le dire ! Si tu crois que c'est en insultant que tu vas régler le problème

de janvier 2008 à une communication jugée plus conventionnelle, l'écart du « Casse-toi pauv' con » a alors valeur de rechute pour certains commentateurs.

Pour François Hollande, la contestation de sa capacité à l'accomplissement du rôle a pour origine en partie la référence de sa campagne au Président « normal ». Il s'agissait alors stratégiquement de s'opposer aux formes négatives d'endossement du rôle par son prédécesseur et concurrent (Nicolas Sarkozy). Mais, témoignage de la complexité du parfait accomplissement du rôle, cette normalité est devenue une catégorie de jugement dominante de sa personnalité dans un sens stigmatisant accusant une prétendue impossibilité à se hausser à la hauteur du rôle. L'usage du terme de « sans-dent » illustrerait un hiatus : on attendrait d'un Président issu de la gauche qu'il soit en communion naturelle avec le « peuple », mais la révélation de son ex-compagne montre une autre réalité, c'est un membre des classes dominantes dont le naturel cynique reprend le dessus dans l'intimité : « Le président n'aime pas les pauvres. Lui, l'homme de gauche, dit en privé *les sans-dents*, très fier de son trait d'humour ».

Le rôle enfin est clairement endossé par Emmanuel Macron : il s'agirait d'une nécessaire hauteur, cohérente avec la figure du « Président Jupitérien » qu'il théorisait avant son élection[41], mais cette conception donne prise à la critique récurrente, la prise de distance n'étant jamais loin du mépris de classe. Il lui est aussi reproché de tomber dans l'un des travers qu'il avait lui-même envisagé avant son élection par la multiplication de ces écarts de langage : « Une présidence de l'anecdote, de l'événement et de la réaction banalise la fonction (qui) ne permet pas de se réconcilier avec le temps long et le discours du sens[42] ».

---

des pêcheurs ! », ou en décembre 2007 pour sa visite au Pape Benoit XVI, lorsqu'il prend des libertés avec la solennité attendue dans ces circonstances.

41 « Je ne crois pas au président "normal", dit-il en référence au mantra de François Hollande. Les Français n'attendent pas cela. Au contraire, un tel concept les déstabilise, les insécurise. Quand le président devient "normal", nous courons un risque politique et institutionnel, mais aussi un risque psychologique collectif, et même un risque pour l'efficacité de l'action ». Interview d'E. Macron à *Challenge* le 16 octobre 2016. [En ligne] : https://www.challenges.fr/election-presidentielle-2017/interview-exclusive-d-emmanuel-macron-je-ne-crois-pas-au-president-normal_432886 (consulté le 08/08/2022).

42 *Ibid.*

## UNE RÉVÉLATION DU MOI PRÉSIDENTIEL AUTHENTIQUE

Dans un contexte où la parole des plus hauts responsables politiques fait l'objet d'une attention extrême, les personnalités politiques sont très rarement les véritables auteurs des paroles qu'ils prononcent ou écrivent[43]. Il s'agit de déjouer d'éventuelles méprises interprétatives, autant que d'imposer des cadres cognitifs d'appréhension de la réalité. À l'inverse de ce formatage, ces trois formules apparaissent exemptes de toute arrière-pensée ou manipulation « communicationnelle ». L'auctorialité des formules est incontestable soit qu'elle soit attestée par les images et le son (Sarkozy, Macron), soit qu'elle s'appuie sur un témoignage de première main (pour François Hollande) certes rapporté, mais confirmé de façon paradoxale par le locuteur lui-même dans sa contrition. Le contexte, tout comme la simplicité et la brutalité des énoncés, viennent à l'appui de cette « véracité » : Nicolas Sarkozy répond au débotté à l'apostrophe d'un citoyen, la confidence de François Hollande est tenue dans le relâchement de l'intimité domestique et conjugale ; enfin, par son impréparation même, la désignation de « ceux qui ne sont rien » comporte une forte présomption de sincérité. Ce « circuit court » d'une information puisée directement à la source s'oppose ainsi aux produits de la communication politique professionnalisée. Ces formules échapperaient ainsi doublement à leurs auteurs : non seulement elles n'étaient pas pensées comme des éléments de communication présidentielle ; mais elles n'étaient pas non plus destinées à devenir l'objet de commentaires et de développements politiques. En exprimant ce que leur auteur n'ose(rait) pas d'habitude formuler publiquement, elles apparaissent ainsi pour les commentateurs comme des contributions décisives à une connaissance approfondie des locuteurs.

La force de la « révélation » qui en découlerait est pourtant en grande partie le fruit d'une illusion puisqu'elle rejoint les cadres de visions et de divisions ordinaires du champ politique[44] et le cadrage médiatique dominant de la personnalité publique des locuteurs. Loin de constituer une forme de dévoilement, elles ont en premier lieu pour fondement

43 Eymeri-Douzans J.-M. et al. (dir.), *op. cit.*, 2015 ; Le Bart C., *La politique en librairie. Les stratégies de publication des professionnels de la politique*, Paris, Armand Colin, 2012.

44 Gaxie D., « Les critiques profanes de la politique : enchantements, désenchantements, réenchantements » *in* Garraud P. & Briquet J.-L., *Juger la politique : entreprises et entrepreneurs critiques de la politique*, Rennes, PUR, 2002, p. 217-240.

le sentiment assez largement partagé d'une duplicité des responsables politiques, utilisant notamment les techniques de communication pour masquer des intentions et pensées véritables. Elles trouvent en second lieu leur cohérence dans une certaine « sérialité » des écarts discursifs de leurs auteurs puisque l'auto-référencement à des précédents vient à l'appui de la démonstration, et les exégètes trouvent alors confirmation de leurs intuitions. En ce sens, ces formules n'apparaissent nullement aux observateurs comme scandaleuses, elles confirment ce qu'ils savaient ou présupposaient auparavant. Ainsi, pour Nicolas Sarkozy il ne s'agirait que du franchissement d'une nouvelle étape de son incapacité à l'autocontrôle déjà prise en défaut à de nombreuses reprises. Pour François Hollande, c'est une preuve de sa duplicité et des ambiguïtés de ses engagements (est-il vraiment un homme de gauche ? A-t-il la stature d'un Homme d'État ?). Pour Emmanuel Macron enfin, sa biographie (énarque et « banquier ») associée à l'élitisme revendiqué et présent dans d'autres circonstances[45] s'articulerait avec le mépris et l'autoritarisme d'une conception entrepreneuriale de la politique déjà documentée par ailleurs. Tout s'inscrit alors de façon congruente, pour certains commentateurs, dans cette grille interprétative : « [la formule] révèle une vérité cachée, une arrière-pensée qui dit énormément du président de la République et de ses habitudes de langage – qui sont aussi et surtout des habitudes de pensée. Et il n'est pas anodin qu'elle ait été prononcée devant un parterre d'entrepreneurs et de startuppeurs, dans un lieu financé par le milliardaire Xavier Niel », rendant visibles « la prise de pouvoir et l'hégémonie de cette nouvelle bourgeoisie managériale dont les principes directeurs sont le pragmatisme, le management et l'efficacité[46] ».

---

45 [En ligne] : http://www.leparisien.fr/politique/do-you-speak-macron-02-02-2018-7538088.php (consulté le 08/08/2022).

46 Slama M., « "Les gens qui réussissent et les gens qui ne sont rien" : ce que révèle la petite phrase de Macron », *FigaroVox*, 3 juillet 2017.

## CONCLUSION
## Quelle critique de la politique ?

À bien des égards, les trois formules apparaissent comme des formes passe-partout qui déjouent involontairement le formatage omniprésent de l'expression politique pour prendre, à travers la circulation des commentaires de toute nature, un sens politique et social. L'interprétation dominante qui va s'imposer mobilise des catégories profanes et demi-savantes d'appréhension de la politique pour rejoindre les traits caricaturaux (au sens propre du terme) de la personnalité publique qui voudraient que l'accomplissement officiel du rôle conjugue une dimension cachée commune aux dominants, celle du mépris des citoyens (en tant qu'acteurs de la démocratie) et du mépris de classe, que les titulaires de la fonction présidentielle déclineraient ainsi involontairement, chacun à sa manière.

Pierre LEROUX
Professeur des Universités
en sciences de l'information
et de la communication
Université catholique de l'Ouest,
Arènes-CNRS

# « ANCIEN MONDE », EST-CE UNE INSULTE POLITIQUE ?

## Étude d'une adresse verbale dans le contexte électoral de 2017 en France

L'« Ancien Monde » désigne communément la partie du monde connue par les Européens avant la découverte des Amériques (le « Nouveau Monde ») en 1492. L'utilisation soudaine et fréquente de ce terme par des acteurs politiques, dans le contexte des campagnes électorales pour l'élection présidentielle et les élections législatives de 2017 en France, modifie la signification commune de ce terme. Quel est le sens de cette expression en 2017 ?

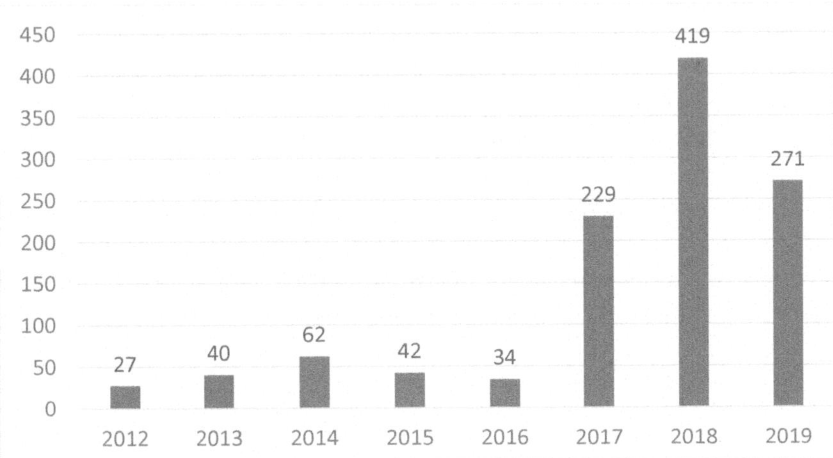


Graphique 1 – Nombre d'articles de la presse quotidienne nationale[1] contenant l'expression « ancien monde ».

1 Données cumulées des dépêches de l'AFP et des quatre principaux quotidiens généralistes nationaux : *Le Monde*, *Le Figaro*, *La Croix* et *Libération*.

Cette expression et ses dérivés sont mobilisés par les acteurs politiques ayant « disrupté » la séquence électorale de 2017[2], au détriment de leurs adversaires qu'ils qualifient d'« ancien monde ». Son utilisation intervient à propos de sujets divers :

> Il faudrait que la vie politique continue de fonctionner comme dans les années 1950 ? […] Beaucoup de gens qui disent cela, disent, et ils le présentent comme tel : « pour être dans la vie politique, pour peser au parti, pour être… qui ministre, qui Premier ministre, qui président de la République… il faut se faire élire député ». Mais ça c'est le *cursus honorum* d'un ancien temps[3] ! (Emmanuel Macron)
>
> Les frondeurs, c'est l'ancien monde[4]. (Richard Ferrand)
>
> Nous sommes hostiles aux niches, nous croyons à une fiscalité simple, stable et lisible. C'est la différence entre la fiscalité de l'ancien monde, celle des niches et des exceptions, que vous défendez, et la fiscalité du Nouveau Monde, simple, stable et lisible, que nous défendons[5]. (Bruno Le Maire)

La portée de l'expression est donc large, mais cette adresse verbale à des personnes est un acte de langage qui recouvre un certain sens. Elle est utilisée par Emmanuel Macron et ses proches, de manière impersonnelle, à l'encontre de leurs concurrents dont elle stigmatise certains attributs sociaux et politiques (ancienneté en politique, appartenance à des partis politiques par exemple) et certaines pratiques (professionnalisation, affaires et scandales politiques)[6]. La séquence électorale de 2017 confère à ce terme un sens politique nouveau qui, plus largement, correspond à une critique du système politique, des institutions et des acteurs politiques formulée par Emmanuel Macron alors en campagne : « Ce monde est ancien. Il est usé. Il est fatigué. Il faut en changer[7] ». L'expression est également réemployée par des journalistes. Il est par exemple rapporté qu'Emmanuel Macron considère que l'« ancien monde » est « inefficace et englué dans

---

2 Perrineau P., *Le vote disruptif. Les élections présidentielle et législatives de 2017*, Paris, Presses de Sciences Po, 2017.

3 « Pour Macron, devenir député est un "cursus d'un ancien temps" », *Le Monde*, 30 septembre 2015.

4 Propos rapportés dans : AFP, *Asile : premiers tirs croisés en commission de LR et la gauche contre LREM*, 04/04/2018.

5 Bruno Le Maire, Compte rendu intégral des séances du 20 octobre 2017, *Journal officiel de la République française.*

6 Sur les enjeux de la professionnalisation lors de la séquence électorale de 2017 et de la législature 2017-2022 : Ollion E., *Les candidats*, Paris, PUF, 2021.

7 Discours de Emmanuel Macron, Paris, le 12 juillet 2016.

le jeu de la “politique politicienne”[8] ». D’après l’AFP, un candidat LREM en Bretagne aurait été choisi « car il incarne le renouvellement promis par Emmanuel Macron pour rompre avec “l’ancien monde” politique[9] ».

Le recours à cette expression se poursuit après la séquence électorale. Par exemple, lors de l’examen de la loi sur la moralisation de la vie publique, après une campagne présidentielle marquée par les affaires, Christophe Castaner (porte-parole du gouvernement) soutient qu’« on était jusque-là dans un ancien monde, avec des règles insuffisantes en matière de transparence[10] ». Le Chef du gouvernement, Édouard Philippe, affirme, lui : « nous devons faire adopter cette loi, passer d’un ancien monde où il y avait des zones que nous n’acceptons plus aujourd’hui, pour tout mettre au carré[11] ». Cette fin de l’« ancien monde » s’accompagne de son corolaire, l’avènement du « nouveau monde », mythe mobilisateur au cœur de la campagne d’Emmanuel Macron[12].

La locution « ancien monde » s’inscrit dans des relations de pouvoir entre acteurs politiques. Elle assure une fonction de stigmatisation de certaines pratiques, présentées comme déviantes. « Ancien monde » abandonne son sens historique pour devenir un marqueur de la campagne électorale de 2017 et concourt à qualifier la redéfinition de l’échiquier politique, voire du champ politique, lors de cette « révolution électorale[13] ». Ce chapitre s’intéresse à cette transformation du sens d’« ancien monde », avec l’objectif de savoir si cet acte de langage[14] est devenu une insulte dans le contexte de la séquence électorale de 2017. Pour cela, nous étudions sa réception et sa perception par les parlementaires à l’Assemblée nationale et au Sénat et cherchons à identifier, le cas échéant, si cette insulte est de nature politique.

La définition d’une insulte s’avère complexe en raison de la part de subjectivité[15] inhérente à cette adresse verbale. Les recherches, en linguistique

8 Mestre A., Soullier L., « La bataille des populismes », *Le Monde*, 13 février 2019.

9 AFP, *En Bretagne, un jeune candidat né au Rwanda symbole du renouvellement politique*, 08/06/2017.

10 AFP, *Le camp Macron attaqué sur l’exigence de probité*, 30/05/2017.

11 AFP, *Philippe : Bayrou « crédible » pour défendre la loi de moralisation de la vie politique*, 09/06/2017.

12 Voir : Llorca R., *La Marque Macron, désillusions du neutre*, Paris, Éditions de l’Aube, 2021, p. 78-80.

13 Cautrès B., Muxel A. (dir.), *Histoire d’une révolution électorale*, Paris, Classiques Garnier, 2019.

14 Lagorgette D., Larrivée P., « Introduction », *Langue française*, n° 144, 2004, p. 5.

15 Fuligni B. (dir.), *Petit dictionnaire des injures politiques*, Paris, L’Éditeur, 2016, p. 15.

et en analyse du discours notamment, considèrent l'usage d'expressions verbales négatives et l'intention d'offenser comme des critères trop restrictifs[16] : elle doit être appréhendée à l'aune de la relation qu'elle instaure entre plusieurs acteurs[17]. La réception de l'insulte par le groupe visé devient déterminante pour la définir[18] : être insulté, c'est se sentir insulté[19].

Ainsi définie, l'insulte génère des logiques d'identification[20], négatives, pour que « l'autre se sente être ou devenir ce dont on le traite[21] », comme positives, l'insulteur s'arrogeant les qualités qu'il nie à l'autre[22]. Les insultes invectivent « l'adversaire par le biais de termes dont le sémantisme véhicule des représentations[23] » et font porter à celui qui se sent visé des stigmates, car ce sont moins les mots que les idées sous-jacentes qui composent la véritable charge insultante du propos[24].

L'insulte en politique répond aux mêmes caractéristiques. Ses spécificités sont liées à celles du champ politique au sein duquel les acteurs adoptent des comportements et des pratiques particuliers. L'insulte politique évolue donc au gré des transformations du champ politique[25]. Les études sur les insultes en milieu parlementaire relèvent les mêmes logiques[26], soulignant que l'identification partisane renforce les dynamiques

---

16 Colker R., « The power of insults », *Boston University Law Review*, Vol. 100, n° 1, 2020 ; Fracchiolla B., Moïse C., Romain C., Auger N. (dir.), *Violences verbales, analyses, enjeux et perspectives*, Rennes, PUR, 2013 ; Mateo J., Yus F., « Towards a Cross-Cultural Pragmatic Taxonomy of Insults », *Journal of Language Aggression and Conflict*, 2013 ; Milic I., « Whats Counts as an Insult ? », *Acta Analytica*, vol. 33, n° 4, 2018, p. 539-552.

17 Milic I., *Ibid.*, p. 547.

18 *Ibid.*, p. 543.

19 Kampf Z., « The politics of being insulted : the uses of hurt feelings in Israeli public discourse », *Journal of Language Aggression and Conflict*, 2015, p. 107-127.

20 Evaldsson A.-C., « Staging insults and mobilizing categorizations in a multiethnic peer group », *Discourse and society*, vol. 16(6), 2005, p. 763-786.

21 Fracchiolla B., « L'insulte et l'injure vues comme genres brefs, et leur mise en discours », *Colloque international, Université Aoyama gakuin (Tokyo)*, 2017, p. 10 [en ligne] : https://hal.univ-lorraine.fr/hal-01719473/document (consulté le 08/08/2022).

22 Conley T., *Toward a rhetoric of insult*, University of Chicago Press, 2010.

23 Dascalakis-Labreze M., « Nommer l'altérité politique argentine », *Mots. Les langages du politique*, n° 123, 2020, p. 50.

24 Bouchet T., *Noms d'oiseaux. L'insulte en politique de la Restauration à nos jours*, Paris, Stock, 2010, p. 278.

25 Bouchet T., Legget M., Vigreux J., Verdo G., « Conclusion », *L'Insulte (en) politique. Europe et Amérique latine du XIX^e^ siècle à nos jours*, Dijon, Éditions universitaires de Dijon, 2005 ; Bouchet T., *op. cit.*, 2010, p. 306 ; Rosier L., *Petit traité de l'insulte*, Loverval, Labor, 2006.

26 Par exemple : Baudot P.-Y., Rozenberg O., « Lasses d'Elias : des assemblées dé-pacifiées ? », *Parlement[s] – Revue d'histoire politique*, Vol. 14, n° 2, 2010, p. 6-17 ; Ilie C., « Insulting as (un) parliamentary practice in the British and Swedish parliaments : A rhetorical approach. »,

oppositionnelles inhérentes à la relation insulteur/insulté[27]. L'insulte politique se distingue des autres, car elle est « publique, polémique et réflexive[28] ». La charge insultante vise à produire des identités politiques[29], « à discréditer un individu ou un groupe prétendant à l'exercice du pouvoir[30] ». La compétition politique est un puissant facteur de la montée en tension et de violence verbale, exacerbée en période électorale[31].

Le champ politique constitue un contexte propice à l'insulte par l'exacerbation des rivalités entre acteurs, comme lors de la séquence électorale de 2017 en France, avec l'irruption du parti politique LREM dans le jeu électoral et ses victoires lors de l'élection présidentielle et des élections législatives. Simultanément, les contraintes du champ politique et sa professionnalisation contribuent à limiter l'utilisation de l'insulte et à masquer l'intention d'insulter. De plus, la réception de l'insulte peut être euphémisée par ses destinataires, par une stratégie d'évitement des stigmates traduisant un refus de l'insulte[32]. Face à ce double mouvement, repérer l'insulte en politique s'avère particulièrement difficile.

Nous considérons que la compréhension de l'acte de langage « ancien monde » dans le contexte électoral de 2017 nécessite, avant tout, de se focaliser sur la dimension relationnelle de l'insulte et les expériences vécues par les acteurs politiques, un critère déterminant pour qualifier ou non « ancien monde » d'insulte. Nous postulons que l'usage et la réception d'« ancien monde » sont différenciés et que la variation de ces perceptions repose sur la position et les caractéristiques sociales et politiques des locuteurs et des récepteurs, ici les parlementaires. En ce sens, nous cherchons à objectiver la perception qu'en ont les acteurs à travers deux types de questionnements.

---

*in* Bayley P. (dir.), *Cross-Cultural Perspectives on Parliamentary Discourse*, Amsterdam, John Benjamins, 2004, p. 45-86 ;

27 Korostelina K., *Political Insults : How Offenses Escalate Conflict*, Oxford University Press, 2014 ; Ilie C., « Strategic uses of parliamentary forms of address : The case of the U.K. Parliament and the Swedish Riksdag », *Journal of Pragmatics*, vol. 42 (4), 2010, p. 885-911.

28 Fuligni B. (dir.), *op. cit.*, 2016, p. 17.

29 Sinigaglia J., « Les usages du qualificatif droitier au Nouveau Parti anticapitaliste. Orthodoxie et pluralisme intrapartisan à l'extrême gauche », *Mots. Les langages du politique*, vol. 111, n° 2, 2016, p. 103-120.

30 Fuligni B. (dir.), *op. cit.*, 2016, p. 17.

31 Waddle M., Bull P, Böhnke J. R., « "He Is Just the Nowhere Man of British Politics" : Personal Attacks in Prime Minister's Questions », *Journal of Language and Social Psychology*, vol. 38 (1), 2019, p. 61-84.

32 Baudot P.-Y., Rozenberg O., *op. cit.*, 2010 ; Fracchiolla B., Moïse C., Romain C., Auger N. (dir.), *op. cit.*, 2013, p. 12-14.

Le premier porte sur la perception de l'insulte en fonction des caractéristiques sociographiques des acteurs. Ce questionnement renseigne sur les fonctions de la locution « ancien monde ». Est-elle perçue comme insultante et par qui ? Peut-on identifier des groupes sociaux distincts dont l'un d'eux se sentirait particulièrement insulté ?

Le second porte sur les spécificités de l'insulte en politique et recherche les variables explicatives pour appréhender le cas échéant, les ressorts de sa nature politique. La perception d'« ancien monde » comme insulte est-elle dépendante des propriétés sociales ou politiques des parlementaires ? Est-ce qu'« ancien monde » est une insulte politique ?

Notre recherche est organisée de la manière suivante. Nous formulons les hypothèses de recherche (Section 1) et décrivons les données et la méthode utilisées (Section 2). Nous présentons les résultats relatifs aux fonctions de l'insulte pour savoir si « ancien monde » relève de ces mêmes caractéristiques (Section 3), puis ceux relatifs à la nature politique de l'insulte en cherchant à identifier les variables explicatives de sa réception (Section 4). Enfin, nous discutons les résultats obtenus (Section 5).

## HYPOTHÈSES

Dans le prolongement des recherches évoquées *supra* qui mettent en évidence les logiques de groupes et d'interactions sociales comme étant constitutives d'une insulte, nous cherchons d'abord à identifier la présence de tels phénomènes pour la perception d'« ancien monde ».

– Hypothèse n° 1. Parmi les parlementaires, il existe un sous-groupe qui considère « ancien monde » comme une insulte.

Ensuite, nous nous intéressons aux réceptions individuelles de l'insulte pour identifier les variables qui conditionnent la perception d'« ancien monde » en tant qu'insulte. Nous postulons que la perception « d'ancien monde » n'est pas uniforme parmi les parlementaires et, plus précisément, que les réponses ne sont pas uniformément distribuées selon les catégories sociales et politiques.

Nous postulons que pour qu'un parlementaire considère « ancien monde » comme une insulte il est nécessaire qu'il possède l'un des attributs (ou stigmates) sous-jacents à cet acte de langage. Autrement formulé, plus un parlementaire possède des attributs qui correspondent aux stigmates de l'« ancien monde » (âge, ancienneté en politique, appartenance aux partis non LREM), plus celui-ci aura tendance à considérer « ancien monde » comme une insulte et à se sentir insulté. À l'inverse, plus un parlementaire possède des attributs individuels éloignés des stigmates de l'« ancien monde », moins il aura tendance à considérer « ancien monde » comme une insulte et à se sentir insulté.

- Hypothèse n° 2 : Plus l'âge d'un parlementaire est élevé, plus « ancien monde » est perçu comme une insulte et, inversement, plus l'âge est faible, moins « ancien monde » est considéré comme une insulte.
- Hypothèse n° 3 : Plus le nombre de mandats d'un parlementaire est élevé, plus « ancien monde » est perçu comme une insulte et, inversement, plus le nombre de mandats est faible, moins « ancien monde » est considéré comme une insulte.
- Hypothèse n° 4 : Plus un parlementaire est membre d'un groupe parlementaire (à l'Assemblée nationale et au Sénat) éloigné du groupe LREM, plus « ancien monde » est considéré comme une insulte et, inversement, plus un parlementaire est membre d'un groupe parlementaire proche du groupe LREM, moins « ancien monde » est considéré comme une insulte. Par extension, nous faisons la même hypothèse en fonction de l'appartenance ou non à la majorité gouvernementale.

## MÉTHODE

La population choisie pour étudier la perception d'« ancien monde » est le groupe des parlementaires, c'est-à-dire les élus à l'Assemblée nationale et au Sénat en France (n=925). Notre recherche est fondée sur une analyse de données collectées par questionnaire en ligne, que nous avons élaboré et diffusé[33] auprès des députés de la XVe législature (2017-2022) et des sénateurs en cours de mandat en 2020[34].

Les difficultés posées par une enquête auprès de cette population sont nombreuses. Les parlementaires sont « des élus très peu accessibles aux citoyens et aux chercheurs[35] », en raison notamment des nombreuses « sollicitations dont ils font l'objet » et des « contraintes de leur emploi du temps[36] », très chargé[37]. Le questionnaire a permis de recueillir les réponses de 199 parlementaires, soit un taux de retour de 21,5 % – un taux supérieur à celui des autres enquêtes par questionnaire réalisées auprès de parlementaires français[38].

L'échantillon (n=199) est globalement représentatif de la population totale des parlementaires. La représentativité sociologique et politique ne comporte que des déviations limitées : sexe (6,4 points d'écart entre l'échantillon et la population globale), le type de mandat exercé (1,5 point), l'appartenance aux groupes parlementaires à l'Assemblée nationale (1,3 point en moyenne ; déviation min. : 0,3, déviation max. : 8,5) et au Sénat (1,6 point en moyenne ; déviation min. : 0,2, déviation max. : 8,4)[39].

Les données ont été analysées pour identifier les corrélations statistiquement significatives entre les variables. Un premier traitement permet d'obtenir des statistiques (tris à plat et tris croisés) et de comparer des proportions dans l'échantillon total et par catégories. Un deuxième consiste en la recherche de relations bivariées[40] en fonction des hypothèses

33 Les informations relatives au contenu et à l'envoi du questionnaire sont disponibles en ligne. Voir « Le questionnaire : population, envoi, contenu », [En ligne] : https://ancienmonde.hypotheses.org/11.

34 Les sénateurs dont le mandat était en cours entre septembre 2014 et septembre 2020 et ceux dont il est en cours entre septembre 2017 et septembre 2023.

35 Costa O., Kerrouche É., *Qui sont les députés français ? Enquête sur des élites inconnues*, Paris, Presses de Sciences Po, 2007, p. 15-16.

36 *Ibid.*

37 Boelaert J., Michon S., Ollion É., *Métier : député. Enquête sur la professionnalisation de la politique en France*, Paris, Raisons d'agir, 2017 ; Costa O., Kerrouche É., *op. cit.*, 2007 ; Ollion É., « Changer de vie. Les députés novices et la condition politique au XXIe siècle », *Politix*, vol. 128, n° 4, 2019, p. 96-101.

38 Pour comparaison, 85 députés (taux de réponse : 14,7 %) pour l'ouvrage de référence *Qui sont les députés français ?* (Costa, Kerrouche, 2017) ; 50 députés (taux de réponse : 8,6 %) pour le projet PartiRep (2012-2017) du Cevipol.

39 Des données approfondies sur la représentativité sont disponibles en ligne : « Le questionnaire : les réponses obtenues », [En ligne] : https://ancienmonde.hypotheses.org/14.

40 Le test statistique du Khi$^2$ permet de statuer sur l'existence d'un lien entre les variables ; le coefficient de Cramer (V) compris entre 0 et 1 permet, le cas échéant, de statuer sur l'intensité de ce lien.

de recherche. Un troisième consiste en la recherche de relations multivariées, via des régressions linéaires multiples. Les modèles multivariés ne sont utilisés ici que pour tester la robustesse des résultats[41].

## « ANCIEN MONDE » A-T-ELLE LES FONCTIONS D'UNE INSULTE ?

Dans cette section nous présentons les résultats agrégés relatifs à la perception d'« ancien monde » (« Selon vous, l'expression "ancien monde" est-elle une insulte ? ») pour l'ensemble des répondants, puis nous recherchons s'il existe un sous-groupe qui considère « ancien monde » comme une insulte (hypothèse n° 1). Les résultats sont présentés sous forme de portrait-robot indiquant les attributs sociopolitiques surreprésentés au sein des deux groupes identifiés dans la réception d'« ancien monde ».

### LA RÉCEPTION D'« ANCIEN MONDE » CHEZ LES PARLEMENTAIRES

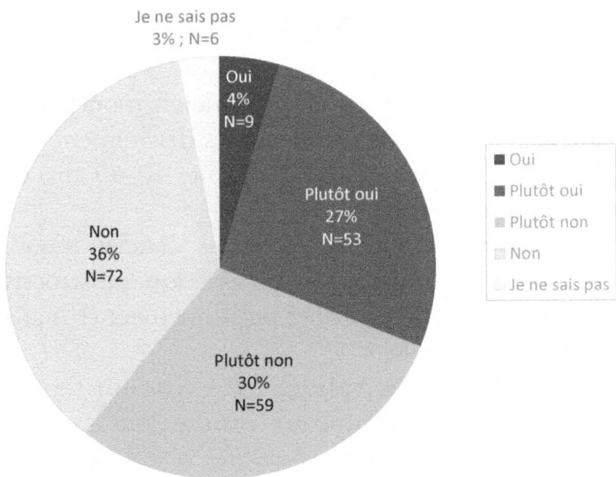


GRAPHIQUE 2 – Réponses à la question « Selon vous, l'expression "ancien Monde" est-elle une insulte ? ».

41 Les tableaux de régressions linéaires multiples sont disponibles en ligne : « Annexes du chapitre "Insulte politique" », [En ligne] : https://ancienmonde.hypotheses.org/50.

Sur le total des réponses, « ancien monde » n'est pas perçu comme une insulte par une nette majorité. Deux tiers des parlementaires considèrent que ce n'est pas une insulte (66 %) et un peu moins d'un tiers que c'en est une (31 %). De plus, les réponses réunies dans le sous-total « oui » sont plus hésitantes que celles du sous-total « non ». Seuls 4 % des parlementaires considèrent qu'il s'agit d'une insulte contre 36 % que ce n'est pas le cas ; les hésitants (« plutôt ») étant partagés de manière égale entre les deux.

Si ces résultats indiquent une perception différenciée selon les parlementaires et l'existence de deux pôles dans la réception d'« ancien monde » (c'est une insulte ; ce n'est pas une insulte), ils n'indiquent pas comment cette différentiation s'opère entre les parlementaires. Ces perceptions sont-elles structurées par des variables sociopolitiques formant des groupes distincts ?

## IDENTIFICATIONS DES SOUS-GROUPES

Les résultats exposent les traits sociologiques et politiques distinctifs de chacun des groupes de répondants par rapport à l'échantillon global. Les résultats sont présentés par variable[42]. Nous identifions les singularités sociopolitiques de chacun des groupes. Les mesures indiquent en quoi les répondants « Oui “ancien monde” est une insulte » et « Non, “ancien monde” n'est pas une insulte » forment deux sous-groupes distincts et dessinent, en creux, un portrait-robot.

Les parlementaires qui perçoivent « ancien monde » comme une insulte disposent de caractéristiques qui les distinguent de l'ensemble des parlementaires sociologiquement (femme, 40-49 ans) et politiquement (3 mandats, groupe LR, Sénat).

Les parlementaires qui ne perçoivent pas « ancien monde » comme une insulte disposent également de caractéristiques distinctives sociologiquement (homme, 70 ans et plus) et politiquement (1 mandat, groupe LREM, Assemblée nationale).

L'hypothèse n° 1 est donc validée : il existe un sous-groupe qui considère « ancien monde » comme une insulte dont les caractéristiques sociopolitiques sont distinctes de l'*échantillon global. Les résultats montrent également l'*existence d'un autre sous-groupe singulier : les parlementaires qui ne considèrent pas « ancien monde » comme une insulte.

---

42 Ne figure dans le tableau que la modalité qui distingue le plus le sous-groupe de l'échantillon total. Voir « Annexes du chapitre “Insulte politique” », [En ligne] : https://ancienmonde.hypotheses.org/50.

| | « Ancien monde est une insulte » | « Ancien monde n'est pas une insulte » |
|---|---|---|
| | N=62 | N = 131 |
| Sexe<br>Surreprésentation | Femme<br>+ 8,5 points | Homme<br>+ 3,5 points |
| Age<br>Surreprésentation | Entre 40 et 49 ans<br>+ 11,55 points | 70 ans et plus<br>+ 3,1 points |
| Mandat parlementaire en cours d'exercice<br>Surreprésentation | 3 mandats<br>+ 7,69 points | 1 mandat<br>+ 3,7 points |
| Groupe parlementaire d'appartenance<br>Surreprésentation | Groupe Les Républicains<br>+ 13,27 points | Groupe La République en Marche<br>+ 8,3 points |
| Assemblée<br>Surreprésentation | Sénat<br>+ 2,74 points | Assemblée nationale<br>+ 0,2 point |

TABLEAU 1 – La réception différenciée d'« ancien monde ».

La prochaine section vise à identifier lesquelles de ces variables sociales ou politiques sont déterminantes dans la perception d'« ancien monde ».

## « ANCIEN MONDE » : UNE INSULTE POLITIQUE ?

Dans cette section, nous présentons les résultats relatifs aux réceptions individuelles pour identifier les variables sociales ou politiques qui déterminent la réception d'« ancien monde » en tant qu'insulte. Les tests des variables « sexe » et « Chambre d'appartenance » établissent qu'elles n'ont pas d'effet sur la perception d'ancien monde (Tableaux n° 2 et n° 3). Les résultats sont présentés par sous-groupes constitués en fonction des variables retenues dans les hypothèses.

| | | | Sous-total « Oui » | Sous-total « Non » | « Je ne sais pas » | Ensemble |
|---|---|---|---|---|---|---|
| Sexe | Femme | Effectif | 33 | 54 | 2 | 89 |
| | | % | 37,10% | 60,70% | 2,20% | 100,00% |
| | Homme | Effectif | 29 | 77 | 4 | 110 |
| | | % | 26,40% | 70,00% | 3,60% | 100,00% |
| Age | moins de 30 ans | Effectif | 0 | 2 | 0 | 2 |
| | | % | 0,00% | 100,00% | 0,00% | 100,00% |
| | 30-39 ans | Effectif | 2 | 7 | 0 | 9 |
| | | % | 22,20% | 77,80% | 0,00% | 100,00% |
| | 40-49 ans | Effectif | 19 | 19 | 0 | 38 |
| | | % | 50,00% | 50,00% | 0,00% | 100,00% |
| | 50-59 ans | Effectif | 25 | 40 | 0 | 65 |
| | | % | 38,50% | 61,50% | 0,00% | 100,00% |
| | 60-69 ans | Effectif | 16 | 49 | 5 | 70 |
| | | % | 22,90% | 70,00% | 7,10% | 100,00% |
| | 70 ans et plus | Effectif | 0 | 14 | 1 | 15 |
| | | % | 0,00% | 93,30% | 6,70% | 100,00% |
| **Ensemble** | | **Effectif** | 62 | 131 | 6 | 199 |
| | | % | **31,20%** | **65,80%** | **3,00%** | **100,00%** |

Source : Réponses à la question : « “Ancien monde” est-ce une insulte ? »
Lecture : « Ancien monde » est perçu comme une insulte par 37,10% des Femmes (N=33)
Sexe - $\chi 2$ = 2,78 (ns) Âge - $\chi 2$ = 24,66 ($p < 0,01$) ; V = 0,25

TABLEAU 2 – Réception d'« ancien monde » selon les variables sociales.

| | | | Sous-total « Oui » | Sous-total « Non » | « Je ne sais pas » | Ensemble |
|---|---|---|---|---|---|---|
| Assemblée | Assemblée nationale | Effectif | 36 | 80 | 5 | 121 |
| | | % | 29,80% | 66,10% | 4,10% | 100,00% |
| | Sénat | Effectif | 26 | 51 | 1 | 78 |
| | | % | 33,30% | 65,40% | 1,30% | 100,00% |
| Mandat parlementaire en cours d'exercice | 1 mandat | Effectif | 26 | 70 | 3 | 99 |
| | | % | 26,30% | 70,70% | 3,00% | 100,00% |
| | 2 mandats | Effectif | 14 | 21 | 2 | 37 |
| | | % | 37,80% | 56,80% | 5,40% | 100,00% |
| | 3 mandats | Effectif | 11 | 9 | 0 | 20 |
| | | % | 55,00% | 45,00% | 0,00% | 100,00% |
| | 4 mandats | Effectif | 8 | 20 | 0 | 28 |
| | | % | 28,60% | 71,40% | 0,00% | 100,00% |
| | 5 mandats | Effectif | 3 | 11 | 1 | 15 |
| | | % | 20,00% | 73,30% | 6,70% | 100,00% |
| Groupe parlementaire d'appartenance | ST Gauche Non Socialiste | Effectif | 5 | 3 | 0 | 8 |
| | | % | 62,50% | 37,50% | 0,00% | 100,00% |
| | Sénat-RDSE | Effectif | 5 | 4 | 0 | 9 |
| | | % | 55,60% | 44,40% | 0,00% | 100,00% |
| | ST LR | Effectif | 21 | 19 | 1 | 41 |
| | | % | 51,20% | 46,30% | 2,40% | 100,00% |

| | | | | | | |
|---|---|---|---|---|---|---|
| Groupe parlementaire d'appartenance | ST NI | Effectif | 3 | 3 | 0 | 6 |
| | | % | 50,00% | 50,00% | 0,00% | 100,00% |
| | ST SOC | Effectif | 7 | 13 | 0 | 20 |
| | | % | 35,00% | 65,00% | 0,00% | 100,00% |
| | ST Centre | Effectif | 9 | 32 | 4 | 45 |
| | | % | 20,00% | 71,10% | 8,90% | 100,00% |
| | ST LREM | Effectif | 12 | 57 | 1 | 70 |
| | | % | 17,10% | 81,40% | 1,40% | 100,00% |
| Rapport à la majorité gouvernementale | Appartenance | Effectif | 21 | 89 | 5 | 115 |
| | | % | 18,30% | 77,40% | 4,30% | 100,00% |
| | Opposition | Effectif | 41 | 42 | 1 | 84 |
| | | % | 48,80% | 50,00% | 1,20% | 100,00% |
| **Ensemble** | | **Effectif** | 62 | 131 | 6 | 199 |
| | | % | **31,20%** | **65,80%** | **3,00%** | **100,00%** |

Source : Réponses à la question : « "Ancien monde" est-ce une insulte ? »
Lecture : « Ancien monde » est perçu comme une insulte par 29,80% des répondants de l'Assemblée nationale (N=36)
Assemblée - $\chi 2$ = 1,48 (ns)
Mandat parlementaire - $\chi 2$ = 10,81 (ns)
Groupe parlementaire - $\chi 2$ = 30,58 (p<0,005) ; V=0,28
Rapport à la majorité - $\chi 2$ = 21,68 (p<0,001) ; V=0,33

TABLEAU 3 – Réception d'« ancien monde » selon les variables politiques.

### RÉSULTATS : ÂGE DU PARLEMENTAIRE

Ici, nous testons la réception en fonction de l'âge du parlementaire (voir Tableau n° 2).

L'hypothèse n° 2 est partiellement validée, avec la présence d'un effet relatif de l'« âge » sur la perception d'« ancien monde » comme une insulte. On constate une croissance sur les premières catégories d'âge : 0 % chez les moins de 30 ans, 22,2 % chez les 30-39 ans, 50 % des 40-49 ans. Mais cet effet de croissance s'interrompt à partir de la quatrième catégorie d'âge : 38,5 % chez 50-59 ans ; 22,9 % chez les 60-69 ans (sous-représentés, donc, par rapport à la moyenne), 0 % chez les 70 ans et plus.

Le constat concernant l'influence de la variable « âge » est donc à nuancer. Si les plus jeunes sont ceux qui considèrent le moins « ancien monde » comme une insulte, la proportion est identique chez les 70 ans et plus. De surcroit, si l'on réunit les deux premières catégories (moins de 30 ans et 30-39 ans), seuls 18,2 % des moins de 40 ans considèrent « ancien monde » comme une insulte. Dans ce cas, l'opinion est minoritaire chez les plus âgés et non chez les plus jeunes.

Le test du Khi2 montre que les deux variables ne sont pas indépendantes. Il existe une corrélation statistiquement significative ($p < 0,01$) entre l'âge du parlementaire et la réponse à la première question. Cette relation est moyennement intense ($V = 0,25$, inférieur à 0,3). Ainsi, l'âge et la perception d'« ancien monde » comme insulte sont liés, mais pas avec l'effet linéaire supposé. L'hypothèse n° 1 est donc infirmée : la perception d'ancien monde comme une insulte ne croît pas avec l'âge.

### RÉSULTATS : NOMBRE DE MANDATS PARLEMENTAIRES

Ici, nous testons la réception en fonction de l'ancienneté au Parlement, à partir du nombre de mandats parlementaires préalablement exercés (voir Tableau n° 3).

L'hypothèse n° 3 est partiellement validée, avec la présence d'un effet relatif du « nombre de mandats ». On constate une croissance de la perception d'« ancien monde » comme une insulte sur les trois premières catégories (1, 2 et 3 mandats ; passant de 26,3 % à 55 %). Cependant, la perception décroît ensuite pour les parlementaires ayant détenu 4 (de 55,0 % à 28,6 %) et 5 mandats (de 28,6 % à 20,0 %), niveau le plus bas de l'échantillon. Ainsi, l'effet de croissance attendu existe jusqu'au troisième mandat, mais s'interrompt au quatrième mandat. Contrairement à l'hypothèse formulée, les parlementaires ayant détenu le plus de mandats ne sont pas ceux qui considèrent le plus « ancien monde » comme une insulte, ils sont même ceux qui considèrent le moins « ancien monde » comme une insulte.

Le test du Khi2 montre que le nombre de mandats et la réponse à cette première question sont indépendants. L'hypothèse n° 3 est donc infirmée. Le nombre de mandats parlementaires détenus n'est pas un facteur explicatif de la perception d'« ancien monde » en tant qu'insulte.

### RÉSULTATS : PROXIMITÉ POLITIQUE

Ici, nous testons l'effet de la proximité politique avec le locuteur (LREM) sur la réception d'« ancien monde » comme une insulte par deux indicateurs complémentaires : le groupe parlementaire d'appartenance et la proximité à la majorité gouvernementale (voir Tableau n° 3).

Afin de mesurer la proximité avec le groupe LREM, les groupes de l'Assemblée nationale et du Sénat sont réunis par tendance politique au sein des Sous-Totaux (ST) suivants :

- ST Gauche non socialiste : groupes « Gauche Démocrate et Républicaine » (GDR), « La France Insoumise » (LFI) à l'Assemblée nationale et « Communiste, républicain, citoyen et écologiste » (CRCE) au Sénat.
- Groupe « Rassemblement Démocratique, Social et Européen » (RDSE) du Sénat, qui n'est pas inclus dans un sous-total faute d'équivalent à l'Assemblée nationale[43].
- ST SOC : groupes « Socialistes et apparentés » à l'Assemblée nationale et « Socialiste et Républicain » au Sénat.
- ST LR : groupes « Les Républicains » à l'Assemblée nationale et au Sénat.
- ST NI : non-inscrits à l'Assemblée nationale et RASNAG au Sénat.

43 Le groupe RDSE comporte quinze sénateurs membres de sept partis essentiellement de gauche (Parti Socialiste, Parti Radical de Gauche et Divers Gauche), mais aussi plus à droite sur l'échiquier politique (Mouvement Radical, et Territoires de Progrès) ainsi que des partis locaux (La Force du 13 et Archipel Demain).

- ST Centre : groupes « Libertés et territoire », « Modem » et « UDI, Agir et Indépendants » à l'Assemblée nationale et « Union centriste » au Sénat.
- ST LREM : groupes La République en Marche à l'Assemblée et au Sénat.

À partir de ces ST, afin de mesurer la proximité avec la majorité gouvernementale, nous considérons que la majorité gouvernementale est composée des ST LREM et ST Centre et que l'opposition au gouvernement est composée des ST Gauches non socialistes, RDSE (Sénat), ST SOC, ST LR, ST NI.

PROXIMITÉ DU GROUPE PARLEMENTAIRE AVEC LE GROUPE LREM

L'hypothèse n° 4 est confirmée par rapport à la proximité au groupe LREM. La perception d'« ancien monde » en tant qu'insulte est croissante avec l'éloignement par rapport au groupe LREM : de 17,1 % (ST LREM) à 20 % (Centre), 35,0 % (ST SOC), 50 % (ST NI), 51 % (ST LR), et 62,5 % (ST Gauche non socialiste). La graduation progressive est remarquable et confirme que plus un parlementaire est membre d'un groupe parlementaire éloigné du groupe LREM, plus « ancien monde » est considéré comme une insulte.

Nos résultats montrent également (colonne ST Non) que plus un parlementaire est membre d'un groupe parlementaire proche du groupe LREM, moins « ancien monde » est considéré comme une insulte. L'hypothèse n° 4 est donc totalement validée. Le test du Khi2 vient confirmer la corrélation observée ($p < 0,005$), le lien se révélant moyennement intense ($V = 0,28$, donc inférieur 0,3).

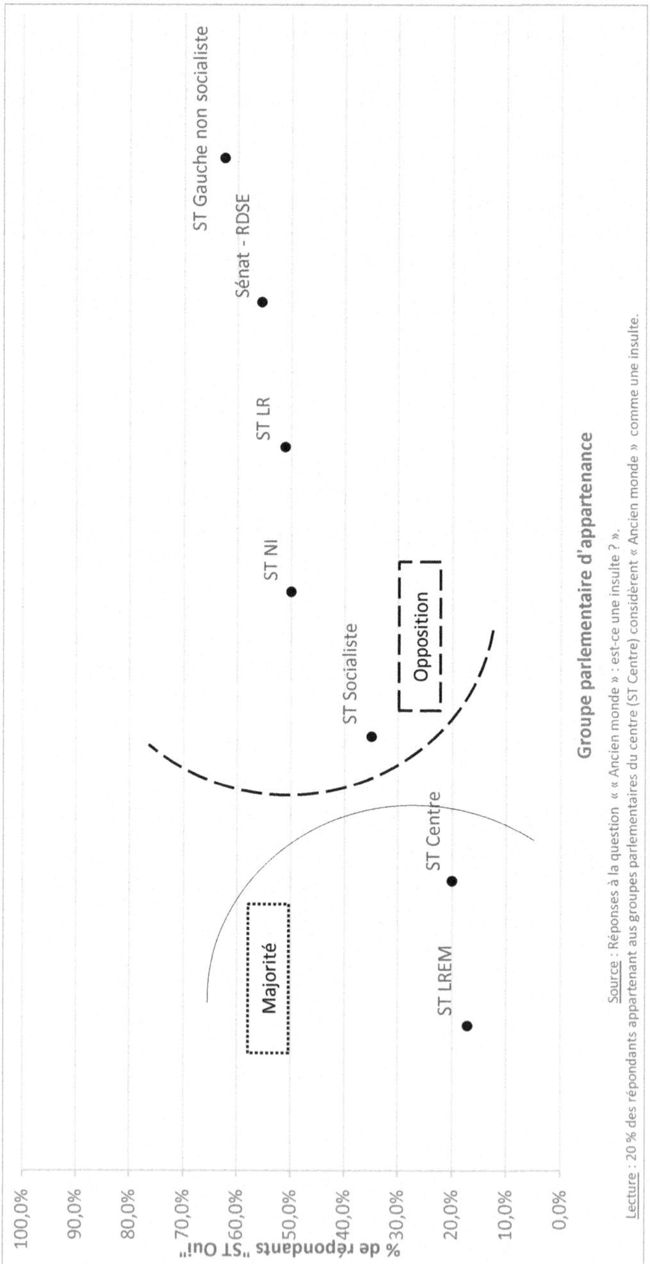


Source : Réponses à la question « « Ancien monde » : est-ce une insulte ? ».

Lecture : 20 % des répondants appartenant aux groupes parlementaires du centre (ST Centre) considèrent « Ancien monde » comme une insulte.

GRAPHIQUE 3 – Proportion des parlementaires considérant « ancien monde » comme une insulte selon le groupe d'appartenance.

PROXIMITÉ AVEC LA MAJORITÉ GOUVERNEMENTALE

Le test de l'effet de la proximité à la majorité gouvernementale permet de préciser la mesure de l'effet de groupe qui est notable en fonction du rapport à la majorité gouvernementale (Tableau n° 3). Seulement 18,3 % des parlementaires de la majorité considèrent que c'est une insulte, contre 48,8 % dans l'opposition. Le test du Khi2 établit la dépendance entre la perception d'« ancien monde » et le rapport d'appartenance ou d'opposition à la majorité gouvernementale ($p < 0{,}001$), avec une forte intensité ($V = 0{,}33$, supérieur à 0,3). La proximité politique est bien un facteur explicatif déterminant de la perception d'« ancien monde » en tant qu'insulte.

## DISCUSSION ET CONCLUSION

Les résultats apportent des éléments de connaissance sur la perception que les parlementaires ont d'« ancien monde » en fonction de leurs caractéristiques sociopolitiques. Ils démontrent qu'« ancien monde » est bien une insulte et que celle-ci est de nature politique.

Le premier résultat de cette étude est de montrer les réceptions différenciées d'« ancien monde » selon des logiques collectives. Nous avons identifié deux groupes qui se distinguent en apparence l'un de l'autre par des caractéristiques sociologiques (sexe, âge) et politiques (chambre d'appartenance, nombre de mandats, groupe parlementaire). La relation sociale que cette expression instaure entre les acteurs confirme qu'il y a dans l'insulte plus que des mots[44], car « ancien monde » ne devient insultant que dans le contexte politique et électoral de 2017, quand son usage prend un sens péjoratif. L'existence de ces deux groupes montre que cet acte de langage génère un clivage parmi les parlementaires. Cette adresse verbale, saturée en représentations stigmatisantes, dispose donc des caractéristiques de l'insulte, en contribuant à constituer des groupes distincts et à générer des logiques d'identification collective[45]. « Ancien

44 Milic I., *op. cit.*, 2018.
45 Evaldsson A.-C., *op. cit.*, 2005.

monde » est donc bien une instance d'affirmation de soi, impliquant de se démarquer du groupe et peut être considérée comme une pratique subversive par rapport aux usages et pratique du langage politique[46].

Ces logiques de catégorisation se comprennent par la politisation de cette expression dans le contexte de campagne électorale, avec la création d'un nouveau parti politique dont l'objectif est d'intégrer le système partisan. Si les insulteurs sont généralement situés aux extrêmes du spectre politique, d'après Thomas Bouchet[47], notre étude nuance cette conclusion. « Ancien monde » est une insulte utilisée par les acteurs politiques au centre de l'échiquier politique. Néanmoins, les locuteurs plus « centraux » que « centristes » d'« ancien monde » partagent avec les « extrémistes », l'objectif d'intégrer le système partisan et de formuler une critique de son fonctionnement (« sa professionnalisation »). Notre étude confirme que l'insulte est surtout l'arme rhétorique des *outsiders* contre les *insiders*, à l'instar de ce qu'ont montré Oscar Winberg, à propos de la rhétorique insultante des acteurs « anti-establishment » aux États-Unis[48], et Thomas Conley, qui a mis en évidence que l'insulte est un moyen pour les *outsiders* de remettre en cause la supériorité des *insiders*[49]. Le recours à l'insulte dépend donc moins du type d'acteurs que de leurs stratégies.

La politisation d'« ancien monde » survient dans un épisode de montées en tension révélant les intentions de chacun des acteurs politiques et de leurs enjeux, ce qui rejoint les caractéristiques de l'insulte mises en avant par Béatrice Fracchiolla[50], ainsi que les recherches présentant la période électorale comme particulièrement violente[51]. La dimension relationnelle est donc exacerbée dans le champ politique par les logiques d'appartenance partisane[52] intenses dans le cadre des élections.

Le deuxième résultat de l'étude porte sur les variables explicatives de la perception différenciée d'« ancien monde ». Nous avons identifié

46 Ilie C., « Unparliamentary language : insults as cognitive forms of confrontation », *in* Dirven R., Frank R., Ilie C. (dir.), *Language and Ideology, vol. II. Descriptive Cognitive Approaches*, Amsterdam and Philadelphia, John Benjamins, 2001, p. 235-263.

47 Bouchet T., *op. cit.*, 2010, p. 19.

48 Winberg O., « Insult Politics : Donald Trump, Right-Wing Populism, and Incendiary Language », *European journal of American studies*, 12-2, 2017, p. 3.

49 Conley T., *op. cit.*, 2010, p. 106-113.

50 Fracchiolla B., *op. cit.*, 2017, p. 173-188.

51 Waddle M., Bull P, Böhnke J. R., *op. cit.*, 2019.

52 Korostelina K., *op. cit.*, 2014.

les variables de la réception individuelle de l'insulte et montré que les critères sociologiques (l'âge ou le sexe) et certains critères politiques (la chambre d'appartenance ou le nombre de mandats) n'expliquent pas de manière déterminante la perception de l'insulte. Autrement formulé, ce n'est pas parce que les parlementaires possèdent certaines caractéristiques sociales et politiques correspondant aux stigmates dénoncés par l'expression « ancien monde » qu'ils se sentent insultés. Réciproquement, les parlementaires qui n'en possèdent pas les caractéristiques peuvent aussi se sentir insultés. Nous mettons en évidence que la réalité sociologique des stigmates dénoncés par cet acte de langage importe moins, pour ceux qui se sentent insultés, que la volonté du locuteur de les insulter en tant que concurrents lors de la séquence électorale de 2017[53]. Ce sont donc bien les idées et représentations sous-jacentes qui contiennent la charge insultante[54].

Par exemple, il n'y a pas de lien de causalité entre la perception d'« ancien monde » et l'ancienneté dans l'arène parlementaire ou l'âge du parlementaire. Nous expliquons ce résultat principalement par la variété des situations individuelles et par la relativité politique de ces caractéristiques. Être primo-parlementaire ne signifie pas nécessairement être nouveau en politique, comme l'a observé Étienne Ollion : parmi les 72 % de primo-députés élus en 2017, seuls 19 % n'avaient aucune expérience politique préalable[55]. À l'inverse, des parlementaires ayant déjà une expérience politique plus prononcée se sont intégrés au « nouveau monde », comme François Bayrou, Christophe Castaner, Gérard Colomb ou Richard Ferrand, pour ne retenir que les exemples les plus connus des premiers soutiens d'Emmanuel Macron. Nos résultats confirment ainsi la part de subjectivité d'une insulte et la nécessité d'en comprendre les ressorts sociaux en contexte, comme l'a montré Laurence Rosier[56]. La réception d'« ancien monde » comme insulte dépend des logiques d'identification politiques dans le contexte électoral de 2017 à l'image des usages de l'insulte en milieu parlementaire identifiés par Cornelia Ilie[57]. Ces conclusions interrogent pleinement la nature politique de cette insulte.

53 Dascalakis-Labreze M., *op. cit.*, 2020.
54 Bouchet T, *op. cit.*, 2010.
55 Ollion É., *op. cit.*, 2021.
56 Rosier L., *op. cit.*, 2006, p. 85 et suiv.
57 Ilie C., *op. cit.*, 2010, p. 886.

Le troisième résultat principal de notre recherche est de préciser la définition d'une insulte politique. L'insulte politique est insultante en raison de son sens politique, ce qui suppose de porter une attention sur le *politics* de l'insulte, que nous précisons en trois points.

Premièrement, les insultes politiques présentent des similitudes avec les autres types d'insultes. L'insulte politique demeure essentiellement une insulte comme les autres et dispose donc des mêmes caractéristiques principales. En ce sens, il est notable que la prévalence des variables politiques (sur les variables sociales) ne soit pas totale dans la réception de l'insulte « ancien monde ». La nature politique ne remplace pas le caractère social et relationnel de l'insulte ; elle le complète et s'y rajoute.

Deuxièmement, nos résultats montrent que la nature politique se comprend seulement au regard de certaines caractéristiques politiques. Toutes ne permettent pas de comprendre la nature politique d'« ancien monde », dont les variables explicatives ne se retrouvent, par exemple, que subsidiairement en fonction des attributs politiques individuels des parlementaires (LR, 3 mandats, etc.). Cela s'explique par la moindre importance des variables individuelles et la prépondérance des logiques collectives dans la perception d'une insulte.

Troisièmement, nous avons élargi la compréhension de la nature politique grâce à l'analyse de sa réception. Nous avons démontré que la réception de l'insulte s'explique principalement en fonction des positionnements collectifs dans le jeu politique. Plus un parlementaire est membre d'un groupe parlementaire éloigné du groupe LREM, plus « ancien monde » est considéré comme une insulte, et inversement. Plus encore, la variable explicative déterminante de la perception de l'insulte est l'éloignement ou l'appartenance à la majorité gouvernementale. Parmi toutes les caractéristiques politiques, ce sont les logiques d'identifications partisanes collectives qui confèrent à l'insulte son caractère politique. Sans elles, « ancien monde » ne serait pas une insulte, car le groupe social visé ne se sentirait pas insulté.

La compréhension des enjeux contenus dans l'insulte « ancien monde » permet d'en appréhender précisément la nature politique. La charge insultante de cette expression repose sur le fait qu'elle vise à produire et à renforcer des identités politiques ainsi qu'à discréditer un groupe prétendant à l'exercice du pouvoir[58]. Dans le contexte de 2017, les enjeux

58 Fuligni B. (dir.), *op. cit.*, 2016.

portent sur la disruption du système partisan. « Ancien monde » renforce les identifications préexistantes en façonnant une identification valorisante pour les nouveaux acteurs et dévalorisante pour les sortants.

La nature politique de l'insulte ressort des interactions entre acteurs politiques, dans le contexte de la conquête ou de l'exercice du pouvoir politique, dans un cadre politique électoral, structuré entre *insiders* et *outsiders*, ou institutionnel, structuré en fonction de l'appartenance à la majorité gouvernementale. Dans les deux cas, la compétition politique est un facteur d'intensification des oppositions pour se démarquer par des stratégies d'identification partisane. L'insulte politique n'est une insulte que dans et par ce contexte.

Thomas EHRHARD
Maître de conférences
en science politique
Université Paris Panthéon Assas,
CECP

Marion JACQUET-VAILLANT
Maîtresse de conférences
en science politique
Université Paris Panthéon Assas,
CECP

# LA TRAJECTOIRE PUBLIQUE DE L'INSULTE AUX HARKIS

## Publicisation et traitement de l'insulte des années 2000 à 2019

Quelques exemples récents incitent à envisager la lutte contre l'insulte comme une forme courante de traitement des problèmes publics : la création en 2018 d'un délit d'outrage sexiste pour lutter contre le harcèlement de rue, la loi Avia contre les propos haineux en ligne votée en 2020, la proposition en septembre 2020 du ministre de la Justice Éric Dupond-Moretti d'instaurer un délit d'outrage aux maires, l'aggravation des sanctions pour le délit d'outrage commis contre un sapeur-pompier votée par l'Assemblée nationale en mai 2021. En tant qu'instruments d'action publique[1], ces dispositifs juridiques de pénalisation des propos injurieux à l'égard d'un groupe ont pour spécificité d'avoir une forte valeur symbolique, de s'inscrire dans un registre répressif et d'ouvrir à un traitement judiciaire des problèmes publics. Le traitement d'un problème *via* l'identification de discours injurieux à combattre emporte alors des conceptions spécifiques de l'action publique et de la régulation.

Alors que l'insulte relève *a priori* du domaine des relations interindividuelles, comment expliquer qu'elle puisse être saisie et dessaisie par différents acteurs, politiques, militants, administratifs, comme un objet d'intervention publique légitime ?

Cette contribution propose de réfléchir à la question des usages politiques de l'insulte à partir de l'exemple de l'insulte aux harkis. Ce cas est en effet exemplaire d'un problème public où la question de l'insulte, loin d'être restée anecdotique (comme dans certains des exemples cités plus haut), a tenu une place centrale dans sa définition et son traitement.

1 Lascoumes P., Le Galès P., *Gouverner par les instruments*, Paris, Presses de Sciences Po, « Académique », 2005.

Le terme « harki » n'a étymologiquement rien d'injurieux[2]. Il renvoie, dans l'Algérie coloniale, à l'une des différentes catégories de supplétifs enrôlés par l'armée française pour participer à la guerre de décolonisation. Par métonymie, l'ensemble de ces supplétifs, dont la nature et la durée d'engagement dans la guerre varièrent fortement, seront plus tard appelés harkis[3]. Après l'indépendance de 1962, les autorités militaires et administratives françaises organisent le transit, l'hébergement et le reclassement des anciens supplétifs et leurs familles, de manière séparée et dérogatoire des Français rapatriés dits « de souche européenne ». L'administration hésite longtemps sur la manière de désigner les anciens supplétifs et leurs familles, qu'il s'agit à la fois de distinguer des rapatriés « européens » et des ex-Français-Musulmans, devenus immigrés algériens en 1962. Ils sont appelés « musulmans réfugiés », « Rapatriés de souche nord-africaine », « Français-Musulmans rapatriés », « Rapatriés d'origine nord-africaine[4] ».

Dénué de toute consistance administrative ou juridique, le terme « harki » s'impose en revanche dans les discours publics et les débats sur les mémoires de la guerre d'Algérie. Au début des années 1990, les militants de ladite « deuxième génération » abandonnent le terme de « Français-musulmans rapatrié » au profit du terme « harki », qu'ils font apparaître dans les noms des associations créées pour demander la reconnaissance et la réparation de l'abandon des harkis et des traitements indignes subis dans les camps[5]. Parallèlement, on assiste à l'émergence de la figure médiatique de l'enfant de harki[6], laquelle insiste sur les difficultés d'intégration de ces jeunes, leur quête identitaire et le conflit de mémoire qui les oppose aux membres de l'immigration algérienne.

---

2 Il vient de la racine *haraka* qui signifie « mouvement » en arabe, en référence à des unités militaires mobiles.

3 Les harkis, combattants contractuels, membres des harkas, les moghaznis, chargés de la protection des Sections administratives spécialisées (SAS), les Groupes mobiles de protection rurale (GMPR), ou encore les Groupes d'auto-défense (GAD), chargés de protéger les villages, forment les différentes catégories de supplétifs. Sous le terme de harkis seront aussi désignés les membres de l'élite dite francophile rapatriés à partir de 1962 : élus, fonctionnaires, *aghas, bachagas.*

4 Moumen A., « L'arrivée des familles d'anciens supplétifs dans la région Midi-Pyrénées après 1962. État des lieux », *Les Cahiers de Framespa*, n° 19, 2015.

5 Moumen A., « De l'absence aux nouveaux porte-parole. Évolution du mouvement associatif harki (1962-2011) », *Les Temps modernes*, n° 666, 2011, p. 105-119.

6 Brillet E., « Mémoire, identité et dynamique des générations au sein et autour de la communauté harkie. Une analyse des logiques sociales et politiques de la stigmatisation », *Thèse de science politique*, Université Paris IX Dauphine, 2007.

Sur le plan sémantique, la charge insultante du terme « harki », décorrélée de sa définition initiale, tient à l'intention mise dans son emploi et à son effet : blesser via le renvoi aux figures de la traîtrise, de la collaboration avec l'ennemi, du vaincu, du perdant de l'Histoire ou plus rarement, du subordonné (supplétif). Comme l'ont montré la plupart des travaux sur les anciens supplétifs et leurs descendants, l'expérience de l'insulte est indissociable du vécu du groupe social harki. Les injures « sale harki », « traître », la honte et le silence qui entourent le passé familial[7], auxquels s'ajoute le racisme anti-arabe sont des éléments fondateurs d'une expérience et d'un récit harki partagé[8].

La valeur que prend l'emploi injurieux du terme « harki » se comprend donc, comme c'est le cas de toute insulte, au regard de son contexte d'usage. Si ce chapitre traite des formes publiques et politisées de l'insulte, fortement liées à son sens historique, il faut signaler que l'insulte aux harkis prend d'autres significations, dans l'ordinaire des pratiques identitaires et mémorielles. Dans son ethnographie d'un quartier d'Arles, où se côtoient descendants de harkis et descendants de l'immigration maghrébine, l'anthropologue Giulia Fabbiano identifie plusieurs contextes d'usage de l'insulte entre jeunes[9]. L'insulte amicale renvoie, à la manière du concept de la parenté à plaisanterie *(joking relationship)*, à un mode de régulation entre groupes où l'offense est annulée par une reconnaissance réciproque (« sale immigré » vs « sale harki »). Elle observe aussi chez les descendants d'immigrés maghrébins que l'emploi blessant du terme « harki » peut valoir comme accusation portée à l'individu de trahir le groupe, par exemple en se comportant « comme les Français ». La valeur de l'insulte est encore différente dans l'espace politique algérien, où l'emploi insultant du terme « harki » sert régulièrement au pouvoir en place à disqualifier les adversaires politiques, associés à des « ennemis de l'intérieur » tout en se prévalant de la légitimité révolutionnaire[10].

---

7 Crapanzano V., « Le récit harki. Tyrannie des événements, accidents du destin », *Les Temps Modernes*, n° 666, 2011/5, p. 170-185.

8 Bien que constitutive d'un récit commun, les expériences individuelles de l'insulte et du rejet divergent en fonction des trajectoires sociales et spatiales variées qu'ont connues les anciens supplétifs et leurs descendants, passés ou non par les camps, maintenus plus ou moins durablement dans des espaces d'habitats collectifs ou ordinaires, etc.

9 Fabbiano G., *Hériter 1962, Harkis et immigrés algériens à l'épreuve des appartenances nationales*, Paris, Presses universitaires Paris Ouest, 2016.

10 En 2019, le chef d'État major de l'armée algérienne a par exemple qualifié les opposants à la tenue d'élections de « traitres », « d'homosexuels », de « pervers » et pour finir, de « nouveaux harkis ».

Ce chapitre vise à éclairer les usages publics de l'insulte aux harkis dans le contexte français et sur une période que nous faisons commencer au début des années 2000, au moment où la question des harkis et de leurs descendants connaît une reformulation mémorielle. La question de l'insulte aux harkis a voyagé dans différents espaces sociaux. Nous localisons ici trois arènes – parlementaire, judiciaire et scolaire – dans lesquelles l'insulte aux harkis a connu une forme de politisation en étant appropriée par différents acteurs. Nous tâchons de rendre compte de ce que la focalisation sur l'insulte fait à la définition du problème public.

La première partie du chapitre montre comment un délit spécifique d'insulte aux harkis a été introduit dans la loi du 23 février 2005, sous l'action d'un groupe de parlementaires engagés dans une entreprise de réhabilitation de l'héritage colonial algérien. La seconde partie traite des appropriations militantes de l'insulte aux harkis, à travers une série d'actions en justice menées par des associations principalement au milieu des années 2000, révélant la difficile traduction de l'insulte en catégorie juridique opératoire. Enfin, la troisième partie de cette contribution propose d'examiner, à travers l'étude localisée d'un dispositif scolaire, une modalité récente de la lutte contre l'insulte aux harkis et les stéréotypes autour de la guerre d'Algérie, inscrite dans l'impératif de réconciliation des mémoires.

Le propos s'appuiera sur l'analyse de la documentation publique (lois, débats parlementaires, rapports publics), sur une recension de cas d'insultes aux harkis et sur une enquête réalisée dans le cadre d'un mémoire de recherche[11].

11 Baudy A., « Gouverner les mémoires de la guerre d'Algérie : un dispositif de témoignages "à plusieurs voix" en milieu scolaire », mémoire de master 2, IEP d'Aix-en-Provence, 2019.

## LA LOI DU 23 FÉVRIER 2005
## Genèse et politisation de la notion d'injure aux harkis dans le champ parlementaire

L'adoption de la loi de 2005 rend subitement visible et dicible la controverse autour de l'héritage colonial français, davantage qu'elle ne la fait naître[12]. Au début des années 2000, dans le sillage des propos d'Abdelaziz Bouteflika comparant les harkis à des « collabos », plusieurs affaires relevant de l'atteinte morale aux harkis sont portées dans l'arène publique et judiciaire, par des militants de la deuxième génération. Si la loi de 2005 n'invente pas de toute pièce la catégorie « d'insulte aux harkis », elle en fait cependant pour la première fois, une catégorie d'intervention publique. L'article 5 de la loi crée un délit spécifique d'insulte aux harkis et d'apologie des crimes commis envers eux. La loi interdit « toute injure ou diffamation commise envers une personne ou un groupe de personnes en raison de leur qualité vraie ou supposée de harki, d'anciens membres des formations supplétives ou assimilés » ainsi que « toute apologie des crimes commis contre les harkis et les membres des formations supplétives après les accords d'Évian[13] ».

### LA MISE À L'AGENDA PARLEMENTAIRE DE L'INJURE AUX HARKIS

La mise à l'agenda parlementaire de la lutte contre l'insulte aux harkis peut être étudiée, ainsi que l'a fait Romain Bertrand au sujet plus général de la loi de 2005, à partir des comptes rendus de travaux parlementaires. Absente du rapport qui préfigure la loi 2005[14], l'idée de légiférer sur l'insulte aux harkis est introduite par un amendement de Christian Kert, rapporteur du projet de loi, lors des premiers débats de la Commission des affaires culturelles en juin 2004. C'est lors des

12 Bertrand R., *Mémoires d'empire. La controverse autour du « fait colonial »*, Bellecombe-en-Bauges, Paris, Le Croquant, 2006.

13 Loi n° 2005-158 du 23 février 2005 portant reconnaissance de la Nation et contribution nationale en faveur des Français rapatriés, article 5.

14 Diefenbacher M., « Parachever l'effort de solidarité nationale envers les rapatriés. Promouvoir l'œuvre collective de la France d'Outre-Mer », Rapport établi à la demande du Premier ministre, septembre 2003.

travaux de cette commission que le projet de loi initial, qui visait principalement l'adoption de mesures complémentaires d'indemnisation et de solidarité pour les rapatriés, se transforme en une entreprise de production d'une politique mémorielle. La justification initiale de la nécessité d'agir contre l'insulte aux harkis connaît alors une première formulation, sur le registre moral de l'honneur. Christian Kert (UMP) :

> Enfin, participe aussi de l'effort de solidarité de la Nation envers la composante harkie de la population française, l'exigence du respect dû aux hommes et à leurs familles qui ont fait le choix de la France [...] Le rapporteur souhaite que la loi rappelle ce qui n'aurait jamais dû cesser d'être une évidence : que l'injure envers les harkis n'est pas permise, a fortiori lorsqu'elle prend principe de ce que les calomniateurs veulent voir comme une honte, mais que la France n'estime pas autrement que comme un honneur[15].

Cet amendement est ajouté au projet de loi dans un remarquable consensus qui tient à « un effet de solidarité idéologique[16] » entre les parlementaires, peu nombreux, présents dans cette commission, dont les plus actifs dans la défense du projet de loi partagent certaines caractéristiques. Comme l'a montré Romain Bertrand, « les députés membres de ce groupe n'hésitent pas à faire valoir publiquement leurs expériences personnelles du processus de décolonisation pour établir leur qualité à parler au nom des associations de "rapatriés"[17] ». S'agissant de la question des harkis, on observe dans les débats à l'Assemblée un phénomène similaire de mobilisation d'un vécu rapatrié et d'une connaissance intime du sujet. La légitimité à parler pour les harkis est notamment justifiée, de façon indirecte, par la présence dans la circonscription d'élection des députés, d'une importante population d'anciens supplétifs. Jacques Domergue (UMP) :

> Dès 1962, les villes du sud de la France ont accueilli des milliers de femmes et d'hommes français d'Algérie. Né à Rivesaltes, où a été installé l'un des premiers camps de harkis, je n'ignore rien des conditions difficiles dans lesquelles cela s'est fait. En 1962, le maire de Montpellier, François Delmas, a construit pour plusieurs milliers de Français d'Algérie une ville entière, La Paillade, dont je suis l'élu ; je sais qu'aujourd'hui encore, les harkis vivent

---

15 Kert C., *Rapport fait au nom de la Commission des Affaires culturelles, familiales et sociales et sur le projet de loi (n. 1499) portant reconnaissance de la Nation et contribution nationale en faveur des Français rapatriés*, enregistré à la présidence de l'Assemblée nationale le 8 juin 2004.

16 *Ibid.*, p. 57.

17 *Ibid.*, p. 58.

> dans de plus mauvaises conditions que nos autres compatriotes et qu'après 42 ans, toutes les plaies ne sont pas refermées faute que nous ayons assumé notre devoir de mémoire et de reconnaissance à l'égard de ceux qui, laissant tout derrière eux, ont choisi la France comme unique patrie.

Cette légitimité localiste et biographique des parlementaires les autorise à se présenter comme propriétaires de la question harkie, qu'ils conçoivent comme une extension de la question des rapatriés « pied-noir », en dépit du fait que ces deux populations ont connu des conditions de rapatriement fort différentes, n'ont pas bénéficié dans les mêmes proportions des différentes lois d'indemnisation, ni n'ont eu des destins socioéconomiques comparables. La question harkie constitue, au sein de la question plus large des rapatriés et dans le moment très particulier de la loi de 2005, une ressource politique à faire valoir dans l'espace du Parlement, pour un petit groupe de néodéputés dont Romain Bertrand a montré qu'ils se comportent « en parfaits *challengers*, dont l'intérêt objectif consiste à subvertir les règles du jeu partisan afin de les ajuster à leurs compétences spécifiques[18] ». Le cas du député Francis Vercamer est représentatif de députés issus de circonscriptions marquées par le poids démographique des « rapatriés » et qui se présentent au sein du Parlement, comme des relais de la cause harkie. Chef d'entreprise jusqu'en 2001, il est élu maire de Hem en 1998 et député en 2002. Dès la première année de son mandat, il pose une question au gouvernement sur le dossier harki. En 2003, Francis Vercamer dépose une proposition de loi « relative au devoir de reconnaissance de la communauté harkie ». Lors des débats autour du projet de loi de 2005, il est particulièrement actif et propose un amendement pour interdire la négation du « drame harki ». En 2007, comme le rapporte une association de harkis, il choisit un fils de harki, comme suppléant, qu'il décrit dans son blog comme « une figure reconnue de la vie associative roubaisienne[19] ». On comprend alors comment la promotion d'une loi réprimant l'insulte aux harkis peut constituer, pour ce nouvel entrant en politique, une question politique « rentable » permettant à la fois d'entretenir un capital politique local et de l'investir dans l'espace politique national.

---

18 *Ibid.*, p. 74.

19 Vercamer F., « Messaoud Ferkioui : mon suppléant », 23/05/2007. [En ligne] : https://web.archive.org/web/20071013002832/http://www.vercamer.fr/2007,05,23,messaoud-ferkioui-mon-suppleant/ (consulté le 20/09/2022).

## LA POLITISATION DE LA QUESTION DE L'INJURE AUX HARKIS DANS LA CONTROVERSE SUR LE FAIT COLONIAL

La création de ce délit d'injure se comprend aussi comme le versant répressif d'une entreprise de production d'un discours mémoriel, qui vise explicitement à réhabiliter l'héritage de l'Algérie française et la mémoire des Français rapatriés. Si la controverse au sein de l'hémicycle autour l'article 4 de la loi qui voulait inscrire dans les programmes scolaires le « rôle positif de la présence française outre-mer » a surtout porté sur les apports techniques, médicaux et culturels de la colonisation, ce rôle positif est, dans les termes mêmes de la loi, directement associé à l'histoire des combattants supplétifs de l'armée française.

> Article 4 : Les programmes de recherche universitaires accordent à l'histoire de la présence française outre-mer, notamment en Afrique du Nord, la place qu'elle mérite. Les programmes scolaires reconnaissent en particulier le rôle positif de la présence française outre-mer, notamment en Afrique du Nord, *et accordent à l'histoire et au sacrifice des combattants de l'armée française issus de ces territoires la place éminente à laquelle ils ont droit*[20].

Par un effet de juxtaposition, l'engagement des harkis aux côtés de la France vaut comme une preuve de l'adhésion des peuples colonisés au projet colonial. La loi de 2005 porte un cadrage moral de la question de la reconnaissance des harkis où ces derniers sont définis avant tout comme des combattants patriotes et héroïques qui ont fait « le choix de la France » et dont le « sacrifice » impose non seulement que la France les honore et les défendent contre l'insulte mais aussi qu'elle célèbre l'héritage de l'Algérie française.

La question de l'insulte aux harkis résonne dès 2004, avec la tournure que va prendre le débat autour du vote de la loi en 2005, où un lien direct sera fait entre les mémoires de l'Empire colonial et le « problème des banlieues ». À l'exception de rares références aux propos d'Abdellatif Bouteflika, les députés ne précisent pas qui sont les insulteurs visés par la loi. Quelques prises de parole permettent cependant de faire l'hypothèse que pour certains députés, l'insulte à combattre est principalement le fait d'héritiers de la colonisation et intervient dans des espaces de coexistence entre harkis et immigrés.

---

20 C'est nous qui soulignons.

> M. le ministre délégué [Hamlaoui Mékachéra] : Les harkis sont encore trop souvent victimes de discriminations insupportables et, dans certains quartiers, les insultes proférées à leur encontre sont monnaie courante[21].
>
> M. Robert Lecou – De quel malaise s'agit-il ? De celui d'un fils de harki qui m'a écrit récemment que des jeunes de la deuxième et de la troisième génération de harkis étaient parfois obligés de mentir en se présentant comme enfants d'immigrés algériens ou marocains[22] !
>
> Mme Maryse Joissains-Masini – Récemment une jeune fille scolarisée dans un collège d'Aix-en-Provence a été maltraitée par des personnes originaires de l'autre rive de la Méditerranée et qualifiée de « traître » parce qu'elle est fille de harkis. De tels faits sont une réalité, et il est temps d'y mettre fin[23].

La création du délit d'insulte aux harkis participe de la thèse, rarement étayée, d'une continuité postcoloniale entre territoires colonisés et banlieues françaises, à l'origine d'un sentiment anti-français (et anti-harki) chez les descendants de l'immigration nord-africaine. Ce cadrage du problème harki, retenu dans le contexte de la fabrique de la loi de 2005, n'était pourtant pas le seul possible, ni même le seul disponible à ce moment-là. Lors des débats sur le projet de loi, le ministre délégué Hamlaoui Mékachéra parle à plusieurs reprises des « discriminations » dont sont victimes les harkis et leurs descendants et propose même que « les comportements et les propos attentatoires à [l'honneur des harkis] soient expressément interdits et que ceux qui s'y livreraient en subissent les conséquences prévues par l'article 225-1 du Code pénal », c'est-à-dire qu'ils relèvent de la loi relative à la discrimination. Or, le cadrage du tort fait aux harkis en tant que discrimination est plus large que celui de l'insulte, car il inclut également les comportements et pas seulement les propos. En effet, la lutte contre les discriminations, qui émerge comme une nouvelle norme de traitement des inégalités raciales à la toute fin des années 1990[24], insiste sur la correction de traitements différenciés et injustes. Ainsi, les harkis et leurs familles auraient pu être reconnus comme des victimes du système colonial et postcolonial ayant subi l'enfermement dans les camps et un traitement administratif

21 Assemblée nationale, « Compte rendu analytique officiel, session ordinaire de 2003-2004, 2e séance du vendredi 11 juin 2004 ».

22 « Compte rendu intégral des séances du vendredi 11 juin 2004 », Journal officiel de la République française.

23 Assemblée nationale, Compte rendu de séance du 8 février 2012, p. 22.

24 Fassin D., « L'invention française de la discrimination », *Revue française de science politique*, n° 52, 2002/4, p. 403-423.

discriminatoire. Il n'y a pas lieu cependant de s'étonner qu'ils ne l'aient pas été dans le contexte d'une loi qui visait justement à mettre l'accent sur les aspects bénéfiques de la colonisation dont l'engagement des harkis constituerait l'étalon.

## L'INSULTE AUX HARKIS DANS L'ARÈNE JUDICIAIRE ET MILITANTE

### LE RECOURS AU DROIT DES MILITANTS DE LA « DEUXIÈME GÉNÉRATION »

Précédant la création du délit d'insulte aux harkis, des affaires d'insulte aux harkis font l'objet, dans les années 2000, d'une publicisation et/ou sont portées devant les tribunaux par des associations d'enfants de harkis.

Nous nous appuyons ici sur une recension de vingt-deux cas d'injures aux harkis, ayant fait l'objet d'une couverture dans la presse nationale ou locale[25] entre 1997, date du cas le plus ancien que nous avons pu identifier, et 2020. Ces cas d'insulte recouvrent des propos et des contextes d'énonciation hétérogènes, qu'on peut classer sommairement en quatre catégories : les discours publics associant plus ou moins directement les harkis à des traîtres ou à des collaborateurs (« Les harkis sont des collabos[26] »), les propos qui s'apparentent à des controverses historiques (« La position de la France [de ne pas intervenir] était la seule possible[27] »), l'emploi du terme « harki » comme une analogie politique dépréciative, décorrélée de la guerre d'Algérie (« Ce ne seront ni des harkis, ni des chaouchs de la majorité présidentielle[28] »), et

25 Cette recension non exhaustive a été réalisée pour les besoins de cette contribution, en consultant la presse nationale et locale en ligne et les sites Internet spécialisés comme le site Harkis-Dordogne. Elle ne prend en compte que les cas d'injure ayant fait l'objet d'une couverture médiatique minimale.

26 Marcel Péju, propos publiés dans Marianne, 3/11/2003. Cinq harkis portent plainte en diffamation publique envers un dépositaire de l'autorité publique et gagnent.

27 Pierre Mesmer, déclaration sur France Culture, 9/11/2003. L'association AJIR et Génération mémoire harkis déposent plainte pour « apologie de crime de guerre » ; Brillet E., « Scène judiciaire et mobilisation politique. Les actions en justice des représentants de la communauté Harkie », *Pôle Sud*, n° 24, 2006/1, p. 45-58.

28 Propos de Pierre Lellouche (UMP) le 24 avril 2007 dans le Journal 19-20h de France 3, en parlant des élus et électeurs centristes ralliés à Nicolas Sarkozy.

les cas de faits divers, où les insulteurs sont des personnes anonymes (tags, altercations, tweets).

Les plus grandes affaires d'insultes publiques sont portées devant les tribunaux surtout entre 1997 et 2007. Après cette période, les dénonciations de propos injurieux contre les harkis sont régulières, mais cessent de se traduire par des procédures judiciaires. Ce pic de plaintes des années 2000 s'explique par la structuration du champ militant harki de la fin des années 1990, avec la constitution de plusieurs collectifs nationaux. Cette nouvelle génération de militants s'autonomise alors de la tutelle des milieux rapatriés et militaires (sans rompre complètement les liens) et opère un changement de stratégie[29]. Ils accompagnent leurs demandes de réparations matérielles de revendications de reconnaissance concernant, d'une part, l'abandon des harkis et les massacres commis en Algérie et, d'autre part, les mauvais traitements et la relégation subis dans les camps. Parmi les plaignants dans les affaires d'insultes aux harkis, portées devant les tribunaux, on trouve ainsi l'association Génération mémoire harkis, fondée par Smaïl Boufhal, et « l'Association pour la justice, l'information et la réparation des harkis » (AJIR), fondée par Mohand Hamoumou en 1998. Ces associations multiplient les recours au droit dans les années 2000, menés par des leaders associatifs diplômés qui connaissent parfois une carrière politique ou administrative, à l'image de l'association « Harkis et vérité », fondée par le juriste Charles Tamazount.

À contre-courant de l'hypothèse mise en avant dans les débats sur la loi de 2005, qui tendait à faire des quartiers « immigrés » le principal contexte d'insulte aux harkis, dans la grande majorité des cas recensés (15 cas sur 22), les personnes accusées d'avoir insulté des harkis sont des personnes publiques : professionnels de la politique, professionnels des médias, metteur en scène, dessinateur[30].

Certains ont un lien biographique ou moins direct avec l'Algérie française et sont attaqués pour leurs propos sur l'histoire (Pierre Mesmer, Marcel Péju, Philippe de Gaulle, Jean-Pierre Elkabbach). Les procès générés par ces plaintes portent sur la véracité historique des propos tenus, comme dans le cas de Philippe de Gaulle, attaqué en diffamation pour avoir dit en 2006 que 100 000 harkis avaient rejoint l'armée algérienne. D'autres hommes politiques sans rapport biographique avec

29 Moumen A., *op. cit.*, 2011.

30 Ce constat tient bien sûr en partie à la nature des sources utilisées.

le conflit sont épinglés pour avoir fait usage du terme harki de manière péjorative, en dehors de tout discours sur la guerre d'Algérie (Jean-Pierre Raffarin, Raymond Barre, Pierre Lellouche, Dominique Brussereau). Les plaintes pour injure aux harkis sont ici formulées, non sur le strict registre de la défense de l'honneur des anciens soldats supplétifs, mais comme un mode de contestation politique qui vise particulièrement les professionnels de la politique et leur gestion (passée et présente) du dossier harki.

### LA QUALIFICATION JURIDIQUE DE L'INSULTE COMME ENJEU DE DÉFINITION DES FRONTIÈRES DU GROUPE

Les cas d'insulte recensés font ou pas l'objet de procédures judiciaires, rarement suivies de condamnations[31]. Les faits sont qualifiés différemment : diffamation, injure publique, injure envers un groupe de personnes en raison de son appartenance ethnique, raciale ou religieuse, apologie de crime de guerre.

La traduction de l'insulte aux harkis en termes judiciaires ne va pas de soi. Révélateur supplémentaire de la vocation symbolique de la création du délit d'injure spécifique, aucune sanction pénale particulière n'y est alors associée, l'article 4 de la loi de 2005 se contentant de préciser que « l'État assure le respect de ce principe dans le cadre des lois en vigueur ». La loi renvoie donc en définitive le juge aux lois existantes pour mettre en œuvre la répression de ces insultes. Or, parce qu'elle impose de déterminer *qui* peut se dire victime d'une insulte aux harkis, la répression de l'injure pose le problème des frontières du groupe harki. En 2009, la Cour de cassation juge à propos de l'affaire Georges Frêche[32] que les harkis ou leurs descendants ne relèvent d'aucune des catégories de personnes protégées par la loi du 29 juillet 1881 sur la liberté de la presse, qui réprime l'injure commise « envers une personne ou un groupe de personnes à raison de leur origine ou de leur appartenance ou de leur non-appartenance à une ethnie, une nation, une race ou une

31 La méthode employée ne permet pas de retracer avec certitude le devenir judiciaire des poursuites. Nous relevons qu'une plainte aurait été déposée dans 13 cas sur 22, aboutissant à 3 condamnations.

32 En 2006, Georges Frêche insulte des enfants de harkis parmi lesquels le président de l'antenne d'AJIR dans l'Hérault et les traite de sous-hommes, les accusant de déloyauté politique envers lui. Bien que les propos de Frêche visent ces deux individus en particulier, l'événement est repris dans la presse comme relevant d'une insulte aux harkis.

religion déterminée ». Selon cette jurisprudence, l'insulte aux harkis ne relève pas d'une insulte raciale, ethnique ou xénophobe. Le délit d'injure forgé en 2005, tout en prétendant reconnaître et condamner l'insulte aux harkis, se révèle être, en l'absence de sanctions prévues et d'une jurisprudence permettant de rattacher le délit d'injure à un délit existant, un « neutron législatif[33] », qui n'offre finalement aucune protection juridique supplémentaire aux harkis.

En 2012, la question de l'injure est de nouveau saisie au Parlement. Engagée à l'initiative du député Raymond Couderc, adversaire local de Georges Frêche, cette réforme est dépourvue de l'ampleur mémorielle et de la loi de 2005. Abandonnant toute référence à cette dernière (qui demeure donc ineffective), la réforme de 2012 étend en revanche la protection particulière accordée aux membres des forces armées par la loi de 1881 sur la liberté de presse, aux « forces supplétives ». Ce faisant, ce n'est plus « l'insulte aux harkis » qui est interdite, mais l'insulte aux forces supplétives. L'abandon d'une référence explicite au terme de « harki » signale d'une certaine manière, le dessaisissement politique de la question de l'insulte aux harkis, dans les termes de la « deuxième génération ». En pénalisant l'injure aux forces supplétives, plutôt qu'aux « harkis », la réforme de 2012 coupe court aux possibilités pour les descendants se reconnaissant dans l'énonciation identitaire « harki » de se saisir de la loi, ce qu'autorisait la formulation de 2005. La loi de 2012, présentée comme une avancée pour la protection juridique des harkis par ses promoteurs – des élus locaux proches des milieux rapatriés – est néanmoins critiquée par les associations de harkis spécialisées dans les actions en justice. Ce recul montre en dernière instance la réticence de l'État à reconnaître un groupe minoritaire victime d'insultes spécifiques.

33 Aboud E., « Rapport de la commission des lois », enregistré à la Présidence de l'Assemblée nationale le 8 février 2012, p. 12.

## ŒUVRER À L'APAISEMENT DES MÉMOIRES
## Enseigner les mémoires partagées de la guerre d'Algérie

Si la lutte contre l'insulte aux harkis n'a plus fait l'objet, depuis la loi de 2005, d'un traitement politique aussi spectaculaire, elle demeure un des objectifs des politiques publiques adressées aux harkis et à leurs descendants. Nous proposons ici d'examiner cette question à une échelle beaucoup plus localisée de l'action publique, à partir de l'ethnographie d'un dispositif de témoignage en milieu scolaire[34].

### LE TOURNANT MÉMORIEL ET SCOLAIRE DE LA LUTTE CONTRE L'INSULTE AUX HARKIS

Le rapport « Aux harkis la France reconnaissante », commandé par Emmanuel Macron, observe que « les harkis et leurs descendants [font] l'objet, dans des contextes très divers, d'insultes ou d'agressions à raison de leur histoire singulière ». Ce même rapport préconise une « lutte institutionnelle contre les stéréotypes et les discriminations[35] » et propose que la Délégation interministérielle à la lutte contre le racisme, l'antisémitisme et la haine anti-LGBT (DILCRAH) se saisisse du sujet[36]. Néanmoins, c'est principalement dans le champ scolaire qu'ont été déployées des actions de sensibilisation à l'histoire des harkis. Nous prendrons ici pour exemple le dispositif « Témoins directs de la guerre d'Algérie », conçu et mis en œuvre par l'Office National des Anciens Combattants et des Victimes de Guerre[37]. Ce dispositif est déployé en

34 Baudy A., *op. cit.*, 2019.

35 *Aux harkis, la France reconnaissante*, rapport du préfet Dominique Sceaux, juillet 2018, p. 91-95.

36 À notre connaissance, cette recommandation n'a pas été appliquée à ce jour.

37 Placé sous la tutelle du ministère des Armées, l'ONAC-VG est le principal opérateur de la politique mémorielle du gouvernement. Outre cette mission mémorielle, l'ONAC-VG est avant tout le guichet social de plusieurs catégories de ressortissants : Anciens combattants et leurs veuves, anciens OPEX, pupilles de la nation, victimes du terrorisme, etc. En 2015, l'ONAC reprend les attributions de la Mission interministérielle aux rapatriés (MIR), de l'Agence nationale pour l'indemnisation des Français d'outre-mer (ANIFOM), du Service central des rapatriés (SCR) et des préfectures en devenant le guichet unique pour les rapatriés d'Algérie, les anciens supplétifs et leurs enfants.

2018 de manière pilote dans une dizaine de collèges et lycées de l'académie d'Aix-Marseille et reproduit ailleurs les années suivantes. Il consiste à faire parler, devant des élèves, des témoins issus de différents « camps mémoriels » : militaire français, appelé du contingent, pied-noir, harki ou enfant de harki et indépendantiste algérien. La genèse de ce dispositif renvoie à deux processus simultanés : la mise à l'agenda politique de l'enseignement de la guerre l'Algérie et la politique de reconnaissance adressée aux harkis et mise en œuvre par l'ONAC-VG.

L'enseignement de la guerre d'Algérie à l'école de la République devient un sujet récurrent de controverse à partir des années 1990[38]. Des historiens au premier rang desquels Benjamin Stora participent à inscrire le traitement des mémoires de la guerre d'Algérie à l'agenda public et font valoir l'insuffisance de l'enseignement de ce conflit à l'école. Avec la torture et le massacre du 17 octobre 1962, les harkis – le mot apparaît pour la première fois dans un manuel en 1983[39] – figurent parmi les oubliés d'une histoire scolaire à rénover. Le dispositif « Témoins directs », principalement destiné aux élèves de Terminale, s'inscrit dans un chapitre du programme d'histoire-géographie intitulé « Le rapport des sociétés à leur passé », entré au programme du baccalauréat en 2012[40]. Parce qu'il traite de l'histoire sociale des mémoires et propose une approche réflexive sur les usages publics de l'histoire, l'introduction de ce chapitre constitue une innovation.

Outre le contexte de forte politisation de l'enseignement de la guerre d'Algérie, la genèse du dispositif est aussi directement liée à la politique de reconnaissance adressée aux harkis à partir des années 2010, la mise en œuvre de mesures mémorielles : édification de stèles, recueil de témoignages oraux de harkis, expositions, production d'une « mallette pédagogique » sur l'histoire des harkis à destination des enseignants du secondaire, etc. Le rapport, préconise, « pour encourager le rapprochement et favoriser l'apaisement des mémoires belligérantes, [de] développer la

38 De Cock L., *Dans la classe de l'homme blanc. L'enseignement du fait colonial en France des années 1980 à nos jours*, Lyon, Presses universitaire de Lyon, 2018.

39 Lantheaume F., « Des figures de l'absence. Les harkis dans les manuels d'histoire de lycée de 1962 à 1998 », *in* Besnaci-Lancou F., Falaize B., Manceron G. (dir.), *Les Harkis. Histoire, mémoire et transmission*, Paris, éd. de l'Atelier, 2010.

40 En 2019, la réforme des programmes d'histoire fait disparaître ce chapitre. « La guerre d'Algérie et ses mémoires » est désormais traitée en Terminale, au sein du thème 2, chapitre 3 « La France : une nouvelle place dans le monde ».

pratique des interventions croisées de témoins (harkis, rapatriés, appelés, indépendantistes) en milieu scolaire [...][41] ».

LES USAGES CIVIQUES DE L'ENSEIGNEMENT DE L'HISTOIRE

La mise en œuvre du dispositif se comprend aussi au regard de la mobilisation d'acteurs à l'interface des mondes administratif, scolaire et associatif.

Abderahmen Moumen, un des artisans du dispositif, est un historien spécialiste des harkis et du rapatriement[42]. Recruté en 2015 comme chargé de mission de l'ONAC-VG sur la guerre d'Algérie, Abderahmen Moumen appartient à la génération des historiens de la guerre d'Algérie dont les travaux, en insistant sur le contexte de la guerre civile et la pluralité des motifs d'enrôlement, relativisent largement la thèse de l'engagement purement patriotique des combattants supplétifs aux côtés de la France. Outre son rôle d'expert historien, Abderahmen Moumen participe, avec d'autres agents de l'ONAC-VG, à recruter les témoins et à former les professeurs engagés dans le projet.

Le succès du dispositif tient aussi à l'engagement de professionnels de l'éducation qui croient à l'utilité pédagogique de témoignages croisés : un Inspecteur pédagogique régional (IPR) qui porte le dispositif dans l'académie d'Aix-Marseille et des enseignants d'histoire-géographie. Parmi les raisons qui les ont motivés à faire participer leur classe au dispositif, ces derniers citent parfois des expériences d'enseignement négatives autour de l'insulte aux harkis.

> À la fin d'une de la réunion, les enseignantes présentes partagent des anecdotes. Une enseignante de Lettre-histoire raconte un souvenir d'un de ses cours sur la guerre d'Algérie dans un lycée professionnel d'Apt (où était implanté un hameau de forestage), pendant lequel une élève annonce à ses camarades être une petite-fille de harkis. « Trois ou quatre autres gamines se sont déchaînées sur elle, je n'ai pas su réagir ». (Carnet de terrain, observation d'une réunion pédagogique préparant le dispositif, Vedènes, 21/01/2019)

Ces épisodes de tensions ne permettent pas de conclure à un rapport foncièrement passionné des élèves au sujet. Frédéric, professeur

41 Lantheaume F., *op. cit.*, 2010, p. 194.

42 Auteur en 2006 d'une thèse sur la gestion administrative des rapatriés dans la vallée du Bas-Rhône et de plusieurs ouvrages sur les harkis, il a également travaillé pour l'association Génériques, qui valorise l'histoire de l'immigration. Il est aujourd'hui directeur départemental d'un service départemental de l'ONAC-VG.

d'histoire-géographie dans un lycée marseillais, insiste plutôt sur l'indifférence et la méconnaissance de ses élèves au sujet de la guerre d'Algérie[43].

> Alice : Est-ce que tu trouves, toi, que la guerre d'Algérie, c'est une question vive pour les élèves ?
>
> Frédéric : C'est pas quelque chose que j'ai observé moi directement. C'est vrai que j'ai pu lire, entendre que dans d'autres établissements la guerre d'Algérie pouvait rester assez brûlante, mais moi, pour l'avoir enseignée en Première, je ne me suis jamais heurté à des… réticences ou à des opinions bien tranchées. Il y a des préjugés, bien sûr, les élèves, notamment vis-à-vis des harkis, qui restent très très prégnants. Alors ça, c'est effectivement un truc qui fusera à chaque fois « harkis » égalent « traîtres » en Première, Terminale, ça c'est clair, on s'y attend. Mais au-delà de ça, moi je constate surtout que même des élèves qui sont…d'origine algérienne… enfin… dont les parents ou grands-parents… sur le sujet… [Ils ont] très peu de connaissances, en fait. On leur apprend beaucoup de choses sur le conflit. (Entretien, Marseille, 29/01/2019, 1h30).

Chez les professeurs engagés dans le dispositif, la déconstruction des préjugés et la volonté de faire de l'histoire autrement passent aussi souvent par un travail sur les mémoires familiales de leurs élèves. À l'origine de plusieurs projets pédagogiques accompagnant la venue des témoins, les enseignants font le constat d'une présence importante d'élèves d'origine immigrée dans leur classe. Lors d'une réunion, Laurence, une enseignante de Lettres-histoire en lycée professionnel, parle de son projet pédagogique, un film où les élèves racontent l'histoire de leurs familles en lien avec la guerre d'Algérie.

> Laurence : « J'avais envie de m'appuyer sur leurs propres… sur leurs vies, à mes élèves. Sur une classe de 29, j'ai une petite dizaine de jeunes qui sont issus de l'immigration, qui sont maghrébins et donc qui ont des histoires liées à la guerre d'Algérie et je voudrais voir si, après avoir rencontré les témoins et leur avoir montré que finalement c'est possible de discuter aujourd'hui et de donner son point de vue et que ce soit apaisé, et bien peut-être que je pourrais essayer de tenter la même chose avec eux, sur les mémoires familiales. » (Observation de la réunion pédagogique préparant le dispositif, Vedènes, 21/01/2019).

Le travail sur les mémoires familiales apparaît pour les enseignants comme une manière d'intéresser les élèves et de gérer la présence dans leur classe d'élèves aux origines multiples. Il permet aux enseignants de

43 C'est aussi ce que nous avons observé lors d'observations en classe.

prendre acte de la « diversité » de leurs élèves, *via* un regard historique, dépassionné et critique sur les mémoires de l'immigration, qui esquive en partie un rapport ethnicisé ou identitaire à ces origines.

### LUTTER CONTRE LES STÉRÉOTYPES PAR LA PRATIQUE DES TÉMOIGNAGES CROISÉS

Outre l'enseignement d'une histoire incarnée et critique, un des effets recherchés par le dispositif est de faire advenir une réconciliation des ennemis du passé, en démontrant en actes, la possibilité d'un dialogue des mémoires. Les témoins qui interviennent auprès des élèves sont sélectionnés par l'ONAC-VG pour leur capacité à incarner une mémoire apaisée. Ils sont souvent des hommes issus d'associations culturelles (« Coup de Soleil »), « progressistes » (« l'Association nationale des Pieds-noirs progressistes et leurs amis et l'Association des anciens appelés en Algérie contre la guerre »), distinctes d'associations de rapatriés « nostalgériques ». Les témoins portent un discours anticolonialiste et antiraciste, tourné vers la dénonciation de la colonisation et de la guerre. Tous, enfin, reconnaissent le tort infligé aux harkis. À titre d'exemple de ce travail collectif de réhabilitation symbolique des harkis, nous citerons les propos du « témoin FLN » à la question d'une élève qui demandait aux témoins s'ils étaient, encore aujourd'hui, victimes d'insultes en raison de leur rôle dans la guerre d'Algérie. Après la réponse du témoin fils de harki, qui raconte que le fait de se dire fils de harki lui vaut parfois des propos hostiles, Améziane, le témoin FLN, prend la parole. Il a d'abord à cœur d'expliquer la signification du mot harki et de préciser qu'il ne veut pas dire « traître ». Il raconte ensuite un épisode de guerre, marquant, où un homme, accusé à tort d'avoir trahi, est assassiné par le FLN et son fils insulté.

> Améziane : Et ça, ça a été… c'était douloureux pour moi… parce que j'ai appris, bien plus… après les indépendances, que celui qui avait trahi ce maquisard ce jour-là, c'était pas cette personne qui avait été tuée par le FLN. […] Et il s'est trouvé que c'était une affaire entre eux, dans le voisinage, une affaire de noce ou quelque chose comme ça et l'autre il a profité qu'il avait vu le maquisard rentrer chez lui le soir, il est allé le dénoncer. (Observation d'une séance de témoignage, 8/03/2019, Lycée Saint-Charles, Marseille).

Cet épisode, raconté sur un mode subjectif, est un argument puissant en faveur de la réhabilitation symbolique des harkis. En évoquant le sort dramatique de cet homme, il suggère l'injustice globale et l'absurdité de l'accusation de traîtrise. L'unanimisme autour de la question harkie est alors complété par Jacques, le témoin pied-noir, qui associe la question des supplétifs à sa dénonciation du système colonial.

> Jacques : « Les harkis ont été doublement victimes. Ils ont été colonisés et ne faisaient pas partie de la petite caste d'Algériens qui étaient les alliés objectifs du régime colonial. Ils ont également été victimes en France. »

Ainsi, la question de la reconnaissance des harkis, point de départ du dispositif, n'est pas totalement diluée dans un dispositif qui traite des mémoires plurielles de la guerre d'Algérie. Au contraire, elle est centrale dans les préoccupations des enseignants et des témoins, lesquels œuvrent collectivement au dépassement du stigmate de « traître ».

## CONCLUSION

Nous avons présenté trois formes de politisation de l'insulte aux harkis, selon qu'elle advienne dans le champ parlementaire, judiciaire, ou encore à l'interface des politiques mémorielles et du monde scolaire. Faire de l'insulte un objet d'intervention publique revient à produire un cadrage spécifique d'un problème public. Il s'agit d'abord d'identifier des « insulteurs », ce qui implique d'interpréter des problèmes sociaux, ici en tant que problèmes identitaires ou mémoriels. Il s'agit aussi de dire qui sont les insultés, avec en creux, la question des frontières du groupe et de *qui* peut se dire appartenir au groupe offensé. Les réponses apportées à l'insulte sont aussi diverses. L'insulte peut être combattue par la répression, comme ont prétendu le faire, avec des résultats ambivalents, les lois de 2005 et 2012, ainsi que par la distribution de reconnaissance officielle réhabilitant les insultés. Les insultés peuvent réclamer l'arbitrage de la justice pour obtenir une condamnation pénale des insulteurs. L'insulte peut être contestée grâce à une expertise scientifique ou encore neutralisée *via* un dispositif qui vise à montrer et à faire advenir la réconciliation de mémoires réputées antagonistes. Les politiques de l'insulte peuvent dans ce cas être envisagées sous l'angle de politiques symboliques qui visent à réguler les rapports sociaux et à modifier les représentations, les cadres du discours voire les pratiques de langage quotidiennes. Étudier l'insulte en tant qu'objet de politique publique, c'est enfin prêter attention à ce qu'elle laisse dans l'ombre : circonscrire un problème à des enjeux discursifs, symboliques ou mémoriels peut potentiellement servir à faire l'économie d'une politique de réparation ou de lutte contre les discriminations et les inégalités.

Alice BAUDY
Doctorante en science politique
Université Aix-Marseille,
MESOPOLHIS-CNRS

## ANNEXE 1

### Recension de cas d'insulte aux harkis ayant fait l'objet d'une couverture médiatique

| Date | Qui ? | Propos | Conséquences | Caractérisation |
|---|---|---|---|---|
| 8 octobre 1997 | Dessinateur Siné dans Charlie Hebdo | « Traîtres à leur patrie, ils ne méritent que le mépris !… Quant aux enfants de ces harkis, les pauvres, ils n'ont guère le choix ! Soit 1) ils en sont fiers ou 2) ils en ont honte. Dans le premier cas, qu'ils crèvent ! Dans le second, qu'ils patientent jusqu'à ce qu'ils deviennent orphelins ! » | Plainte déposée par une association de harkis (perdue en cassation) | Accusation de traîtrise/collaboration |
| 16 juin 2000 | Abdellatif Bouteflika | « Les conditions ne sont pas encore venues pour des visites de harkis [en Algérie] de Harkis. […] c'est exactement comme demander à un Français de la résistance de serrer la main à un collabo. » | Indignation publique d'associations de rapatriés et de harkis. | Accusation de traîtrise/collaboration |
| 2000 | Renaud Donnedieu de Vabres (UDF) | Il accuse Raymond Barre d'être le « harki de Jospin », car il avait l'intention de voter l'inversion du calendrier électoral avec le groupe socialiste à l'Assemblée nationale. | Pas de plainte. | Analogie politique |

| | | | | |
|---|---|---|---|---|
| 3 décembre 2000 | Raymond Barre, au cours de l'émission France Europe Express de Christine Ockrent, sur France 3 | « Vous n'aurez pas d'investiture si vous allez au secours de Jospin, vous êtes les harkis de Jospin. Ce sont ceux-là mêmes qui depuis 1986 ont été les harkis de Mitterrand qui viennent dire cela. Quand j'entends un certain nombre de parlementaires parler de traîtres, je pourrais leur demander qui a dévoyé le plus la V<sup>e</sup> République. » | Plainte pour diffamation commise envers une personne ou un groupe à raison de leur origine (loi 1881 liberté presse), par l'association Génération mémoire Harkis. Elle perd, car les propos ne visaient pas un individu particulier. | Analogie politique Accusation de traîtrise/collaboration |
| 9 novembre 2003 | Pierre Mesmer, déclaration sur France Culture | À propos de l'abandon des harkis « la position de la France était la seule possible », elle était « inévitable et légitime ». | L'Association justice information réparation (Ajir) et Génération mémoire harkis (avocat : Gilles-Jean Portejoie) déposent une plainte pour « apologie de crimes de guerre ». | Controverse historique |
| 2003 | Propos de Marcel Péju publiés le 3 novembre 2003 dans le journal *Marianne* | « La question des harkis ? Soyons clairs. Pour moi, les harkis sont des collabos, c'est-à-dire des gens qui se sont faits les supplétifs de l'armée française et de la répression en Algérie. Ils ont participé à tous les crimes et en ont remis à l'occasion. Cependant, le sort qui leur a été réservé est tout à fait abominable. Je condamne | 5 harkis portent plainte et gagnent pour diffamation publique envers un dépositaire de l'autorité publique, les harkis ayant eu à l'époque le statut d'auxiliaire de l'armée française. Marcel Péju est condamné à verser 1.000 euros de dommages et intérêts à chacun des plaignants. | Accusation de traîtrise/collaboration |

| | | | | |
|---|---|---|---|---|
| | | absolument les massacres des harkis commis grâce à la passivité des autorités algériennes indépendantes, tout en condamnant la trahison commise par les harkis. » | | |
| 2005 | « Au nom du père », (pièce de théâtre écrite par Messaoud Benyoucef) | La pièce met en scène l'histoire d'un fils de harki. Des associations estiment que la pièce accrédite l'idée d'une traîtrise et insulte les harkis. | Plainte pour diffamation déposée par une association et plusieurs individus contre l'auteur de la pièce, la metteuse en scène. | |
| le 11 février 2006 | Georges Frêche lors de la cérémonie organisée à la mémoire de Jacques Roseau | « Vous, vous faites partie des harkis qui ont vocation à être cocus jusqu'à la fin des temps. [...] Faut-il vous rappeler que 90 000 harkis ont été égorgés comme des porcs parce que l'armée française les a laissés seuls là-bas ? [...] Allez avé les gaullistes. Allez avé les gaullistes vos frères à Palavas, vous y serez très bien. Ils ont massacré les vôtres en Algérie et encore vous allez leur lécher les bottes. Mais vous n'avez rien du tout, vous êtes des sous-hommes ! [...] »<br>La presse parlera de propos « contre les harkis », en retenant | Deux associations portent plainte pour « injure envers un groupe de personnes en raison de son appartenance ethnique, raciale ou religieuse »<br>Condamnation 15000 cassée en Cassation, car l'injure visait 2 personnes et non un groupe ethnique. | |

| | | | | |
|---|---|---|---|---|
| | | surtout le terme de « sous-homme ». La citation entière permet cependant de voir qu'il s'agit de propos contre des personnes particulières, enfants de harkis, accusées par Frêche, dans le contexte de politique locale, de déloyauté. | | |
| 16 février 2006 | Philippe de Gaulle | « Et puis, tout le monde ne voulait pas partir comme ces 100.000 Harkis qui ont rejoint l'armée algérienne » | Philippe De Gaulle condamné le 23 mars 2006 pour « diffamation envers des agents de l'autorité publique »<br>3 harkis, partie civile reçoivent 1€ symbolique | Controverse historique |
| 2007 | Jean-Pierre Raffarin | « Nous ne serons pas les harkis de l'UMP » | Indignation, mais pas de plainte | Analogie politique |
| 2007 | Pierre Lellouche (UMP) Le 24 avril dans le Journal 19-20h de France 3. | [En parlant des élus et électeurs centristes ralliés à Nicolas Sarkozy] « Ce ne seront ni des harkis, ni des chaouchs de la majorité présidentielle ». | Associations dénoncent ces propos en ligne (pas de plainte) | Analogie politique |
| 2010 | Dominique Brussereau | Sur Europe 1 qualifie des centristes inscrits sur la liste de Ségolène Royal de « harkis » | Génération Mémoire Harkis « demande sa démission » (article Express) + SOS racisme se dit « consterné » et « propos inadmissibles » | Analogie politique |

| | | | | |
|---|---|---|---|---|
| 2012 | Tags gravés sur murs et plusieurs voitures, à St-Valérien, dans l'Yonne, dans un quartier « harki » | « Algérie au chiotte, La France vous a baisé »<br>« Mort au harki »<br>« PD » | « Des plaintes ont été déposées » | Faits divers |
| 2013 | Jean-Pierre Elkabbach | Sur Public Sénat, il interviewe Jeannette Bougrab et mentionne le rôle des harkis dans la torture « [Les Harkis] ont été scandaleusement traités en Algérie, mais il y avait quand même quelques raisons. On leur a fait faire de sinistres besognes. Et ils les ont faites ! »<br>« Ils [les Harkis] n'ont pas participé à la torture ? Avec l'Armée française ? » | Génération mémoire harkis<br>Plainte pour diffamation publique. Gilles Manceron et Benjamin Stora sont appelés à témoigner. El Kabbash est relaxé. | Accusation de traîtrise/collaboration |
| 2015 | Jacques Bompard (membre fondateur du FN, le quitte en 2005, député, maire d'Orange, député du Vaucluse, dans une interview de *L'Express*) | « Je n'ai jamais fait la guerre au Front. C'est le Front qui m'a fait la guerre. Il me l'a fait au moment des sénatoriales quand ils ont décidé que nous devrions être leurs harkis. Je ne vois pas pourquoi. Je veux bien être un partenaire, mais pas un harki ». | Condamnation publique d'une association | Analogie politique |
| 2015 | À la gare de Douai, le 18 novembre, un homme de 19 ans, alcoolisé, insulte | : « Sale harki…bâtard de contrôleur » | Condamnation pour outrage à agent SNCF et divulgation d'information fausse. | Faits divers |

| | | | | |
|---|---|---|---|---|
| | un agent SNCF, il proclame qu'il est porteur d'une bombe | | | |
| 2016 | Des jeunes gens publient une photo sur une page Facebook ou on voit plusieurs mains faisant un doigt d'honneur devant une stèle d'hommage aux harkis. | | Des élus de la ville de Roubaix et collectifs de familles roubaisiennes portent plainte pour « injures raciales » | Faits divers |
| 2017 | Pierre Archet, directeur de la rédaction du *Journal d'ici*, commente, dans un édito la situation politique nationale | « Au moins les choses seront claires : purgée de ses harkis, la droite pourra envisager sa propre refondation. » | Manifestation devant les locaux du journal, réaction d'un sous-préfet | Analogie politique |
| 2016 | Des militants réunis devant la préfecture de Foix (09) pour réclamer des emplois réservés pour les enfants de harkis, sont invectivés par une femme. | « Sales Arabes, sales bougnouls » « Je suis chez moi plus que vous, vous êtes indignes du drapeau français » | Les militants portent plainte pour injure raciste. | Faits divers |
| 2018 | Richard Ferrand, député Finistère, LREM | Selon un article de *L'Express* (21/03/2018) « Macron, ses dîners secrets du lundi », Richard Ferrand a dit que les maires qui veulent rejoindre LREM doivent rejoindre la majorité présidentielle | Plainte de l'association Génération Harkis.<br>Richard Ferrand dément. | Analogie politique |

| | | pour éviter d'éviter « les harkis de nos opposants » | | |
|---|---|---|---|---|
| 2018 | Enlèvement et séquestration de Mounia Haddad, une conseillère départementale LREM de St-Pierre des Corps par son père et deux de ses oncles qui refusent son mariage avec un enfant de harki | La presse et la victime cadrent le problème comme un mariage forcé, un phénomène d'« emprise », un problème communautaire sans faire référence aux harkis. | Dans une question écrite à l'Assemblée nationale du 11 septembre 2018, Louis Alliot parle de *harkiphobie* (envers le fiancé) pour expliquer le comportement de la famille de Mounia Haddad, il mobilise aussi le terme de « mariage forcé », et donne une lecture culturaliste et religieuse du fait divers. | Faits divers |
| 2020 | Internautes sur Twitter | Un article de *Valeurs actuelles* et plusieurs sites d'extrême droite relayent des tweets insultants à l'égard du grand-père de Darmanin, ancien supplétif | Pas de plainte | Faits divers |

# « QUAND JE ME FAIS TRAITER DE NAZI… » RÉCEPTIONS DE L'INSULTE EN MILIEU MILITANT

## Le cas des militants de Génération identitaire

« Sale blanc de merde » : l'insulte anonyme résonne place de la République le samedi 13 juin 2020, en réponse à la provocation des militants de Génération identitaire (GI). Alors que le comité *Vérité et justice pour Adama* organise une manifestation contre les violences policières, une dizaine de militants identitaires se sont postés sur le toit d'un immeuble pour déployer une banderole, « Justice pour les victimes du racisme anti-blanc. *White lives matter* ». Ce double détournement, du nom du comité et du slogan « *Black lives matter* » suscite l'ire des manifestants. Entre le toit et la place, les opposants politiques se toisent et les insultes fusent. La lutte se poursuit sur les réseaux socionumériques, où se succèdent dénonciations, démentis et de nouvelles insultes. Thaïs d'Escufon, militante toulousaine et nouveau visage de GI en France, relaie des messages reçus sur Twitter (« Petite blanche, j'ai bien envie de te violer ta mère », « on va te baiser ta mère la pute toi », « grosse pétasse avec ton mouvement raciste p'tit suicide ? », « tu es une grosse merde toi ! », « meurs grosse salope », « sale grosse pute, j'espère que tu vas mourir d'un cancer »…) : une « avalanche d'insultes et de menaces », écrit-elle. Les mots sont violents, à la hauteur, peut-être, du choc ressenti par les manifestants, à la hauteur, sans doute, des désaccords politiques qui animent les *insulteurs* vis-à-vis des *insultés*. Ce moment de tension est révélateur de certaines dimensions (publiques) de l'insulte. Mais qu'en est-il en dehors de ces phases oppositionnelles ? Les militants identitaires sont-ils également la cible d'insultes dans leur vie militante « quotidienne » ?

Né en 2002/2003, suite à la dissolution du groupe nationaliste-révolutionnaire Unité radicale, le mouvement identitaire a connu de nombreuses mutations organisationnelles depuis. De 2012 à 2021, il s'est structuré autour d'une bipartition, entre une organisation adulte (Les Identitaires – LI) et une organisation de jeunesse (GI). Créée en 2012, GI est devenue la figure de proue du mouvement, avant sa dissolution par décret en mars 2021. En 2017, GI revendiquait 3500 adhérents et comptait aux alentours de 250 à 300 militants actifs en France. Les Identitaires (LI), qui a échappé à cette dissolution de 2021, a un fonctionnement proche du *think tank*, préparant et animant des événements, diffusant des argumentaires ou articles d'actualité. Les travaux portant sur les Identitaires demeurent restreints, quoiqu'ils soient de plus en plus nombreux depuis 2012. Ils se concentrent généralement sur leurs stratégies de communication[1], notamment virtuelles[2] ou leur réception médiatique[3]. Le mouvement identitaire a également été évoqué dans des recherches présentant l'extrême droite européenne et ses réseaux[4] ou traitant de son européanisation du mouvement[5]. Des recherches récentes évoquent également leur rapport à la violence[6]. Les Identitaires sont donc essentiellement étudiés en tant qu'« émetteur » de slogans, de campagne de communication, d'action, voire de violence : une étude des Identitaires « insulteur » rejoindrait ces recherches. Inversant le rapport,

1 Bouron S., « Un militantisme à deux faces. Stratégie de communication et politique de formation des Jeunesses identitaires », Marseille, *Agone*, 2014 ; Casajus E., *Le combat culturel. Images et actions chez les identitaires*, Paris, L'Harmattan, 2014.

2 Bouron S., « Des "fachos" dans les rues aux "héros" sur le web », *Réseaux*, vol. 202-203, n° 2, 2017 ; Cahuzac Y., François S., « Les stratégies de communication de la mouvance identitaire. Le cas du Bloc identitaire », *Questions de communication*, n° 23, 2013.

3 Froio C., Gattinara P, « Quand les Identitaires font la Une », *Revue française de science politique*, vol. 68, n° 1, 2018, p. 103-120.

4 Camus J.-Y., « Le Front national et la Nouvelle droite », *in* Crépon S., Dézé A., Mayer N. (dir), *Les faux-semblants du Front national*, Paris, Presses de Sciences Po, 2015 ; Camus J.-Y., Lebourg N., *Les droites extrêmes en Europe*, Paris, Seuil, 2015 ; Zùquete P., Notre Dame, *The Identitarians*, University of Notre Dame Press, 2018.

5 Camus J.-Y., « Die Identitäre Bewegung oder die Konstruktion eines Mythos europäischer Ursprünge », Hentges G., Nottbohm K., Platzer H.-W. (dir.), *Europäische Identität in der Krise ?*, Wiesbaden, Springer, 2017, p. 233-247 ; Nissen A., *Europeanization of the far right. A case study of Generation identity and Fortress Europe*, PhD Thesis, Aalborg University (Denmark), 2019 ; Virchow F., « The identitarian movement : what kind of identity ? Is it really a movement ? » *in* Simpson P. A., Druxes H. (dir.), *Digital Media Strategies of the Far Right in Europe and the United States*, Lanham, Lexington Books, 2015, p. 177-190.

6 François S., « Mythes et niveaux pratiques de violence au sein du Bloc identitaire », *in* Lebourg N. et Sommier I., *La violence des marges politiques des années 1980 à nos jours*, Paris, Riveneuve, 2017 ; Jacquet-Vaillant M., « Les Identitaires et la violence : phénomènes de répulsion et d'attraction », *in* Fleury B., Walter J. (dir.), *Violences et radicalités militantes dans l'espace public*, Paris, Riveneuve, 2020, p. 129-149.

ce chapitre propose de les placer en position de « récepteur », de « cible » des insultes. Un pas de côté qui constitue son originalité, d'autant que l'extrême droite est généralement présentée dans ce rôle d'« insulteur[7] ».

Cette approche s'avère de surcroît heuristique pour interroger la réception de l'insulte en milieu militant, qui suppose de se pencher à la fois sur la nature de l'insulte et la réaction qu'elle provoque. Quels termes les militants considèrent-ils insultants et pourquoi ? Comment réagissent-ils quand ils y sont confrontés et, là encore, pourquoi ? Pour répondre à ces deux questions, ce chapitre mobilise des données qualitatives collectées durant un terrain de plusieurs années, qui a notamment donné lieu à des observations auprès des militants identitaires, à une quarantaine d'entretiens de type récit de vie dans une dizaine de villes en France ; à la création d'une archive du mouvement. À partir de l'analyse de ce matériau, nous montrerons que l'insulte politique peut être saisie par ses effets et qu'elle suscite des réactions variées, mais toujours stratégiques, qui dépendent pour grande partie de son émetteur.

## SAISIR L'INSULTE PAR SES EFFETS

L'insulte peut être, dans un premier temps, définie comme une expression négative[8] mobilisée pour offenser[9]. Cette définition, centrée sur l'intention du locuteur, parait toutefois insuffisante : le locuteur peut offenser sans en avoir l'intention ou, au contraire, chercher à offenser sans y parvenir[10]. Ivan Milic considère qu'une expression devient une insulte

7 Voir par exemple : Amadori S., « La "quenelle". Valeurs symboliques et rhétoriques d'une insulte gestuelle », *Mots. Les Langages du politique*, n° 110, 2016 ; Winberg O., « Insult Politics : Donald Trump, Right-Wing Populism, and Incendiary Language », *European journal of American studies*, 12-2, 2017. T. Bouchet a souligné que les extrêmes étaient plus fréquemment que le centre des utilisateurs d'insulte (Bouchet T., *Noms d'oiseaux. L'insulte en politique de la Restauration à nos jours*, Paris, Stock, 2010, p. 19).

8 Wellsby M., Siakaluk P., Pexman P., Owen W., « Some Insults are Easier to Detect : The Embodied Insult Detection Effect », *Frontiers in Psychology*, vol. 1, 2010.

9 Mateo J., Yus F., « Towards a Cross-Cultural Pragmatic Taxonomy of Insults », *Journal of Language Aggression and Conflict*, vol. 1, n° 1, 2013.

10 Colker R., « The power of insults », Boston University Law Review, vol. 100, n° 1, 2020 ; Milic I., « Whats Counts as an Insult ? », *Acta Analytica*, vol. 33, n° 4, 2018, p. 539-552 ;

si elle est considérée comme « dégradante » pour le groupe qu'elle vise au moment de l'insulte[11]. L'insulte ne dépend dès lors pas uniquement de l'intention du locuteur, mais également de sa réception : elle est par nature un événement contextuel et relationnel[12]. Pour comprendre ce qui constitue une insulte, il faut donc en contextualiser l'énonciation[13] et se pencher sur ce que le destinataire conçoit et reçoit comme une insulte[14].

### UNE DIVERSITÉ DE SIGNIFIANTS

La première difficulté consiste à identifier les termes « insultants » : ce relevé est objectivé par le repérage de deux marqueurs discursifs qui correspondent à la définition de l'insulte. Le premier marqueur réside dans le fait que les militants disent qu'ils se sont fait « insulter de » ou « traiter de » avant de présenter le terme ou l'expression offensante. Le second marqueur retenu est le fait que les militants évoquent le caractère « discriminatoire » ou « dégradant » à leur encontre d'un terme ou d'une expression. Les entretiens avec les militants s'avèrent particulièrement riches : ils y évoquent les insultes dont ils se considèrent être la cible[15]. Ces qualificatifs ou expressions sont divers comme le montre le relevé illustré (Tableau n° 1).

| **Extrême droite / extrémiste** | « Ça n'a aucun intérêt de traiter quelqu'un d'extrême droite » (Steven) ;<br>« Il y a tellement d'autres choses à dire sur notre mouvement plutôt que nous qualifier, de nous rabaisser à de simples militants radicaux d'extrême droite » (Quentin) ;<br>« Extrême droite, [...] voilà, l'insulte facile et hop tout le monde dans le même sac ». (Pierre) |
|---|---|

Fracchiolla B., « L'insulte et l'injure vues comme genres brefs, et leur mise en discours », colloque international, Université Aoyama Gakuin (Tokyo, Japon), 2017, p. 173-188 ; Laforest M., Vincent D., « La qualification péjorative dans tous ses états », *Langue française*, n° 144, 2004, p. 62.

11 Milic I., *op. cit.*, 2018, p. 547.

12 Un point qui fait consensus dans la littérature. Voir par exemple : Conley T., *Toward a rhetoric of insult*, University of Chicago Press, 2010, p. 3-4 ; Fuligni B. (dir.), *Petit dictionnaire des injures politiques*, Paris, L'Éditeur, 2016, p. 13 ; Korostelina K., *Political Insults : How Offenses Escalate Conflict*, Oxford, Oxford University Press, 2014, p. 2.

13 Voir par exemple : Bouchet T., *op. cit.*, 2010 ; Colker R., *op. cit.*, 2020.

14 Fracchiolla B., *op. cit.*, 2017, p. 184.

15 Notons qu'en revanche, ils n'ont pas évoqué les insultes dont ils seraient les potentiels auteurs.

| **Facho/Fasciste** | « C'était pas moi qui était euh… discriminatoire à leur égard, mais plutôt eux, les autres… *"Ouais, mais bon t'es un facho"* » (Rémi)<br>« des mecs […] me traitaient de fachos » (Jean)<br>« Ils nous qualifient mal […] On est qualifiés de fascistes, de fachos »<br>« Je me fais traiter de facho » (Auxane) |
|---|---|
| **Islamophobe** | « On me traite d'islamophobe » (Tristan) |
| **Nazi** | « Il m'a clairement insultée de nazie » (Alizée) ;<br>« Je me fais traiter de nazie » (Auxane) ;<br>« Ils nous collent l'étiquette, *"oh regardez-les, c'est des néonazis, faut pas les approcher, ce sont des monstres"* » (Charlotte) |
| **Pétainiste** | « Elles commencent à me traiter de pétainiste » (Auxane) |
| **Raciste** | « On nous traite de racistes » (Charlotte) ;<br>« Les gens ont commencé à me traiter de raciste » (Jean) ; |
| **Réactionnaire** | « Réac… On me traite de réac ! » (Simon) |
| **Xénophobe** | « On nous traite de xénophobes » (Charlotte) (aussi chez Auxane) |

TABLEAU 1 – Les insultes dans les entretiens avec les militants identitaires.

Tous ces termes sont considérés par les militants comme des insultes. Aucun « nom d'oiseau » de la langue française, aucune « injure de dictionnaire » ne figurent dans cette liste. Ces « insultes » apparaissent diversement insultantes : leur charge symbolique est variable. Alors que le terme « nazi » est objectivement dépréciatif, de même que « pétainiste » ou « fasciste », d'autres sont d'une qualification plus problématique, car ils peuvent être utilisés de manière neutre, à des fins d'analyse par exemple. Ainsi, « xénophobe », « islamophobe », « raciste » ou « réactionnaire », reçus par eux comme des insultes, peuvent constituer une analyse de leurs propos. Un constat d'autant plus vrai pour « extrême droite » ou « extrémiste ». Comment expliquer qu'ils soient uniformément considérés comme des insultes ?

## UNE UNICITÉ DU SIGNIFIÉ : L'INSULTE COMME RÉVÉLATEUR DU « STIGMATE »

Pour le comprendre, il faut saisir ce que ces termes ont de commun dans les représentations des militants identitaires. Si les *signifiants* varient, le *signifié* lui est homogène pour les militants : tous véhiculent une seule et même représentation, en rappelant le stigmate[16], l'anormalité de l'engagement déviant[17], identitaire ici, mais plus largement extrême droitier[18]. L'insulteur dénonce cet engagement politique, à travers une qualification dépréciative des idées politiques des militants. « Nommer quelqu'un n'est pas un acte neutre[19] » : ces termes qui véhiculent une représentation propre à « discréditer un individu ou un groupe prétendant à l'exercice du pouvoir[20] » – du moins visant à l'influencer –, à « réduire le camp de l'adversaire en accroissant le sien[21] », sont donc des insultes politiques, énoncées en privé ou en public[22]. Dans ce cas, l'insulte politique viserait donc à révéler le stigmate de l'engagement pour décrédibiliser le militant, le groupe et leurs actions. Plusieurs exemples viennent soutenir cette idée, dans des contextes d'énonciation divers.

Premier exemple, quand l'insulte surgit dans le cadre familial, au moment où l'engagement identitaire est révélé. Laurent raconte la découverte de son engagement par ses parents :

> J'étais à Cannes, j'avais pas le droit d'aller à Nice, fallait que je rentre à 6h à l'époque, je me retrouve à rentrer à 23h de Béziers [...] Je reviens, ma mère qui pète un câble, mon père, 30 appels manqués. L'hystérie collective à la

16 Goffman E., *Stigmate. Les usages sociaux du handicap*, Paris, Éditions de minuit, 1975 [1963].

17 Becker H., *Outsiders, Études de sociologie de la déviance*, Paris, Éditions Métailié, 2020 [1963].

18 Boumaza M., « Between stigma and engagement. Young Front National activists'political careers », *Etnografia e ricerca qualitativa*, 1/2015, p. 75-87.

19 Dascalakis-Labreze M., « Nommer l'altérité politique argentine », *Mots. Les langages du politique*, n° 123, 2020, p. 47.

20 Fuligni B., *op. cit.*, 2016, p. 17.

21 Fracchiolla B., Rosier L., article « insulte », *Publictionnaire, dictionnaire encyclopédique et critique des publics*, 2019. [En ligne] : http://publictionnaire.huma-num.fr (consulté le 01/08/2022).

22 Notre définition est plus large que celle de Fuligni (*op. cit.*, 2016, p. 17-22), pour qui l'insulte politique est par nature publique ou publicisée. Pour Fuligni, les insultes qui ne sont pas « destiné[es] à la publication n'ont pu toucher les électeurs et, de ce fait, n'ont pas leur place dans un dictionnaire des injures politiques » (*op. cit.*, 2016, p. 19). La définition plus large du champ politique, dans lequel nous incluons l'arène des mouvements sociaux, explique cet élargissement. Notons également que d'autres auteurs considèrent qu'un témoin suffit à considérer que l'insulte est publique (*cf.* Fracchiolla B., Rosier L., *op. cit.*, 2019).

> maison. Et ma mère qui me dit : « T'étais à un meeting de Marine Le Pen c'est ça ? ». Du coup, je me suis dit [...] « bon entre la manifestation à l'autre bout [*Béziers*] et un pauvre meeting dans la ville d'à côté [*Nice*] », je me suis dit : « je vais acquiescer ». Et même à ce moment-là elle s'est mise à crier... elle a dit : « *Tu es un fasciste !* J'aurais préféré que tu sois homosexuel tu m'aurais fait moins de mal ». Et voilà. C'était les premiers, LE premier coup d'éclat dans la famille. [...] Tu t'engages c'est mal, c'est l'extrême droite, c'est mal, c'est mal vu, c'est le mal.

La réaction des parents de Laurent, sa mère en particulier, apparaît violente (« pète un câble », « hystérie collective », « cri ») et culmine dans l'insulte, « fasciste ». L'engagement dérange tant parce qu'il est d'extrême droite, comme le montre le terme utilisé par sa mère, ainsi que l'analyse de Laurent (« c'est l'extrême droite, c'est mal, c'est mal vu, c'est le mal »). L'engagement politique est réduit à une condamnation sociale (« c'est mal vu ») puis, essentialisé avec manichéisme, il devient « le mal ». L'insulte surgit de la même manière chez Alizée, quand son père apprend qu'elle s'est rendue à une manifestation : « Mon père m'a clairement insultée de nazi, il m'a dit "si t'es une nazie, tu t'en vas" ».

Les discussions politiques avec les collègues fonctionnent également comme des rappels du stigmate de l'engagement. Ils sont parfois la cible indirecte des insultes de leur collègue, sans que ceux-ci le sachent. Ce passage de notre entretien avec Adam est révélateur de cette tension :

> Mon chef de laboratoire, avec qui je travaille, que j'adore... [...] Je le connais depuis 4-5 ans, vraiment je l'adore, j'ai mangé chez lui plusieurs fois. Il connaît pas mes idées. Lui, il habite un petit village au nord de Nîmes où ça a bien voté Front national (plus de 50%). Un jour à table, il me dit : « Putain je me dis que dans mon village... *j'ai deux voisins, je me dis qu'il y en a au moins un des deux qui est vraiment un gros connard* ». Donc je lui dis : « Pourquoi tu dis ça ? ». « Parce que y'a plus de 50% dans mon village de gens qui ont voté Front ». [...] Donc tu vois, y'a pas du tout d'ouverture d'esprit, ce serait pas du tout compris.

Adam met en avant sa proximité avec son chef et en même temps sa distance, politique, avec lui. Ce type de discussion et d'échange dans le cadre professionnel avec des chefs ou des collègues amènent les militants à intérioriser leur engagement, qui n'est pas socialement acceptable. C'est une nouvelle preuve du stigmate attaché à leurs idées, mais aussi une nouvelle preuve que l'insulte est associée au stigmate, peu importe le *signifiant*.

Le terme devient une insulte parce qu'il révèle l'anomalie (sociale) que représente l'engagement identitaire. Juger son engagement, pour Julien revient à « combattre ce que je *pense*, ce que je *suis*, ce que je *fais* » : il s'assimile à ses idées politiques et à ses actions militantes, c'est dire la part importante de son identité qu'il attribue à ses idées et à son militantisme. Toute critique de l'engagement devient alors une critique du militant lui-même, d'une part fondamentale de son identité qui plus est. Jérôme Neu souligne qu'être insulté, c'est « subir un choc, une perturbation de sa perception de soi et de sa place dans le monde[23] » : alors que l'engagement identitaire constitue une part de leur identité, la désapprobation dont il est l'objet, marquée par l'insulte provoque une « perte de face[24] », une « blessure identitaire[25] » chez les militants. Face à ces insultes – rappels du stigmate, comment réagissent-ils ?

## DES MODALITÉS (DIFFÉRENCIÉES) DE RÉACTION À L'INSULTE

« On apprend à gérer ça. Savoir… – quand on se fait insulter, quand on se fait remarquer – savoir comment réagir » explique un militant : recevoir correctement l'insulte ferait donc partie du cursus de formation des Identitaires. Ces modalités de réception de l'insulte sont de trois types : ignorer l'insulte et l'insulteur, contre-attaquer, ou se l'approprier.

### IGNORER L'INSULTE ET L'INSULTEUR

Un premier registre de réception consiste à ignorer l'insulte, comme l'explique Antoine :

> Si quelqu'un vient me parler au Lycée [et que] je vois qu'il est violent, qu'il m'insulte, *je m'en vais, tout simplement.* Je vais pas m'amuser à me cacher, à

23 Neu J., *Sticks and Stones : The philosophy of Insults*. Oxford, Oxford University Press, 2008, p. VII.

24 Goffman E., *Interaction Ritual : Essays on Face-to-Face Behavior*, New York, Pantheon Books, 1967.

25 Pour reprendre l'expression de Philippe Braud à propos de la violence symbolique (Braud Ph., « Violence symbolique et mal-être identitaire », *Raisons politiques*, 9 (1), 2003).

> rester dans mon cocon et je vais pas m'amuser non plus à extrapoler sur mes idées politiques. Donc j'ai appris tout ça. Parce que c'est vrai que c'est pas inné quoi.

Face à l'insulte, portée par un inconnu, Antoine choisit de « partir », sans argumenter (« extrapoler sur [ses] idées »). Cette réaction relèverait d'un « apprentissage » militant. De la même façon, Auxane nous fait part de sa résignation : « S'ils ont pas nos idées qu'ils nous insultent, et puis c'est pas grave [...] Si c'est juste une insulte qu'on me balance comme ça *je vais rien faire* ». Elle ne survient que dans des cas où les militants ne connaissent pas ou peu l'insulteur, parce qu'ils ne le côtoient pas fréquemment (Antoine) ou parce que ce sont des insultes « anonymes », par exemple sur les réseaux socionumériques (Auxane) : quand le locuteur est *lointain*, les militants ignorent l'insulte. Celle-ci ne provoque apparemment pas de véritable « blessure identitaire » : les mots de l'insulteur « lointain » et « anonyme » ne sont pas vécus comme une attaque par le militant, qui ne ressent pas le besoin de se défendre. Ce registre de réaction n'est pas propre aux militants identitaires[26], d'autant moins propre à eux que, comme Fuligni le rappelle, « l'insulte suprême en politique, c'est d'ignorer son adversaire[27] ».

### CONTRE-ATTAQUER : DÉBATTRE AVEC OU DISCRÉDITER L'OFFENSEUR

Un second registre de réaction consiste à contester l'insulte, en contre-attaquant, ce qui passe soit par une réfutation du terme, soit par un discrédit de l'insulteur... soit par une synthèse des deux.

Premièrement, les militants peuvent réfuter le terme et son usage insultant à leur encontre, en débattant avec l'insulteur. Ils vont tenter de démontrer, en se référant à l'étymologie, à la définition, que le terme ne convient pas à leur cas. Dans la situation d'entretien, ce type d'argument revient fréquemment à propos des termes insultants. Les militants veulent « donner les vraies définitions aux mots », comme l'explique Fabien :

---

26 Voir par exemple, dans le cadre scolaire : Abdi S., Afia K., Bourimi A., « Collège : avant la crise, l'insulte ! », *Spécificités*, vol. 4, n° 1, 2011, p. 25-34. Dans le cadre familial : Laforest M., Vincent D., *op. cit.*, 2004. Notons toutefois que les militants semblent s'en saisir particulièrement peu par rapport à ces deux contextes.

27 Fuligni B., *op. cit.*, 2016, p. 23.

> Quand on nous dit : « Vous êtes d'extrême droite », on dit : « Non. On est pas antiparlementariste, on est pas pour un État centralisateur..., on est pas... ». Dans les définitions mêmes, pures, c'est pas vrai !

Il en va de même pour Sixtine, qui s'offusque : « Et puis "extrême droite"... La droite on la combat ! On peut pas être à *l'extrême* [*elle insiste*] d'une droite qu'on combat ! ». Il s'agit de produire une définition caricaturale de l'insulte, de l'associer à un autre groupe pour la disqualifier, comme le fait ici Adam sur l'islamophobie :

> On veut pas éradiquer l'islam de la terre [...] on veut pas qu'on nous impose un mode de vie, mais on va pas aller imposer le nôtre non plus de l'autre côté de la méditerranée. Chacun a le droit de vivre chez lui. Donc voilà on n'est pas islamophobe... (Adam)

Un mécanisme similaire consiste à repousser « l'insulte » sur un autre groupe pour s'en dégager. Ainsi, les Identitaires ne peuvent pas être d'extrême droite, puisqu'ils ne sont pas « cagoulés et groupusculaires » :

> C'est les mecs qui défilent justement cagoulés, groupusculaires, qui sont là plus pour s'amuser, pour faire du folklore pendant quelques années, qui se rangent après... Honnêtement y'a rien de bon à tirer de l'extrême droite, c'est un truc qui depuis 30/40 ans ne fait rien en France, ne sert à rien mis à part faire peur aux gens. Donc c'est pas du tout... je me reconnais pas du tout [il insiste] dans le terme extrême droite. (Rémi)

De même, si le GUD (Groupe Union Défense) incarne le fascisme, celui-ci ne peut pas être associé aux militants identitaires, explique Alizée :

> Le GUD... pour ce que j'en sais, ils ont jamais évolué depuis les années 80. Donc ils sont dans un délire... *Pour moi, eux, ce sont des fascistes !* Clairement. Ce sont des gens qui... voilà... quand on voit leur congrès européen, et leur concert et que la plupart des gens passent leur temps à lever le bras. Je trouve ça abominable.

Ces débats sémantiques, que les militants rejouent en entretien, se font en direct avec l'insulteur, comme le soulignent les récits d'Alizée et Auxane :

> Il m'a dit : « si t'es une nazie, tu t'en vas ». Et... j'ai essayé de *lui faire comprendre que ça n'avait strictement rien à voir.* Le problème, c'est qu'il y a encore énormément de gens qui nous *portent cette étiquette qui est complètement has been quoi ! C'est pas du tout le cas.* (Alizée)

> Auxane : « *S'il y a moyen de débattre*, je vais essayer de… peut-être pas rentrer dans son jeu, mais je vais lui demander pourquoi elle pense… qu'est-ce qu'elle entend par nazi, essayez de la pousser un peu sur ses retranchements. »

Deuxièmement, les militants peuvent contre-attaquer en discréditant l'émetteur. Ils peuvent, par exemple, insister sur son manque de compétence politique. Auxane décrit ainsi les insulteurs comme « des *personnes qui sont assez immatures, qui ont pas beaucoup de culture dans la politique* ». Incapable de manier des concepts politiques, l'insulteur serait donc incompétent pour juger les idées des militants identitaires. Dès lors, les militants ne cherchent pas à débattre puisque leur interlocuteur ne possède pas (d'après eux) les compétences suffisantes. Pour discréditer l'insulteur, les militants peuvent aussi mettre en cause son honnêteté : c'est ce qu'ils font face aux « insultes » des médias. Clément, en charge des relations médias, explique ainsi : « Il y [a] des médias très malhonnêtes […] ils savent très bien qu'ils sont malhonnêtes […] Il y a toujours un parti pris dans la manière dont s'est rédigé », parti pris défavorable donc qui explique que les médias les « traitent » d'extrémistes de droite. Les insultes, les termes utilisés par les journalistes (extrême droite en particulier), sont donc intentionnellement mensongers : la malhonnêteté entraîne donc la disqualification de l'insulte.

Une troisième voie de contre-attaque consiste à poursuivre l'insulteur en justice[28], remettant en cause la véracité de l'insulte et l'honnêteté de l'émetteur. Génération identitaire a en effet à plusieurs reprises attaqué des individus en justice pour « diffamation » et/ou « injure publique », par exemple Thomas Portes (porte-parole du PCF), François-Michel Lambert (député LREM) ou Majid Messaoudène (conseiller municipal Front de Gauche à Saint-Denis). Ce registre de réponse n'est toutefois mobilisé que de façon exceptionnelle : il ne concerne que des personnalités publiques, pour des insultes dirigées contre l'organisation et non individuellement contre les militants.

Ces différentes modalités de contre-attaque ne sont pas réservées aux Identitaires : Cornelia Ilie souligne que les réponses aux insultes

28 Fait intéressant et qui marque un certain renversement de situation : alors que c'est essentiellement l'extrême droite qui était poursuivie pour ces délits, par exemple d'offense (*cf.* Beaud O., *La République injuriée*, Paris, PUF, 2019), les militants d'extrême droite se retrouvent parfois sur le banc des plaignants. En cela, ils suivent une dynamique qui nous semble avoir été initiée par le FN à la fin des années 2000.

en milieu parlementaire peuvent s'orienter sur le fond (débat) ou se concentrer sur l'individu (discrédit)[29]. Les militants choisissent davantage le débat quand ils sont proches de l'insulteur… mais plus celui-ci est éloigné, plus ils optent pour le discrédit : on débat plutôt avec son cercle familial ou amical, mais on discrédite les journalistes. Par ailleurs, ils débattent plutôt avec des personnes qu'ils considèrent « politiquement compétentes », discréditant ceux qui ne le seraient pas. Les attaques en justice sont, elles, réservées aux personnalités publiques, pour les insultes « publiques » : la cour de justice devient alors le lieu d'un débat public sur la juste qualification. Les critères pertinents pour expliquer la réaction résident avant tout dans des caractéristiques de l'insulteur (proximité au militant, compétence politique, notoriété), les caractéristiques de l'insulté pouvant différer grandement sans effet apparent.

### S'APPROPRIER L'INSULTE (ET RETOURNER LE STIGMATE)

La dernière modalité de réception est plus transversale : elle consiste à s'approprier l'insulte. Simon explique qu'en cas d'insulte, il « fait l'inverse » de ce qui est attendu de lui :

> On lance des attaques avec des mots, même « réac », *on me traite de réac*, bah ouais je suis réac. On pense que défendre le passé c'est pas bien. Bah *du coup il faut faire l'inverse : moi je suis réactionnaire.* Et ça devient des insultes en fait. Moi ça me fait rire.

Il s'approprie l'insulte, la transforme en une expression honorable : réinterprétant le sens du terme, il transforme un qualificatif dépréciatif en qualificatif mélioratif. Il retourne l'insulte et avec, elle, le stigmate. Auxane met en œuvre un processus similaire :

> Quand quelqu'un te traite de nazie ou de fasciste, tu le prends limite bien parce que ça veut dire, dans sa tête, *que t'as un peu trop dit que t'aimais la France et que t'as un peu trop dit que tu la respecterais si jamais il y avait un truc qui allait pas.* Donc généralement quand quelqu'un me traite comme ça, je lui dis « *merci, c'est très sympa, ça me fait plaisir* ». (Auxane)

Elle transforme les insultes (« nazi ou fasciste ») en éléments positifs dans son référentiel (« aimer et défendre la France ») et remercie donc

29 Ilie C., « Strategic uses of parliamentary forms of address : the case of the U.K. Parliament and the Swedish Riksdag », *Journal of Pragmatics*, vol. 42, n° 4, 2010, p. 883-884.

son insulteur. L'insulte rate alors son effet, elle ne suscite plus l'offense, mais l'honneur. Sur le plan de la communication et de la propagande, les Identitaires ont déjà eu recours à ce procédé rhétorique (*l'antiparastase*). Philippe Vardon, fondateur des Jeunesses identitaires vante les mérites de cette réaction à l'insulte dans *Éléments pour une contre-culture identitaire*, invitant les militants à

> Reprendre et retourner les insultes et critiques de ses adversaires en les assumant avec fierté. C'était le sens d'un autocollant des Jeunesses Identitaires proclamant « Faces de craie, culs-blancs, gaulois, toubabs… et fiers de l'être » […] Le Bloc Identitaire qualifié de populiste par les médias, s'affirma sans détour comme la véritable voix du peuple historique de France.

« L'agresseur n'a pas les moyens de contrôler la réception de son propos qui parfois tombe à plat : "Tu n'es qu'un fonctionnaire de seconde classe !" : "Eh bien oui, c'est vrai"[30] » : l'appropriation tend à annihiler le potentiel insultant de l'insulte. Cette réaction vise un effet particulier : les militants cherchent à déstabiliser leur interlocuteur, qui « rate son effet », à susciter chez lui la surprise en acceptant volontiers l'insulte, ce qui leur permet d'affirmer leur positionnement. Dans le cadre politique, cette capacité de l'insulte à être retournée a déjà été relevée : « "sans culotte", "communard", "suffragettes" sont des mots infamants à l'origine, que les groupes visés ont saisis et revendiqués pour s'en faire des drapeaux[31] ». Les profils des insulteurs sont variés (proche du cercle familial, connaissance éloignée issue du cercle amical, mais aussi des inconnus), faisant apparaître une modalité transversale de réaction à l'insulte.

---

30 Fracchiolla B, *op. cit.*, 2017, p. 184.

31 Fuligni B., *op. cit.*, 2016, p. 14. Ce mécanisme d'appropriation est mobilisé en ce sens par des minorité (pour exemple, voir Conley T., *op. cit.*, 2010, p. 122 ; Kampf Z., « The politics of being insulted : the uses of hurt feelings in Israeli public discourse », *Journal of Language Aggression and Conflict*, vol. 3, n° 1, 2015, p. 114 et 121.)

## CONCLUSION

Les recherches menées sur l'insulte s'accordent sur le fait que n'importe quel terme peut devenir une insulte, selon son contexte d'énonciation[32]. L'insulte, même politique, ne se définit pas par son *signifiant* mais par son *signifié pour l'insulté*, c'est ici la réception qui fait l'insulte. Pour les militants, est une insulte ce qui constitue un rappel du stigmate extrémiste de cet engagement : l'insulte est dès lors « ce qui classe l'insulté par stigmatisation[33] » pour reprendre l'expression de Laurence Rosier. L'insulte a ceci de politique que c'est leur engagement (politique), et avec lui leurs idées et actions (politiques), qui sont remis en cause : l'insulte politique s'attaque donc explicitement à ces idées pour les discréditer et avec elles, aux militants qui les portent[34].

Concernant les modalités de sa réception, cette étude porte trois enseignements. Premièrement, les réactions des militants sont variées, ce qui est conforme aux enseignements de la littérature[35]. Trois types de réactions ressortent de notre étude : les militants ignorent, contre-attaquent ou s'approprient (Tableau n° 2). Une modalité de réponse, pourtant présente dans des situations variées[36] est ici absente : l'insulte en retour. Deux hypothèses peuvent expliquer ce creux : 1) les militants, tentant de se présenter sous

---

32 Par exemple : Bouchet T., *op. cit.*, 2010, p. 9 ; Conley T., *op. cit.*, 2010, p. 7-12 ; Desmons É., Paveau M.-A., *Outrages, insultes, blasphèmes et injures : violences du langage et polices du discours*, Paris, L'Harmattan, 2008 ; Oger C., « La conflictualité en discours : le recours à l'injure dans les arènes publiques », *Argumentation et Analyse du Discours*, n° 8, 2012, p. 3 ; Rosier L., *Petit traité de l'insulte*, Loverval, Labor, 2006 ; Taavitsainen I., Jucker A., « Twenty years of historical pragmatics : Origins, developments and changing thought styles », *Journal of Historical Pragmatics*, 16(1), 2015, p. 15.

33 Rosier L., *op. cit.*, 2006, p. 69. Une idée soutenue en négatif par Vincent et Bernard-Barbeau : « L'insulte est une manière de faire voir le réel, à travers des normes sociales, des valeurs et des croyances qui auraient été transgressées par l'insulté, selon l'insulteur » (Vincent D., Bernard Barbeau G., « Insulte, disqualification, persuasion et tropes communicationnels : à qui l'insulte profite-t-elle ? », *Argumentation et Analyse du Discours*, n° 8, 2012, p. 2).

34 Elles ne sont pas d'abord fondées sur l'individu à l'inverse de ce que perçoit Thomas Bouchet dans un contexte différent (Bouchet T., *op. cit.*, 2010, p. 275).

35 Voir par exemple : Conley T., *op. cit.*, 2010, p. 5 ; Laforest M., Vincent D., *op. cit.*, 2006 ; Orbach I., « The victim's reaction to an attack as a function of his perception of the attacker following a verbal insult », *European Journal of Social Psychology*, vol. 8, n° 43-45, 1978.

36 Au Parlement : Ilie C., *op. cit.*, 2010. Chez les adolescents : Abdi S., Afia K., Bourimi A., *op. cit.*, 2011.

un jour favorable durant l'entretien, n'évoquent pas les insultes proférées ; 2) ils n'y ont pas recours, ce qui correspondrait à une stratégie, pour éviter que l'insulte en retour ne confirme leur caractère « extrême ».

| **Réactions** | **Attitudes** | **Caractéristiques de l'émetteur** |
|---|---|---|
| **Ignorer** | | |
| | La résignation | Inconnu et/ou anonyme |
| **Contre-attaquer** | | |
| | Le débat sur le terme | Connu ; proche (famille ou ami) ; compétence politique reconnue |
| | Le discrédit de l'insulteur | Connu ; lointain ; analyse politique remise en cause |
| | L'attaque en justice | Connu ; lointain ; personnalité publique |
| **S'approprier** | | |
| | Le retournement du stigmate | Divers profil – stratégie transversale |

TABLEAU 2 – Modalités de réception de l'insulte : des réactions liées au statut perçu de l'émetteur.

Deuxièmement, de même que les effets de l'insulte dépendent du contexte[37], les réactions à celle-ci dépendent du contexte[38] notamment des caractéristiques de l'émetteur[39]. Plusieurs caractéristiques semblent pertinentes à considérer : l'offenseur est-il anonyme ou connu ? Est-il proche ou éloigné de l'insulté ? Est-il considéré comme compétent politiquement ? Est-il une personnalité publique ? L'insulte est-elle publique ou privée ? (Tableau n° 2). Troisièmement, les réactions à l'insulte correspondent à des stratégies[40] préétablies et apprises par les militants. Ils apprennent à réagir si cela leur parait utile, si cela permet de changer l'avis de l'offenseur (*débat*), de rétablir la « vérité » (*discrédit – justice*),

37 Colker R., *op. cit.*, 2020, p. 22.

38 Evaldsson A.-C., « Staging insults and mobilizing categorizations in a multiethnic peer group », *Discourse and society*, Vol 16(6), 2005, p. 763-786.

39 Abdi S., Afia K., Bourimi A., *op. cit.*, 2011 ; Orbach I., *op. cit.*, 1978, p. 462-463.

40 Cette dimension de réponses stratégiques a déjà été soulignée (par exemple : Kampf Z., *op. cit.*, 2015).

ou de déstabiliser l'offenseur (*appropriation).* Dans le cas contraire, ils ignorent l'insulte. Cet apprentissage en milieu militant vient neutraliser les effets des variables individuelles des militants : les variables sociales (âge, niveau de formation, milieu social d'origine, etc.) ne structurent pas leur rapport à l'insulte, qui se construit collectivement.

Cette dimension collective apparaît comme une autre caractéristique de l'insulte politique. Même dirigée contre un individu, l'insulte politique prend un sens collectif : c'est en raison de son appartenance au collectif militant que l'individu est pris pour cible. En cela, l'insulte « en milieu militant » s'inscrit dans une dynamique collective, ce qui influe sur sa réception.

L'insulte politique joue du point de vue de la communauté militante un rôle ambivalent. L'insulte, vécue collectivement (quand elle est adressée publiquement au groupe) ou individuellement (dans le milieu familial, professionnel), est une expérience partagée par les militants, qui la rencontrent et se la racontent. Les récits d'épisodes d'insulte suscitent le soutien de la communauté militante et des sympathisants : la publicisation des insultes est ainsi l'occasion de recueillir des messages de soutien. L'insulte a donc deux effets : stigmatiser l'engagement, placer les militants dans un « out-group » déviant, mais aussi renforcer le sentiment d'appartenance à ce groupe et donc souder la communauté[41]. Elle est à la fois une dépréciation de l'engagement *et* un ciment de la communauté militante. De même qu'« insulter ensemble » suscite une cohésion du groupe[42], « être insultés ensemble » soude donc le groupe.

Marion Jacquet-Vaillant
Maîtresse de conférences
en science politique
Université Paris Panthéon Assas,
CECP

41 Cette ambivalence des effets du stigmate a été identifiée à propos des militants du FN (voir Bizeul D., *Avec ceux du FN*, Paris, La Découverte, 2003 – en particulier le chapitre 5 « Un esprit de parti », p. 203-277) et du FNJ (Boumaza M., *Le Front national et les jeunes de 1972 à nos jours. Hétérodoxie d'un engagement partisan juvénile : Pratiques, socialisations, carrières militantes et politiques à partir d'observations directes et d'entretiens semi-directifs*, Thèse de doctorat en science politique, IEP de Strasbourg, 2002).

42 Amadori S., *op. cit.*, 2016 ; Conley T., *op. cit.*, 2010, p. 78 ; Ilie C., *op. cit.*, 2010, p. 880.

# L'INSULTE DANS L'INTIMITÉ MALHEUREUSE DES RELATIONS INTERNATIONALES

Et s'il y avait une parenté secrète entre l'insulte et la conception première des relations internationales ? L'étymologie a sa part de vérité qui ne trompe pas : insulte dérive bel et bien du bas latin *insultus* qui signifiait assaut, attaque, et qui mettait donc directement en présence de l'ennemi. Celui-ci est une figure classique des relations internationales, qu'il convient d'abord de réduire, et ce par tous les moyens, jusqu'à cette emblématique « guerre totale » qui constitue un des piliers de la narration réaliste des rapports entre États. Mais on peut même aller plus loin, car l'apparentement n'est pas seulement formel et verbal. Trois caractéristiques de la construction familière des relations internationales rejoignent curieusement notre problématique : l'idée d'outrage et de transgression volontaire, celle de montée aux extrêmes qui s'inscrit directement dans le paroxysme guerrier propre aux relations interétatiques ; l'hypothèse d'atteinte à la dignité de l'autre, la volonté d'humilier par la défaite et de hiérarchiser, par la puissance, les relations entre États ; le projet plus ou moins conscient de placer l'identité de l'autre au centre de la cible afin de le dévaloriser : le « boche », le « chintoque », le « crouille » et autre « mangeur de grenouilles », chacun d'entre eux incarne l'identité visée, détestée, souillée…

Derrière ces connexions troublantes, deux évidences s'imposent. D'une part, les relations internationales n'ont rien d'exceptionnel, contrairement à ce que prétendent les tenants du réalisme, mais expriment bel et bien un ordinaire sociologique des plus accomplis[1]. Mais, d'autre part, ces relations internationales dites « classiques », issues des schémas westphaliens et de la légendaire image hobbesienne des « gladiateurs qui s'affrontent », sont, comme toute autre relation sociale, dans

1 Badie B., *Inter-socialités. Le monde n'est plus géopolitique*, Paris, CNRS Éditions, 2020.

une dynamique d'apprentissage, et appelées à se civiliser[2], à se doter de valeurs et de pratiques communes qui sont censées s'ouvrir sur un autre monde, certainement plus policé, celui déjà envisagé par l'École anglaise[3] ou celle, française, faisant appel aux vertus humanistes de la solidarité au sein de l'humanité tout entière[4].

## LA PUISSANCE ET L'INSULTE

Le modèle traditionnel des relations internationales est bien celui des gladiateurs de Hobbes, symbolisant chacun un royaume souverain, et qui ne saurait donc être soumis, de par leur attribut, à aucune loi censée les transcender. La souveraineté ne compose pas avec l'obéissance, ne souffrant, par définition, d'aucune puissance qui lui soit antérieure. À l'origine, l'outrage était cependant mesuré, contenu, par la paix de Dieu et par les égards que les princes se devaient les uns aux autres, souvent unis par le sang, mais aussi semblables par le rang. La guerre, dans les premiers temps de l'ère westphalienne, restait en fait un tournoi aristocratique. Non seulement marquait-on l'entre-soi par le respect réciproque, mais ce jeu ne cherchait pas l'humiliation : on a en tête l'impressionnant tableau de Vélasquez peignant la reddition de Breda, dont il se dégage un sentiment de bienveillance et de respect pour le vaincu[5]. Les racines anciennes de la guerre moderne conservent cette idée forte d'égalité entre les compétiteurs qui récuse tout soupçon d'insulte.

L'exception pointe pourtant à l'horizon : l'égalité est déjà rompue quand il s'agit de l'autre « absolu », celui venant d'une religion différente. Prêchant la Croisade, Saint Bernard n'hésite pas à dire de celui qui combat pour elle :

2 Élias N., *La Civilisation des mœurs*, Paris, Calmann-Lévy, 1973.

3 Linklater A. & Suganami, H., *The English School of International Relations. A contemporary Reassessment*, Cambridge, Cambridge University Press, 2009.

4 Bourgeois L., *Pour la Société des Nations*, Paris, G. Crès, 1909.

5 Badie B., *Le temps des humiliés. Pathologie des relations internationales*, Paris, Odile Jacob, 2e édition, 2019 [2014].

> Ce n'est pas sans raison qu'il porte l'épée : il est l'exécuteur de la volonté divine, que ce soit pour châtier les malfaiteurs ou pour glorifier les bons. Quand il met à mort un malfaiteur, il n'est pas un homicide, mais, si j'ose dire, un malicide[6].

De nombreuses traces de respect réciproque se retrouvent néanmoins, comme chez Saladin vantant les vertus des croisés, ou Frédéric Hohenstaufen pratiquant l'amitié avec le Sultan Màlik el Kàmel[7] : mais c'est bien la violence impitoyable qui domine, reléguant l'autre dans l'infamie. Ibn Jubayr ne parle-t-il pas de ces « cochons et saletés de chrétiens », tandis que, surtout au XIIe siècle, circulent tout un ensemble de pamphlets ridiculisant ou caricaturant le prophète en personnage luxurieux et idolâtre, à l'instar de la *Vie de Mahomet* d'Embricon de Mayence ou des *Plaisirs de Mahomet* de Gautier de Compiègne[8] ?

Mais il y a plus : l'introduction progressive des peuples dans le jeu de la guerre suscite des postures nouvelles et plus radicales. La socialisation à l'ennemi suppose une reconstruction de celui-ci non plus comme simple rival stratégique, déployant ses efforts sur la scène internationale, mais comme acteur perçu de manière suffisamment négative par tous, ou du moins par le plus grand nombre, pour être considéré comme ennemi de la nation tout entière. La perspective schmittienne prend ici tout son sens : pour le célèbre juriste allemand, l'ennemi est désigné par l'État en vue de fédérer la nation, lui donner un sens et un élan[9]. Ce processus d'adoption plus ou moins forcée n'est possible que par une forte médiation des comportements sociaux, réveillés en l'espèce par l'instillation d'un triple sentiment de peur, de supériorité et de détestation, l'insulte intervenant alors comme principe actif commun à ces trois orientations. Le processus est d'autant plus déterminant qu'il entre facilement dans la mémoire collective, pérennisé par les manuels scolaires et les agents élémentaires de socialisation, notamment la famille.

---

6 Saint B., *De laude novae militiae*, cité par Richard J., *L'Esprit de croisade*, Paris, CNRS Éditions (Biblis), 2012 [1146].

7 Pignon T., « Les croisades, temps de rencontre entre Francs et Musulmans en Orient », *Les clés du Moyen-Orient*, 29 mars 2012.

8 Vauchez A., Sère B., « Les chrétiens d'occident face aux juifs et aux musulmans au Moyen Âge. XIe-XVe siècle », *Recherches de Science Religieuse*, 2012/2 (Tome 100), p. 187-208. DOI : 10.3917/rsr.116.0187. [En ligne] : https://www.cairn.info/revue-recherches-de-science-religieuse-2012-2-page-187.htm (consulté le 10/08/2022).

9 Schmitt C., *La notion de politique – Théorie du partisan*, Paris, Champs classiques, 2009 [1927].

Amorcé en Europe, à la faveur de la Révolution française, et notamment de la levée en masse qui avait très vite popularisé les conflits de la Révolution et de l'Empire, le phénomène a fait l'ordinaire des XIX^e^ et XX^e^ siècles, se cristallisant dans le nationalisme qui se fit jour à l'époque. Les images insultantes viennent alors très vite s'accumuler : comme par hasard, c'est Bertrand Barère, le Conventionnel, qui, dans l'ambiance patriotique naissante, lance la formule bien connue de la « perfide Albion », ouvrant à l'accusation de perfidie une longue carrière que des décennies d'alliance n'ont pas réussi à éteindre. Napoléon embraye en laissant, à propos du voisin d'outre-Manche, la formule tout aussi pérenne de « nation de boutiquiers ». Même au temps de l'Entente cordiale, ou des années qui précédaient de peu la Première Guerre mondiale, *l'Assiette au Beurre* publiait encore des dessins particulièrement infamants, montrant notamment le roi Édouard VII se confondant avec les fesses d'une gourgandine[10]… Une fois instillée dans le corps social, l'image dégradante de l'ennemi d'hier ne s'efface que difficilement.

L'*Illustration* publie, dès 1914, des caricatures encore plus violentes de l'Allemagne. On retiendra également le *Livre rouge des atrocités allemandes* publiant, en 1915, un célèbre dessin représentant un soldat allemand, sous forme d'une bête immonde, dans la chambre d'une jeune femme qu'il venait de violer, clin d'œil à la neutralité belge méprisée et bousculée, tandis que la science est mobilisée pour expliquer que l'être allemand constitue une grave et dangereuse dégénérescence de l'humanité. Peu de temps après, le Reich dira encore bien pire, dans le même genre, à propos de plusieurs peuples, Juifs et Roms, notamment[11]. Le Russe bolchevique, couteau entre les dents, ou le Chinois porteur du « péril jaune » prendront le relai à l'époque de la guerre froide, suivis du « Fellagha » ou du « Viet » qui remirent en cause l'invincibilité occidentale, jusqu'au Musulman aujourd'hui, en tout cas dans ses orientations qualifiées d'« islamistes » …

L'insulte devient ainsi l'ordinaire de la puissance socialisée, un outrage qui atteint le principe d'altérité, désormais potentiellement hostile et immanquablement souillé, mais qui aide cyniquement à constituer une

10 Crouzet J., « Images d'Outre-Manche : la France vue par les Britanniques, la Grande-Bretagne vue par les Français, 1904-2004 », *Histoire, économie et société*, 2006, 25? année, n° 1. p. 131-141.

11 Véray L., « Images de l'Allemand », *Histoire par l'image*, 2016.

nation qu'on ne tient pour efficace que si elle est soudée par une haine commune et outrancière de l'autre. La guerre froide s'est ainsi blindée d'une couverture idéologique qui conduisit plus facilement encore à l'intransigeance et au refus de la civilité, à l'instar d'un Foster Dulles, Secrétaire d'État américain, qui, lors de la Conférence de Genève (1954), refusa ostensiblement de serrer la main de son homologue chinois Zhou Enlai, tout en proclamant haut et fort qu'il ne le « pouvait pas ». Le célèbre procureur et diplomate soviétique Andrei Vychinski savait, de son côté, accommoder la figure du « rat » à toutes les sauces rhétoriques pour accabler les anticommunistes. Mais les coups les plus sévères sont peut-être réservés à la dissidence interne au sein des camps, dès qu'elle prend une vigueur « géopolitique » : Mao Zedong traita Nikita Khrouchtchev de « révisionniste puant » et Staline compara Tito à une « vipère lubrique », créant ainsi une figure rhétorique qui fit carrière … À travers cette étonnante zoologie verbale, la haine se construit peu à peu en une fonction du système international : pire encore, elle s'apprend, s'entretient, se fixe par la force de l'image et des mots. De façon bien moins brutale, on songe au rituel américain consistant à vider ostensiblement dans les égouts bouteilles de Champagne ou de vins français, lorsque la France sort de l'OTAN en février 1966, lorsque de Gaulle prononce son fameux discours de Phnom Penh critiquant l'intervention au Vietnam (1er septembre de la même année), ou lorsque Jacques Chirac refuse de cautionner la guerre d'Irak (2003). En fait, la vulgate réaliste incite immanquablement à déboucher sur un monde de haine cultivée, que les élites vont moduler au gré des contextes, des besoins des entre-deux-guerres et des détentes.

## LA SPIRALE DE L'HUMILIATION

Pourtant, le jeu compétitif de la puissance et la construction de la nation n'épuisent pas le sujet, tant s'en faut. Dans l'ordre westphalien, chaque État ne peut se contenter d'exister face à la prétention des autres : il se doit aussi de gagner son rang et son statut. Dès la fin du XVIe siècle, le philosophe Francis Bacon interprétait le nouveau système international en gestation comme dominé par une seule règle, celle qu'aucun prince ne vienne à surpasser l'autre, pente qui s'accorde mal *a priori* avec la civilité internationale… De manière peut-être plus précise, voire plus radicale, le Général de Gaulle écrivait, près de quatre siècles plus tard, dans ses *Mémoires de Guerre*, que « la France ne (pouvait) pas être la France sans la grandeur ». Il explicitait ainsi un principe doublement westphalien : en montrant, d'une part, que le jeu compétitif ne pouvait que créer des hiérarchies et en rappelant, d'autre part, dans le prolongement des Lumières, que certaines histoires élues étaient porteuses d'une universalité valable pour tous et pour le bien de chacun. La grandeur est donc une affirmation de soi, mais inévitablement opposable aux autres qui la vivent mécaniquement à leurs dépens. Prétendre à la grandeur, c'est accepter implicitement qu'il y ait des « petits », ainsi institués dans les rangs inférieurs du monde.

Le dérapage n'est certes pas inévitable, mais il tend à s'inscrire dans l'ordre des choses : l'autre est potentiellement construit comme inférieur dès lors qu'il ne vous ressemble pas et doit, à ce titre, subir la tutelle paternaliste des grands. Cette asymétrie porte en elle-même le risque de l'insulte, celle essuyée par les « races inférieures » énoncées par Jules Ferry et dont l'éducation revenait aux « races supérieures » : l'inégalité proclamée devient alors l'insulte suprême, mère de toutes les autres. L'entreprise coloniale est alors mécaniquement validée par cette préconstruction infamante de l'humanité. On mesure du coup la profondeur des paroles prononcées par Patrice Lumumba le jour de l'indépendance congolaise, le 30 juin 1960 :

> Nous avons connu le travail harassant exigé en échange de salaires qui ne nous permettaient ni de manger à notre faim, ni de nous vêtir ou de nous loger décemment, ni d'élever nos enfants comme des êtres chers. Nous avons connu les ironies, les insultes, les coups que nous devions subir matin, midi et soir, parce que nous étions des nègres. Qui oubliera qu'à un noir on disait « Tu », non certes comme à un ami, mais parce que le « Vous » honorable était réservé aux seuls blancs ? Nous avons connu nos terres spoliées au nom de textes prétendument légaux, qui ne faisaient que reconnaître le droit du plus fort, nous avons connu que la loi n'était jamais la même, selon qu'il s'agissait d'un blanc ou d'un noir, accommodante pour les uns, cruelle et inhumaine pour les autres. Nous avons connu les souffrances atroces des relégués pour opinions politiques ou, croyances religieuses : exilés dans leur propre patrie, leur sort était vraiment pire que la mort même. Nous avons connu qu'il y avait dans les villes des maisons magnifiques pour les blancs et des paillotes

> croulantes pour les noirs : qu'un noir n'était admis ni dans les cinémas, ni dans les restaurants, ni dans les magasins dits européens, qu'un noir voyageait à même la coque des péniches au pied du blanc dans sa cabine de luxe.

Dans son versant messianique, la grandeur se fait mécaniquement humiliante pour l'autre, entretenant l'insulte sourde et permanente, parfois même violente et explicite. Elle peut ainsi déboucher banalement sur l'outrance : celle, comme le rappelait Lumumba, d'infliger à l'autre ce que les propres normes du dominateur interdisent de façon formelle, celle qui conduisait la police britannique à obliger les natifs indiens à marcher à quatre pattes dans les rues de Delhi quand un meurtre venait d'être commis aux alentours, celle qui autorisait un colon blanc d'Oubangui-Chari à célébrer le 14 juillet en faisant exploser un pétard placé dans l'anus d'un autochtone, celle qui donnait bonne conscience aux commerçants britanniques, soutenus par leur gouvernement, lorsqu'ils déversaient leur opium dans le port chinois de Canton, tout en s'interdisant d'en faire de même dans les ports européens…

Deux catégories d'État viennent ainsi à se dessiner : les actifs « universels » et les passifs engoncés dans leur particularisme, un peu à l'instar des citoyens de jadis. Les premiers ont des « responsabilités particulières » qui rendent notamment évident leur droit de véto au Conseil de Sécurité, et qui les engagent à se mêler des affaires de tout le monde et de n'importe qui : « l'intervention extérieure » devient ainsi une pratique moderne des relations internationales, de plus en plus courante chez les plus puissants, réveillant, chez ceux qui la subissent, l'insulte des colonisations passées. Mais cette tentation de la hiérarchie connaît des incarnations beaucoup plus violentes, dès lors qu'elle est simplement ou naïvement explicitée, à l'instar de ce que fit Donald Trump, en janvier 2018, traitant des États africains et centre-américains de « pays de merde » (« *shithole countries* »). De façon beaucoup plus mesurée, la blessure se retrouve dans la lignée des mêmes principes lorsque Nicolas Sarkozy, à Dakar, dans ce qui devait être un grand discours adressé à l'ensemble du Continent, déclare, le 26 juillet 2007, que « le drame de l'Afrique, c'est que l'homme africain n'est pas assez entré dans l'Histoire […]. Jamais il ne s'élance vers l'avenir ». Moins brutal, et cette fois sur le mode de la dérision, Emmanuel Macron, à l'Université de Ouagadougou, le 28 novembre 2017, a cherché à faire rire son auditoire en observant que son homologue burkinabé, le Président Roch Kaboré, se levait probablement « pour aller réparer la clim » …

Le système international contemporain est en fait sujet à produire presque mécaniquement, et souvent sans intention délibérée, une humiliation qui ne fait que décalquer deux de ses évolutions récentes. D'une part, son hybridation croissante qui tranche avec le monoculturalisme et l'égalité socioéconomique qui caractérisait le premier système westphalien, exclusivement d'extraction européenne et donc à parité. D'autre part, une mise en échec des instruments classiques de puissance, souvent bousculés par des modes d'affirmation, issus des pays les moins dotés, et contre lesquels les vieilles puissances n'ont pas de parade.

## LE SPECTRE IDENTITAIRE

La mondialisation, la chute du mur de Berlin et auparavant, déjà, la décolonisation ont contribué à marginaliser les enjeux de compétition politico-stratégique pour donner au choc des identités une importance considérablement réévaluée, qui a conduit certains à parler même de « choc des civilisations[12] ». Encore qu'il convienne d'être prudent : cette « identitarisation » des relations internationales relève plus d'une instrumentalisation que du principe. Les vrais enjeux restent les mêmes, considérablement enrichis de facteurs économiques et sociaux de plus en plus discriminants, fortement réévalués par la mondialisation et ses inégalités intrinsèques. La bataille des identités joue davantage le rôle de prétexte mobilisateur, de justification par recours à l'absolu, que de nouvelle rivalité en soi. C'est dire en même temps l'importance fortement marquée du stéréotype, du symbole et de la charge émotive que constitue l'insulte internationale dans cette forme nouvelle : on ne blesse plus l'autre à travers son appartenance nationale, mais de façon plus intime, dans ses croyances profondes ou dans ce qui fonde son identité d'humain.

La décolonisation était, de ce point de vue, un point de départ favorisant l'ambition du dominé d'hier à devenir l'égal de son ancien tuteur. Comme en avant-première, la presse et la littérature des années trente

12 Huntington S.P., *American Politics : The Promise of Disharmony*, Cambridge, Belknap Press, 1983.

annonçaient déjà la dénonciation stigmatisante de cette prétention dont firent prioritairement les frais les peuples colonisés arabophones. Jean Giraudoux n'écrit-il pas, dès 1939, que l'immigration maghrébine va, par sa « médiocrité », « rabaisser » le standard de vie et la valeur technique de la classe ouvrière française, pour conclure que « l'Arabe pullule à Grenelle et à Pantin[13] » ? Les guerres qui vont suivre vont alors nommer pour insulter et mobiliser : « bicot », « sidi », « monzami », « melon », la liste est presque infinie. Cette détestation de l'altérité qui avait, peu auparavant, enclenché l'insulte antisémite, du « youpin », du « youtre », du « nef crochu » devint très vite l'ordinaire du rapport à tous les autres pour se fixer, cette fois, vu le nouveau contexte, comme vocabulaire ayant vocation à alimenter les relations internationales.

Ce glissement racialisé des relations internationales s'inscrit dans la banalité de la mondialisation qui plaque en partie le langage identitaire sur les narratifs les plus classiques. Il repose sur un double discours : d'une part, celui de la nécessaire séparation, ce qu'Étienne Balibar nomme « néo-racisme » et qui ne s'appuie pas tant sur l'idée d'infériorité, que sur celle d'irréductible différence, nécessitant que demeure une frontière étanche entre les identités culturelles[14] ; d'autre part, celui de la menace imaginée qui pèse ainsi sur notre propre « culture », laquelle risque ainsi de disparaître, d'être « remplacée » ou vidée de sa substance. D'où le risque d'être confronté à des violences inédites, frappant en priorité les éléments de notre propre culture qui sont incompatibles avec certaines autres, comme la laïcité, voire la démocratie ou la liberté considérée comme ignorée par l'islam. Cette conception a connu sa première concrétisation dans l'invention de l'orientalisme par la science occidentale, telle que décrite par Edward Saïd[15]. Il en dérive instinctivement un ensemble figé de préjugés et de stéréotypes, de méfiances et de procès d'intention qui font, dans leur version la plus radicale, l'ordinaire de l'islamophobie[16].

13 Giraudoux J., *Pleins Pouvoirs*, Paris, Gallimard, 1939 ; Ruscio A., *Des racines coloniales du racisme* « à la française » *: petit dictionnaire des insultes racistes*, Paris, Indes savantes, 2020.

14 Balibar E., « Y a-t-il un "néo-racisme" ? », *in* Balibar E. & Wallerstein I. (dir.), *Race, nation, classe. Les identités ambiguës*, Paris, La Découverte, 1988, p. 27-41.

15 Saïd E., *Orientalism*, New York, Vintage Books, 1979.

16 Bleich E., « Defining and Researching Islamophobia », *Review of Middle East Studies*, vol. 46, n° 2, 2012, p. 179-188 ; Hajjat A. & Mohammed M, *Islamophobie. Comment les élites françaises fabriquent le « problème musulman »*, Paris, La Découverte, 2013 ; Le Cour Grandmaison O., *« Ennemis mortels ». Représentations de l'islam et politiques musulmanes en France à l'époque coloniale*, Paris, La Découverte, 2019.

Il en résulte aussi un répertoire de formules qui ne sont pas forcément pensées comme des insultes, mais inévitablement reçues comme telles au sein du monde musulman incriminé.

L'insulte se concrétise alors par des associations plus ou moins explicites entre islam et violence, voire terrorisme, islam et misogynie, islam et déni de la démocratie. Cette association s'opère dans une rhétorique banalisée (discours médiatique, politique, jusqu'au simple propos de « café du commerce ») ; elle est servie et amplifiée par l'imprécision sémantique qui confond, consciemment ou non, islam, « islam politique », « islamisme », « islam fondamentaliste », « salafisme », « djihadisme » … Par une redoutable dynamique, ce processus crée son contraire, encourageant, dans les milieux musulmans les plus radicaux, à la production du même discours de séparation et d'essentialisation, aboutissant aux mêmes anathèmes, différents pays occidentaux étant dépeints à leur tour, notamment lors de la révolution islamique en Iran, sous les traits injurieux du « grand Satan » (les États-Unis) ou du « petit Satan » (la Grande-Bretagne et la France).

Cette banalisation des insultes identitaires tend de plus en plus à faire l'ordinaire des chroniques internationales, débordant même sur les registres nationaux. Ainsi, le ministre indien de l'Intérieur et président du parti ultranationaliste BJP n'a-t-il pas hésité, en septembre 2018, à traiter de « termites » les populations immigrées musulmanes au sein de l'Union. L'insulte était d'autant plus sonore qu'elle s'inscrivait dans un contexte législatif d'hindouisation de l'État, tout comme des dispositions légales comparables conduisirent à une judaïsation de l'État d'Israël, incita l'extrême droite du pays à défiler aux cris de « sales arabes », amorçant la sanglante crise de mai 2021 et stimulant des comportements antisémites observés notamment à Lod et Haïfa. De même, la minorité Rohingya, en Birmanie, est-elle affublée, par le moine bouddhiste Ashin Wirathu, d'attributs particulièrement dégradants assimilés à ceux d'un « poisson-chat », confiés à la cinéaste Barbet Schroeder : « ils grandissent très vite. Ils se reproduisent très vite aussi. Et puis ils sont violents. Ils mangent les membres de leur propre espèce et détruisent les ressources naturelles de leur environnement. Les musulmans sont exactement comme ces poissons » (*Jeune Afrique*, 12 octobre 2017). Dans la population, ils sont couramment surnommés « *Kalar* », terme équivalent à celui de « nègre » dans le répertoire colonial et postcolonial.

## UN MODÈLE SANS ALTERNATIVES ?

La vulgate réaliste pourrait conduire au désespoir, jusqu'à accréditer l'idée que l'insulte est la « face publique » de la politique internationale, assimilant les gladiateurs de Hobbes à ces catcheurs médiatiques qui échangent leurs coups en hurlant des stigmatisations grossières, comme pour mieux galvaniser leurs supporters et donner un sens à leur agressivité. L'image est loin d'être absurde et pourrait assez bien exprimer la pensée intime de l'auteur du *Léviathan*… Il n'est pourtant pas certain que cette figure corresponde nécessairement à l'essence des relations internationales. Fort atténuée, voire absente dans un autrefois lointain, elle n'est pas forcément appelée à se confondre à tout jamais avec le jeu mondial. À l'envers de l'insulte, s'inscrivent trois vertus hypothétiquement solidaires de l'idée d'international : la reconnaissance, l'inclusion dans un ordre global, l'interdépendance.

Nul doute que la combinaison présente, mêlant une mondialisation associée dans la pratique à la survie forcée du vieux modèle westphalien, compétitif et « inter-national », favorise une violence à l'égard de l'autre qui ne peut se révéler que paroxystique, banalisant la violence symbolique, donnant même un vrai statut à la haine. Dès que l'autre n'est pas à son propre format, il devient nécessaire de le dévaloriser, à l'instar d'un Donald Trump s'acharnant, vers la fin de son mandat, à déclasser un Mandela dont la symbolique le gêne et à qui il refuse alors le statut de « vrai leader ». Le premier remède est donc celui de la conquête de la *reconnaissance* qui, dans le monde d'hier, se voulait seulement juridique et formelle, se limitant à une déclaration par laquelle un État prenait acte de l'existence d'un autre État. Dans un monde d'interdépendance et civilisé (au sens éliassien du terme), l'exigence est nécessairement rehaussée : l'autre ne saurait se limiter à une seule existence formelle sans courir le risque d'avoir à subir ce jugement hautain de ceux qui se tiennent pour l'aristocratie mondiale. Protéger de l'insulte signifie élargir le champ de la reconnaissance, au-delà du formalisme de la souveraineté juridique, pour y inclure aussi une dimension politique (le droit de l'autre de participer également à la gouvernance du monde) et une dimension morale (le droit de se référer à d'autres valeurs que les siennes propres, dès lors qu'elles ne sont pas attentatoires aux principes fondamentaux tels qu'internationalement reconnus)[17]. Deux sources d'insulte sont ainsi neutralisées : l'exclusion qui laisse à la porte des G7 ou autre P5 (les cinq membres permanents du Conseil de Sécurité) bien des États afin de décider à leur place ; la stigmatisation qui tient implicitement pour inférieures bien des lectures du monde jugées incapables d'accéder à l'universel.

L'*inclusion* devient ainsi une vertu forte, mais probablement la plus difficile à accomplir dans le domaine international. Dans la tradition classique, elle n'avait que peu de sens, puisque l'essence du jeu était compétitive, faisant de celui-ci un générateur potentiel d'insultes à mesure qu'il se popularisait. Le paradoxe tient au fait qu'avec l'essor des communications, la diplomatie devient de plus en plus publique et donc soumise à une émulation collective et manifeste de plus en plus agressive, poussant l'acteur anonyme, informé de la teneur de cette compétition à « racialiser » ses invectives, comme les communautés asiatiques eurent à en souffrir lorsque certains gouvernements dénoncèrent de façon tonitruante l'origine chinoise du COVID-19. La pente est d'autant plus redoutable que la mondialisation sert et dessert en même temps l'insulte : elle en fait un langage racialisé des relations internationales, au moment même où le besoin de gouvernance globale et donc d'inclusion institutionnelle se fait le plus sentir, ne serait-ce que d'un point de vue strictement pratique. Or, inclure ne veut pas dire seulement reconnaître, mais aussi insérer dans un jeu collectif qui se veut fonctionnel et qui ne peut donc se réaliser pleinement que dans la confiance réciproque, grâce à une commune socialisation à des valeurs ou au moins à des codes partagés. C'est dans cet esprit que la diplomatie mondiale a peu à peu défini ses normes propres, voire un « protocole » qui a justement pour fonction de réduire le risque de dérive injurieuse parmi les diplomates[18]. Rares sont en effet les échanges violents d'invectives dans l'enceinte des Nations unies, sauf certaines exceptions spectaculaires comme celle de

17 Iser M., « Recognition between states ? Moving beyond identity politic », *in* Daase C. *et al.* (dir.), *Recognition in international relations. Rethinking a political concept In a global context*, New York, Palgrave, 2015.

18 Chayes Ab. & Chayes An., *The New Sovereignty : Compliance with International Regulatory Treaties*, Cambridge, Harvard University Press, 1996 ; Zürn M. & Checkel, J.T., « Getting socialized to build bridges : Constructivism and rationalism », *International Organization* 59 (4), 2005, p 1045–1079.

Nikita Khrouchtchev frappant son pupitre avec sa chaussure, après avoir traité le délégué philippin « d'abruti », de « laquais », de « crapaud de l'impérialisme américain » : l'incident ne fit pas recette, et fut même fermement condamné par presque tous, dont des personnalités non suspectes d'américanophilie, comme Frantz Fanon. Hors Nations Unies, ces entorses sont également rares, avec des exceptions célèbres comme la façon ostentatoire dont le Président turc Erdogan avait omis de prévoir un siège pour la présidente de la Commission européenne, Ursula von der Leyen, lors de la rencontre euro-turque d'avril 2021 à Istanbul. Là aussi, l'émotion fut unanime, mais, au-delà de la courtoisie de forme, la difficulté tient toujours à la mise en pratique de cette inclusion normative, souvent limitée à la gestuelle diplomatique : la plupart du temps, le fond même des diplomaties produites reste, *de facto*, sur le mode oligarchique, séparant, avec la même application, les pays « qui comptent » et les autres, créant et pérennisant ainsi des humiliations durablement enracinées dans les consciences…

L'*interdépendance* croissante entre les États pourrait, à terme, atténuer de telles tendances. Dans un monde globalisé, le fort dépend de plus en plus du faible, et, pour le moins, devient davantage sujet aux volontés ou aux caprices du plus petit. Cet impératif nouveau de gestion des interdépendances peut à terme favoriser le rehaussement du respect dû aux plus faibles. Si le sujet fait de plus en plus débat, les pratiques semblent cependant encore bien ancrées dans un répertoire ancien, et pérennisent les humiliations davantage qu'elles ne les dépassent. D'où les réactions de plus en plus violentes qui accompagnent les formes nouvelles de conflictualité qui se caractérisent incontestablement par une stigmatisation réciproque des combattants bien plus forte encore que dans les guerres d'hier. La violence apparaît ainsi, chez ceux qui rejoignent le djihadisme, comme un « instrument d'émancipation sociale », comme une façon de combattre les frustrations socioéconomiques accumulées[19], tandis que le recours au religieux donne à un tel alliage rhétorique une forme d'absolu qui glisse vite vers des excès de langage. Ici le cercle vicieux est redoutable : cette expression religieuse conduit à traiter l'adversaire, et tout particulièrement l'étranger, sur le

19 Zanoletti G., « Sahel : pourquoi prendre les armes ? Une revue de littérature », *in* Riche É. (dir.), *Sahel : pourquoi prendre les armes ? Une revue de littérature*, coordonné par, Agence française de développement, 2020, p. 1-76.

mode de la diabolisation. En retour, cette stigmatisation religieuse est reçue, notamment au sein du monde occidental et particulièrement en France, comme le produit d'un mouvement dont on oubliera les fondements sociaux pour le nommer exclusivement en termes hiératiques, voire théologiques, par recours aux vocables de « djihadiste », ou tout simplement d'« islamiste » mécaniquement associés au « fanatisme » et à « l'obscurantisme ». Cette construction qui se veut péjorative sera alors reçue comme une insulte, non seulement par les combattants, mais par un nombre non négligeable de leurs coreligionnaires.

On est ainsi face à une dialectique infinie suggérant qu'on est loin d'être sorti de l'usage chronique de l'insulte dans les relations internationales. Le diagnostic qu'il convient de porter sur les causes de cet enchaînement et la recherche des moyens de le dépasser seraient un moyen de rompre vraiment avec le jeu éternel des gladiateurs. Écartelées entre deux références contradictoires, celle des nations millénaires qui ne peuvent vivre qu'en s'opposant, et celle d'une humanité globalisée qu'on s'acharne à tenir pour abstraite et utopique, les relations internationales campent ainsi dans l'espace de l'invective, par crainte que la reconnaissance des biens communs mondiaux, santé, environnement, ou alimentation de la planète, ne coûte finalement trop cher à trop d'intérêts.

Bertrand BADIE
Professeur des Universités émérite
en science politique
Sciences Po Paris

# POUR NE PAS CONCLURE

## L'insulte, entre mot-qui-tue et mot-qui-lie

Un des mérites, et non des moindres, du présent ouvrage est de se faire croiser deux approches, malheureusement trop faiblement représentées en France dans la science politique *main stream* : les dimensions langagières du politique et la place des émotions dans les arènes politiques. Les premières ont longtemps été l'apanage des sciences du langage avant d'être explorées grâce aux travaux précurseurs mais (trop) discrets déployés par des politistes comme Paul Bacot, Dominique Labbé ou Frédéric Bon et grâce au dynamisme de la revue *Mots*, fondée en 1980 par Maurice Tournier. La seconde demeure un « objet fuyant » des sciences sociales selon l'expression de Christian Le Bart[1], et ce, malgré les réflexions fondatrices de Philippe Braud[2] et le tournant émotionnel (*affective turn*) pris, depuis, par différentes recherches académiques[3]. Or l'insulte, précisément parce qu'elle est à la fois élément de langage et expression d'une émotion (peur, colère, ressentiment, ...) permet d'articuler un dialogue décloisonné entre ces deux thématiques et de sortir des sentiers pré-tracés.

Un deuxième mérite de l'ouvrage est de montrer, au fil des textes, que l'insulte n'existe pas en soi ou pour reprendre la formule de Laurence Rosier : « l'insulte n'est pas un mot de la langue, mais un mot du discours[4] ». En effet, tout énoncé insultant est dialogique (en référence à

1 Le Bart C., *Les émotions du pouvoir : larmes, rires, colères des politiques*, Paris, Armand Colin, 2018.

2 Braud P., *Le jardin des délices démocratiques*, Paris, Presses de la FNSP, 1991.

3 On citera, parmi d'autres : Alexandre C. et Ivaldi G., « Débats autour des partis populistes », *in* Haegel F. et Persico S. (dir.) *Partis Politiques*, Paris, Larcier, 2023, p. 861-912 ; Faure A., *Des élus sur le divan. Les passions cachées du pouvoir local*, Grenoble, PUG, 2016 ; Faure A. et Négrier E. (dir.), *La politique à l'*épreuve des émotions, Rennes, PUR, 2017 ; Traïni C., *Émotions... Mobilisation !*, Paris, Presses de Sciences Po, 2019 ; Truc G., *Sidérations. Une sociologie des attentats*, Paris, PUF, 2016 ; Vasilopoulos P., « Terrorist events, emotional reactions, and political participation. The 2015 Paris attacks », *West European Politics*, 2018, *41* (1), p. 102–127.

4 Rosier L., *Petit traité de l'insulte*, Loverval, Labor, Liberté, j'écris ton nom, 2006, p. 87.

Mikhaïl Bakhtine) : il se déploie dans une interaction mais il est, de plus, le produit d'un contexte spécifique. Premièrement, une insulte se construit dans un échange entre l'énonciateur, le récepteur et les auditeurs éventuels, mais pour chacun d'entre eux, le sens de l'insulte peut varier. Ce que Laurence Rosier appelle joliment « l'effet Arletty » (« atmosphère, atmosphère »…). Ainsi, une insulte lexicale usuelle (« salope »), identifiée comme telle dans les dictionnaires, peut être un énoncé insultant entre une personne A et une personne B mais peut aussi être un mot de connivence[5] entre deux amies ou encore être revendiqué comme un terme retournant le stigmate de l'opprobre dans un contexte d'énonciation particulier (« le manifeste des 343 salopes[6] »). Car, deuxièmement, l'insulte est toujours en situation : c'est un contexte donné (linguistique et extra-linguistique) qui va lui donner son sens, car les mots portent toujours des traces de l'histoire sociale de leurs usages. Ces enjeux juridiques, publics ou privés qui oblitèrent le contexte de l'insulte pour lui conférer une signification propre ont été amplement étudiés dans la littérature[7]. Ainsi, tout mot peut devenir insulte, ce qui explique la plasticité de ses contenus, de ses formes (prosodique, intonation, brièveté) et de ses marqueurs discursifs (« espèce de » + x, terminaisons en …*ard* ou …*asse*, « sale » + x, etc.). Sans oublier un rapport particulier à une certaine créativité langagière.

Surtout enfin, un des intérêts majeurs de ce livre est de construire une réflexion composite sur l'insulte, comme si cette dernière occupait un fil de crête entre deux versants opposés. D'un côté, l'insulte comme mot-qui-tue et de l'autre, l'insulte comme mot-qui-lie. D'un côté, l'insulte comme violence verbale préfigurant, voire appelant la violence physique et de l'autre, l'insulte comme ultime étape de la civilité. Ces

5 Autrement désigné comme « insultes de solidarité » dans Lagorgette D., Larrivée P., « Interprétation des insultes et relations de solidarité », *Langue Française 144*, 2004, p. 83-103.

6 Le manifeste des 343 est une pétition parue le 5 avril 1971 dans *Le Nouvel Observateur*, appelant à la légalisation de l'avortement en France : 343 femmes ont signé le manifeste *Je me suis fait avorter* s'exposant ainsi à des poursuites pénales pouvant aller jusqu'à l'emprisonnement.

7 Voir notamment : Desmons É. et Paveau M.-A. (dir.), *Outrages, insultes, blasphèmes et injures : Violences du langage et polices du discours*, Paris, L'Harmattan, 2008 ; Lagorgette D. (dir.), *Les insultes en français : de la recherche fondamentale à ses applications (linguistique, littérature, histoire, droit)*, Chambéry, Université de Savoie, 2009 ; *Larguèche É., Espèce de … ! Les lois de l'effet injure*, Chambéry, Université de Savoie, 2009.

deux lectures ne semblent pas incompatibles car, dans les deux cas, elles insistent sur la dimension interactionnelle complexe de l'insulte.

L'étymologie latine d'insulter, *insultare* ou « sauter dessus », rend bien compte de l'agression verbale toujours prête à dégénérer en agression physique. Qu'il soit ou non perçu comme insultant par son destinataire, le terme injurieux est pensé et proféré par son énonciateur « pour faire mal », son objectif pouvant être la volonté d'anéantir autrui par la parole (« le mot qui tue »). Dans une perspective austinienne, on pourrait considérer que le passage à l'acte est déjà inclus dans l'insulte, de par son caractère « performatif ». On se souviendra ici des pages de Viktor Klemperer et d'une des thèses centrales défendue dans son livre LTI[8], relative à la capacité des mots à faire le malheur des hommes, car la propagande par les mots imprime les idées mais aussi les actes.

Mais une autre lecture de l'insulte est possible. Si « à la fois expression et acte, le discours reste une médiation[9] », la parole insultante n'est-elle pas elle-même alors une forme ultime de négociation, en ce qu'elle suppose un minimum de partage des références langagières et des codes sociaux ? Dans la violence verbale-même s'exprime une reconnaissance de l'Autre, auquel on s'adresse et dont on « sollicite » l'écoute (sur un mode agressif), et cette situation nous met « en obligation » face à autrui[10]. De plus, contrairement au coup de poing qui part ou à la balle de revolver qui claque, une réversibilité existe et une réparation est toujours possible (excuses ou explications). Dominique Lagorgette mentionne le fait que la prière peut racheter le blasphème dans des lois édictées par certains rois de France[11] : autrement dit, deux actes langagiers peuvent se compenser mutuellement. Parfois même, l'insulte peut permettre à certains acteurs politiques, comme des *outsiders*, de se faire prendre en compte et entendre dans un jeu politique dont ils ne connaissent ou ne reconnaissent pas les codes, en créant une sorte d'« espace public alternatif ».

---

8 Klemperer V., *LTI, la langue du III^e Reich*, Paris, Albin Michel, 1996.

9 Lagorgette D., « Insultes et conflit : de la provocation à la résolution –et retour ? », *Les Cahiers de l'École*, n° 5, 2006, p. 41.

10 Honneth A., « Invisibilité : sur l'épistémologie de la "reconnaissance" », *Réseaux*, 129-130 (1-2), 2005, p. 39-57.

11 Lagorgette D., « Les syntagmes nominaux d'insulte et de blasphème : analyse diachronique du discours marginalisé », *Thélème, Revista Complutense de Estudios Franceses*, Número Extraordinario, 2003, p. 171-188.

En tant qu'élément de langage, l'insulte installe donc une interaction conflictuelle, contextualisée et bi-face. Dans une démocratie pluraliste, cette conflictualité lamine-t-elle dès lors toute possibilité de construction d'un espace public, par la polarisation et le discrédit porté sur l'Autre que projette l'insulte ? On est assurément loin du modèle de Habermas où les citoyens délibèrent dans une discussion rationnelle et parviennent à un accord dans un libre échange de parole. Mais peut-être la dénonciation récurrente des propos insultants pourrait-elle céder un peu de terrain et faire place à d'autres grilles de lecture, comme celle dépliée par Ruth Amossy dans son *Apologie de la polémique.* Dans cette optique, « on est dans une rhétorique du *dissensus* où la persistance du différend n'est pas un signe d'échec, mais une caractéristique du fonctionnement démocratique[12] ». La polémique, en quelque sorte assumée, assurerait « un mode de *coexistence dans* le dissensus[13] » et mettrait ainsi à distance le spectre de la guerre civile. Écouter cette proposition permettrait de réévaluer à nouveaux frais les potentialités sociales de l'insulte mot-qui-lie.

Sylvie STRUDEL
Professeure des Universités
en science politique
Université Paris Panthéon Assas,
CECP

---

12 Amossy R., *Apologie de la polémique*, Paris, PUF, 2014, p. 215.
13 *Ibid.*, p. 217.

# INDEX DES NOMS DE PERSONNALITÉS HISTORIQUES

# RÉSUMÉS

Cédric Passard, « Introduction. Le théâtre politique de l'insulte »

Omniprésente dans la vie politique, l'insulte a curieusement peu retenu l'attention des politistes, du moins dans l'espace francophone. Après avoir étudié les raisons de ce désintérêt, cette introduction entend montrer, en s'appuyant sur les travaux d'autres disciplines (sciences du langage et histoire notamment), que loin d'être un phénomène anecdotique, l'insulte met en jeu des questions politiques cruciales abordées dans les contributions réunies dans ce volume.

Béatrice Fracchiolla, « Pragmatique de l'insulte en politique. L'art d'accuser l'autre ou la performativité en perspective »

Cette contribution se situe au croisement des travaux sur la violence verbale et l'analyse de discours politique en sciences du langage, dans le champ de la pragmatique. La notion de performativité y est centrale. Au cœur de l'injure en politique se trouve le non-respect de la parole donnée, de la promesse faite non tenue, ainsi que le mensonge et les accusations *ad hominem*. La crise à l'égard du politique est ainsi à relier à une crise de la performativité du discours.

Olivier Beaud, « L'extrême droite "politique" poursuivie pour offense sous la présidence du général de Gaulle »

Ce chapitre dresse le tableau complet des procès pour offenses au président de la République intentées sous la présidence gaullienne aux personnalités politiques d'extrême droite. Ces personnes poursuivies, et pour la plupart toutes condamnées (à l'exception de Jean-Marie Le Pen), n'avaient pas de mandat parlementaire. Cet article jette un autre regard sur ces dirigeants, connus (Jean-Louis Tixier-Vignancour, Pierre Poujade) ou moins connus (Pierre Sidos) et témoigne de la haine qui les animait envers de Gaulle.

Dorothée Reignier, « L'encadrement de l'insulte dans l'arène parlementaire au cours des 14e et 15e législatures (2012-2022) »

Les parlementaires, plus que tout autre citoyen, doivent voir leur liberté d'expression protégée. Toutefois, comme tous les citoyens, ils ne peuvent abuser de cette liberté et les règlements des assemblées offrent au Président les moyens de sanctionner les propos insultants. Toutefois, la difficulté de définir par avance l'insulte donne un pouvoir d'appréciation au Président qui peut questionner dans un univers dominé par le clivage politique.

Olivier Costa et Olivier Rozenberg, « L'insulte au Parlement européen, entre autorationalisation et turbulences interculturelles »

Les échanges d'insultes sont rares au Parlement européen. Le processus d'auto-rationalisation ayant présidé à la montée en puissance de l'institution touche en effet à l'ensemble des interactions entre parlementaires. Pourtant, comme dans toutes institutions parlementaires, l'insulte y reste possible. À travers l'analyse de certains épisodes médiatisés, la contribution met en avant des facteurs spécifiques au Parlement européen susceptibles de générer de la tension verbale.

Élodie Berthet, « De l'attaque *ad hominem* à l'insulte durant la campagne présidentielle française de 2017 sur Twitter »

Ce chapitre explore la place et la nature des attaques *ad hominem*, allant de la critique à l'insulte, entre les candidats à l'élection présidentielle de 2017 sur Twitter. Les résultats montrent que, bien que marginale, l'attaque *ad hominem* sert aux candidats à affirmer leur *ethos* en polarisant le débat autour de valeurs opposées. Une partie des attaques personnelles, et des rares insultes, porte la marque du populisme avec, aux extrêmes de l'échiquier politique, la remise en cause des élites.

Éric Marlière, « "Tous des fils de pute !" De l'usage de l'insulte en politique dans les halls de cité »

La question politique dans les « quartiers » est ambivalente en France. Nous avons observé des formes d'hostilité de la part des institutions envers les habitants des « quartiers » en raison des discriminations ethno-raciales et des déterminismes sociaux. Ses tensions se manifestent le plus souvent par des révoltes urbaines ou des formes d'« incivilités » dont l'insulte envers le personnel politique est sans aucun doute la manifestation la plus symptomatique.

Denis SAINT-AMAND, « Jupiter et les fainéants. L'invective dans les écrits contestataires des Gilets jaunes »

À l'aune d'écrits sauvages de la contestation, ce chapitre interroge les formes et enjeux de l'insulte au sein du mouvement des Gilets jaunes : on y observe comment elle sert la représentation d'une collectivité oppositionnelle fédérée, comment elle s'énonce en riposte aux saillies énoncées par le président Macron et comment elle est une réaction à la répression policière, tout en participant d'un ensemble de paroles vives fonctionnant à la fois comme défouloir et comme vecteur d'adhésion.

Samia KHICHANE, « Les voies/voix de l'injure dans le mouvement *Hirak* en Algérie »

Ce chapitre porte sur l'étude de l'injure politique en situation à travers les diverses « voix » (ou acteurs) et les différentes « voies » (ou supports et pratiques discursives) du mouvement « Hirak » en Algérie. Il montre comment, dans un pays où la contestation politique est fortement réprimée, cette parole permet aux opposants du système d'exercer leur pouvoir par le maniement de stratégies rhétoriques et pragmatiques.

Pierre LEROUX, « Le "pauv'con", les "sans-dents" et "ceux qui ne sont rien". L'insulte comme construction politique collective »

Les trois derniers présidents sont les auteurs de formules auxquelles ils sont durablement associés : Nicolas Sarkozy avec « Casse-toi pauv'con », François Hollande et les « Sans-dents », Emmanuel Macron et « Ceux qui ne sont rien ». Notre analyse s'intéresse à la fabrication collective de l'insulte en tant que telle et aux niveaux de transgression mobilisés dans les exégèses politiques et médiatiques : l'atteinte portée au « peuple », l'insuffisante maîtrise du rôle et la manifestation d'un surmoi politique.

Thomas EHRHARD et Marion JACQUET-VAILLANT, « "Ancien monde", est-ce une insulte politique ? Étude d'une adresse verbale dans le contexte électoral de 2017 en France »

Dans le contexte de la séquence électorale de 2017, l'expression « ancien monde » a été utilisée pour stigmatiser certains attributs (ancienneté en politique) et pratiques (professionnalisation…). Peut-on pour autant la considérer comme une insulte politique ? En étudiant sa réception et sa perception par les parlementaires, ce chapitre montre qu'elle est bien une insulte politique qui traduit des logiques collectives selon les groupes parlementaires en fonction de la proximité avec la majorité.

Alice BAUDY, « La trajectoire publique de l'insulte aux harkis. Publicisation et traitement de l'insulte des années 2000 à 2019 »

Ce chapitre retrace la construction de l'insulte aux harkis en objet d'intervention publique. Un délit d'insulte aux harkis est créé en 2005, sous l'action de députés engagés pour la réhabilitation de l'héritage colonial. L'insulte fait également l'objet d'appropriations militantes, à travers une série d'actions en justice menées par des associations dans les années 2000. À la fin des années 2010, la lutte contre l'insulte prend la forme de politiques scolaires visant à réconcilier les mémoires.

Marion JACQUET-VAILLANT, « "Quand je me fais traiter de nazi…" Réceptions de l'insulte en milieu militant. Le cas des militants de Génération identitaire »

Ce chapitre interroge la réception de l'insulte en milieu extrême droitier à partir du cas des militants de Génération identitaire. Par quoi se sentent-ils insultés et pourquoi ? Comment réagissent-ils aux insultes ? Le chapitre montre que l'insulte politique peut être saisie par ses effets, en ce qu'elle vise à stigmatiser l'individu, à travers ses opinions politiques. Si elle suscite des réactions variées, celles-ci sont toujours stratégiques et dépendent notamment de l'émetteur.

Bertrand BADIE, « L'insulte dans l'intimité malheureuse des relations internationales »

L'insulte apparaît comme une figure classique des relations internationales issues des schémas westphaliens et de la légendaire image hobbesienne des

« gladiateurs qui s'affrontent ». Il n'est pourtant pas certain que cette figure corresponde nécessairement à l'essence des relations internationales. Fort atténuée, voire absente dans un autrefois lointain, elle n'est pas forcément appelée à se confondre à tout jamais avec le jeu mondial.

Sylvie STRUDEL, « Pour ne pas conclure. L'insulte, entre mot-qui-tue et mot-qui-lie »

Les remarques conclusives pointent trois mérites majeurs de l'ouvrage. Il permet d'abord d'articuler un dialogue entre les dimensions langagières du politique et la place des émotions dans les arènes politiques. Ensuite, il illustre finement la formule de Laurence Rosier, pour qui « l'insulte n'est pas un mot de la langue, mais un mot du discours ». Enfin, il permet une lecture complexe de l'insulte, analysée à la fois comme violence verbale mais aussi comme ultime étape de la civilité.

# TABLE DES MATIÈRES

DEUXIÈME PARTIE

## L'INSULTE COMME ARME POLITIQUE



TROISIÈME PARTIE

## LES RÉCEPTIONS ET LES EFFETS POLITIQUES DE L'INSULTE

COLLECTION « RENCONTRES »

Cette collection est le lieu d'accueil de recherches collectives, actes de colloques, mélanges, ouvrages de synthèse, en littérature et sciences humaines.

Retrouvez tous les titres de la collection en scannant ce code QR :

Et pour recevoir nos dernières actualités, abonnez-vous ici :

IMPRIM'VERT®

Achevé d'imprimer par Corlet,
Condé-en-Normandie (Calvados),
en Mai 2024
N° d'impression : 184594 - dépôt légal : Mai 2024
Imprimé en France